토 토,
모 리 를
만 나 다

토 토,
모 리 를
만 나 다

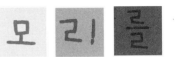

아람샘과 함께한
행복한
인문학 수업

인디고
아이들
지음

궁리
KungRee

토토는 순수한 어린이의 대명사다. 세상에 대한 호기심으로 반짝이는 눈빛과, 다른 존재의 고통에 대해 슬퍼할 줄 아는 마음을 가진, 아마 어린왕자의 사촌쯤 될 것이다.

모리는 좋은 어른의 대명사다. 그 역시 토토와 함께 순수한 어린이의 대명사이고 싶지만, 사실 나이가 드는데도 어른이 되지 않기는 어렵다. 그 안에 여전히 어린이의 순수함을 간직하고 있다고 하더라도 그는 어른이라고 불릴 수밖에 없다. 그래도 그는 좋은 어른임에 틀림없다. 왜냐하면 그는 토토의 순수함을 지켜주려고 하기 때문이다.

이런 두 사람, 토토와 모리가 만났다는 건 좋은 일임에 틀림없다.

그렇다.

나는 지금 나를 비롯한 몇몇 학생들을 토토, 그리고 우리가 만난 한 좋은 어른을 모리라고 말하려고 한다.

사실 우리는 토토라고 불리기엔 너무 늙었고 그 좋은 어른도 모리라고 불리기엔 너무나도 젊다. 게다가 한 가지 고백하자면, 사실 우리는 대한민국 고등학교 2학년생들이다. 이른 새벽부터 늦은 새벽까지 무언가에 매달리는 문제는, 그 무언가가 무엇인지 우리도 정확히 모른다는 것이다. 그것이 우리를 힘들게 한다. 그리고 그것이 우리들의 순수를 조금씩 잠식해가고 있다. 문제는, 우리가 토토도 모리도 아닌 그저 어른이 되어가고 있다는 것이다. 문제는, 그게 너무 힘들다는 것이다.

제발.

아직 우리 마음속에서 꺼질 듯 희미하게 흔들리고 있는 그것을 순수라고 믿어준다면, 아직 우리의 눈에서 메마를 듯 희미하게 반짝이는 그것을 눈물이라고 믿어준다면, 그 불꽃이 꺼지기 전까지는, 그 눈물이 마르기 전까지는 우리를 토토라고 불러주길 부탁한다.

그리고 부탁할 것은 이것뿐이다. 우리는 진짜 모리를 만났기 때문이다.

우리의 모리는 정말이지 우리의 순수를 지켜주었다.

아니, 정확히 말하면 우리 스스로 그것을 지킬 용기를 가르쳐주었다.

우리가 지금 이 책에서 토토와 모리가 만나서 나눈 시간들을 이야기하는 이유는 지금 이 땅에 더 많은 토토와 더 많은 모리가 만나기를 간절히 바라기 때문이다.

2007. 8. 28
윤한결

우리가 나름대로 생각하는 책의 가치와 역할, 구성 그리고 담긴 내용에 대해 간략하게 이야기하고자 합니다.

우선 저희가 생각하는 책의 목적은 이 땅의 청소년들이 사회 속에서 진정한 자기 역할을 할 수 있도록 이끌어내는 것입니다. 아직 사회에 나가지 않는 청소년들, 그렇기 때문에 무궁무진한 꿈을 꿀 수 있는 우리야말로 희망 없는 세상에 꿈과 용기 그리고 열정을 불어넣어야 하는 주체가 되어야 합니다. 하지만 현실은 그렇지 않습니다. 주어진 틀에 맞추어 공부만 하면 된다는 식의 사고가 팽배해 있습니다. 하지만 학교라는 좁은 공간에만 생각을 가두어놓기엔 저희는 너무나 많은 이야기들을 지니고 있습니다. 그 이야기를 인디고 서원이란 공간에서 우리들끼리만 토론하며 깊이 있게 생각할 것이 아니라 이 땅의 청소년들과 함께 고민하고 토론하고 싶어 이렇게 책을 만들 결심을 하게 되었습니다. 저희 책이 가지는 장점은 학생들이 만들었기 때문에 정말 이해하기 쉽게, 재미있게 만들어졌다는 점입니다. 하지만 그렇다고 해서 결코 내용이 가벼운 것은 아닙니다. 사회와 현실에 대한 충분한 문제의식, 삶의 방향성에 대한 진지하고 깊은 사유의 흔적들이 담겨 있습니다.

책은 '수업 시작 5분 전(intro)', '아람샘과 함께한 일요일(Sunday with Aram)', '나의 생각수첩(papers)', '수업후기' 로 구성되어 있습니다. 수업에 참여한 모든 학생들이 각자의 역할을 자발적으로 맡아서 진행했습니다.

　'수업 시작 5분 전(intro)'은 본격적인 수업을 시작하기 전 가볍게 몸을 풀기 위한 글이라고 볼 수 있습니다. 특히 흥미로운 소재들(음악, 돈키호테, 알바트로스 등)과 연관시켜 그날 수업에 대한 열정, 포부, 그리고 방향성에 대해 언급하는 부분입니다. 다음은 우리의 수업모습을 보여주는 '아람샘과 함께한 일요일(Sunday with Aram)'이라는 코너입니다. 어떻게 하면 우리의 수업모습을 쉽고 재미있게 보여줄 수 있을까 고민하던 끝에 결정한 형식은 바로 일기였습니다. 누구나 일기를 써본 경험이 있습니다. 그렇기 때문에 일기야말로 누구에게든 쉽고 재미있게 다가갈 수 있는 방식이라고 생각했습니다. '나의 생각수첩(papers)'은 수업하는 책의 주제들 중 관심 있는 부분을 하나 정해 거기에 대해 심도 있게 쓴 친구들의 글들을 담은 것입니다. 마지막으로 수업후기는 수업이 수업으로 끝나는 것이 아니라 그것에 대한 되새김을 하는 글입니다. 수업 후의 느낌이나 새로운 결심, 반성을 대화하는 부분입니다.

　이 프로젝트를 통해 이 땅의 더 많은 친구들과 함께 꿈과 희망에 대해 이야기를 나눌 수 있었으면 하는 바람입니다.

김지현

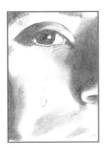

1

innovator

'시작은 거창하게 끝은 초라하게.' 이제껏 내가 살아온 삶의 공식이다. 언제나 끝을 잘 맺지 못하는 나에게 책임감이란 말은 항상 뒤통수에 꽂히기 마련이었다. 하지만 오늘은 아람샘 고2 우리 '일행' 반의 새로운 모험이 시작되는 날. 오늘만큼은 잘하리라. 매주 책을 읽고 그 책을 통하여 얻는 문제의식, 사회에 대한 날카로운 비평들을 떠올리며 치열하게 사유하여 서로 의견을 나누고 서로를 수용하는 인디고 청소년들이 새로운 도전을 한다. 우리가 토론하던 이야기를 책으로 내자는 것이다. 처음 반응, "와 ~ 재미있겠다!", "오, 좋은데?"

하지만 생각해보니, 지금 우리가 가지고 있는 것은 조그마한 열정뿐. 그러나 언젠가 소행성B612호에서 우리가 뿜어낸 열기가 이 땅의 청소년들의 가슴을 뜨겁게 달궈놓을 것이라 믿는다. 불꽃놀이의 불꽃은 잠깐 번쩍 하고 곧 사라지지만, 사람들의 가슴에 영원한 마음의 불꽃을 남긴다. 이처럼 우리의 젊은 날도, 학창시절도 이 불꽃과 같으리라. 허나, 나는 이렇게 말할 것이다. 이 시기는 짧았지만, 나에게는 선명한 인상을 남겼다고. 우리는 우리가 함께 해 온 열띤 토론들, 그리고 많은 이야기들을 기억할 것이다. 그리고 이 책에 다 담을 수는 없겠지만, 우리의 가슴에 그 긴긴 이야기를 담고 살아갈 것이다.

때로는 멘델스존의 〈봄노래〉처럼 상큼하게, 때로는 베토벤의 〈비창〉처럼 강렬하게 때로는 쇼팽의 〈이별의 곡〉처럼 푸른 슬픔을 몰고 올 수도 있다.

만약 자신의 생각과 다르다면, 날카로운 비판을 퍼부어도 괜찮다. 하지만 이 것 하나만은 기억해줬으면 좋겠다. 우리가 있다는 것을. 우리처럼 사유하는 청소년들이 이 땅엔 많다는 것을 말이다. 열정 혹은 무모함. 이것 하나로 도전을 하는 자가 있다는 것을 말이다.

　자! 이제 그럼 시작해볼까? 우리들, '일행'의 행진을! **김재승**

> ### 우리가 소통한 책 『주제와 변주1, 2』
> 부산에 있는 조그마한 서점에서 한달에 한 번 저자와의 만남을 가집니다. 책을 읽는 것에서 그치는 것이 아니라 만남을 통해서 완전한 소통이 이루어질 수 있다고 믿는 '주제와 변주'에는 자유롭고 맑은 영혼을 가진 청소년이라면 누구나 참여할 수 있습니다. 청소년들은 책을 읽고 저자와 함께 소통하면서 또 다른 변주를 만들어내는데, 이를 책으로 엮어낸 것이 『주제와 변주』입니다.

아람쌤과 함께한 일요일 Sunday with Aram

일주일 동안 설레는 마음으로 기다리던, 일요일 저녁 6시가 되면 나는 소행성 B612호로 향한다. 소행성 B612호 20평 남짓한 공간. 작은 화분들과 라임오렌지나무 밍기뉴가 사는 곳. 벽에 걸린 시들이 눈짓하고 까만 피아노가 노래하며 책들이 춤추는, 의자와 책상, 바구니에 담긴 귤들이 인사하는, 어린왕자가 사는 이곳, 소행성 B612호.

나는 이곳에서 매주 일요일 저녁 6시부터 8시까지 18명의 친구들과 조금 특별한 수업을 한다. 18명의 친구들은 모두 학교다 학원이다 나름 눈코 뜰 새 없이 바쁜 고등학교 2학년이지만 그 속에서 함께 일상의 행복을 찾아나선 일행이다. 일상의 행복을 찾아 나선 일행 18명. 그래서 반 이름도 '일행'이다.

그리고 우리의 '아람쌤' 본명은 허 아자 람자. 우리 일행을 이끌어주시는 길잡이자 이곳 '소행성 B612호'의 주인인, 우리의 선생님 '아람쌤'. 아람쌤은 매주 우리가 읽을 책을 정해주시고 그에 맞는 숙제를 내주신다. 우리는 일주일 동안 그 책들을 읽고 생각을 정리한 뒤, 숙제를 해서 다시 일요일 저녁에 이곳에서 모여 그 생각들을 나누는 시간을 가진다. 생각들을 나누다 보면 세상에 대해 불만을 토로할 때도 있지만 이내 불평만 하고 행동하지 않는 서로를 반성하고 어떻게 사는 것이 옳을까 고민하며 서로의 꿈을 말하기도 한다. 그럴 때면 우리는 울고 웃고 가슴이 뛴다. 우리는 그렇게 2시간을 보내고 일주일을 충실하게 살 수 있는 힘을 얻어간다.

2007년 1월 21일 일요일 오후 6시. 오늘은 우리 '일행' 반의 세 번째 수업 시간이다. 6시가 되자 모두 책상에 둘러 앉아 수업준비를 한다. 여느 때와 같이 서로 인사를 나누고, 아람샘의 이야기로 자연스레 수업이 시작된다.

아람샘은 먼저 지난주에 있었던 '23회 주제와 변주'에 대해서 이야기하셨다. 여기서 주제와 변주에 대해 잠시 얘기하자면, 주제와 변주는 함께 읽은 책 중에서 우리가 꼭 만나보고 싶은 저자 선생님을 초청해 독자들과 직접 소통의 기회를 갖는 자리이다. 저자께서 쓰신 책과 그 속에 담긴 생각이 주제라면 그 책을 읽은 독자들의 수만큼 존재하는 서로 다른 생각들이 변주이며 이 주제와 변주가 한 곳에서 만나 서로 어우러지는 자리가 바로 '주제와 변주'이다.

아람샘은 주제와 변주에 대해 말씀하시면서 우리의 참여의식을 지적하셨다. 학생으로서 공부만 할 것이 아니라 자기가 배운 옳은 것, 참된 것을 함께 나누고 실천할 수 있는 공간이 있다면 그것을 해내는 것도 학생의 의무라는 말씀이셨다. 우리는 너무 쉽게 "현실이 이러니까 우린 어쩔 수 없어"하고 포기해버린다. 작지만 세상을 바꿀 수 있는, 희망의 목소리를 우리 모두는 가슴 속에 품고만 있다. '난 세상을 바꾸기엔 너무 작은 존재야'라고 생각하면서. 하지만 우리는 아직 꿈꾸는 청소년. 그만큼 무궁무진한 가능성들이 우리 안에 내재해 있는 것이다. 매순간 최선을 다해 열정적으로 열심히 살아야겠다는 생각을 문득하게 되었다. 그런 점에서 지금 우리에게 역시 가장 중요한 것은 지금 하는 수업에 열심히 참여하는 것.

"이번 주 숙제는 『주제와 변주2』를 읽고 함께 토론할 수 있는 문제들을 찾아서 자신의 생각을 써오는 것이었죠? 그럼 먼저 제11회 주제와 변주 조병준 선생님 편을 읽고 문제제기를 해온 분 발표해주세요." 오늘 사회를 맡은 한결이의 사회로 본격적인 수업이 시작되었다. 『주제와 변주2』는 주제와 변주 11회부터 20회까지를 엮은 책인데 한 회 한 회가 우리에게 많은 생각을 들게 만드는 책이었다.

"제가 먼저 발표하겠습니다." 처음으로 발표를 한 친구는 주완이었다. 주

완이는 '카르페 디엠', 즉 현재를 즐기라는 말이 우리 삶의 신조로서 정당한지 생각해봐야 한다고 했다. 사실 우리는 항상 카르페 디엠을 외치며 그것이 마치 우리 삶의 참된 진리라도 되는 것처럼, 우리가 추구해야 하는 삶의 참된 모습처럼, 그렇게 우리가 좋아하는 일들만 하고 살겠다고 그것이 옳다고 생각해왔다. 하지만 이것은 어찌 보면 가진 자의 여유일 수 있다는 것이 주완이의 생각이었다. 세상에는 아직 자신이 좋아하는 것을 찾을 기회도 없이, 여유도 없이 가난과 고통 속에서 하루하루를 어렵게 사는 사람들이 많이 있는데 그 사람들을 외면한 채, 자기가 좋아하는 일만 하는 삶이 정말 진정으로 행복한 삶일까? 그런 삶이 정당한 삶일까? 내가 좋아하는 일들을 포기하고라도 그 사람들을 도우며 사는 것이 인간의 도리가 아닐까? 이때까지 당연히 카르페 디엠을 추구하는 삶을 사는 것이 옳다고 생각했던 우리에게 주완이의 문제제기는 가히 충격적이었다.

다음은 홍석이의 발표. "교회에서 경품을 걸고 기부금 모금을 하는 것을 봤어요. 사람들이 많이 몰리더군요. 하지만 그렇게 모은 돈은 진심으로 어려운 사람들을 도우려는 마음에서 낸 돈이 아니잖아요. 그렇게 해서 더 많은 기부금을 모을 수 있다고 해도 그것이 옳은 일일까요? 그리고 우리는 이렇게 가난한 사람들을 돕는 일을 직업으로 삼는 사람들이 비싼 외제차를 타고 다니는 모습을 어떻게 생각해야 할까요?" 홍석이 말처럼 우리는 결과와 과정의 불일치, 말과 생활의 불일치 문제를 우리 주위에서 쉽게 찾을 수 있다. 그리고 혹시 우리도 그렇게 살아가고 있진 않은지 뜨끔하기도 했다. 생각하는 것과 말하는 것과 실제 생활이 똑같은 삶. 우리가 추구해야 할 삶의 모습이다.

이어진 발표에서 연주는 우리 삶의 다양성에 대해서 발표했다. 11회 주제와 변주에서 조병준 선생님의 말처럼 사람이 사는 길은 한 가지가 아니라 무수히 다양한 삶의 길이 있는데 우리사회는 지나치게 한 가지 길만을 강요한다는 것이다. 좋은 대학교를 나와서 좋은 직장을 가지고 결혼을 해서 아이를 가지고 행복한 가정을 이루는 삶. 물론 이런 삶도 행복할 수 있지만 어떻게 사람이 사는 길이 다 똑같을 수 있겠나. 살다가 이게 아니다 싶으면 다른 길을 택할 수도 있고 그러다 보면 정말 자기에게 맞는 길을 찾을 수도 있는 것인데 우리사회에는 이런 표준적인 삶에서 조금만 벗어나도 그 사람을 매도해버리는 사회적 분위기가 있다. 그래서 삶의 다양성이 무시되고 많은 사람들의 삶이 획일화되는 폐해가 생긴다는 것이다. 그렇다면 우리는 앞으로 어떻게 다양한 삶의 방향을 개척해가야 할지 생각해봐야겠다.

마지막으로 발표를 한 사람은 제준이었다. "우리는 지금 학교가 강요하는 잘못된 현실과 맞닥뜨려 있습니다. 이런 상황에서 개개인이 각자 잘못된 교육 시스템을 극복하는 방법은 여러 가지가 있겠죠. 하지만 어떤 방법이 됐든 그것은 자기 만족일 뿐 결코 개인의 힘으로는 잘못된 교육 시스템을 근본적으로 바꾸지는 못합니다. 우리 모두가 지금의 교육이 잘못됐다고 생각하고 있지만 교육이 잘 바뀌지 않는 이유는 무엇일까요? 어떻게 하면 우리 모두가 잘못된 교육을 바꿀 수 있을까요?" 제준이의 문제제기는 지금 우리를 둘러싼 학교와 교육문제뿐만 아니라 우리가 사회에 나가서도 부정적인 현실에 맞서기 위해서 끊임없이 고민해야 할 중요한 문제라고 생각했다.

친구들은 이 문제의 대안으로 개인 간의 네트워크에 대하여 말했다. 각자가 처한 부정적인 현실에 대해 문제의식을 가지고 그것을 극복하려고 노력하는 과정에서 개인과 개인이 서로 유기적으로 소통할 수 있는 네트워크가 연결된다면 세상을 바꾸는 것도 그리 어려운 일이 아니라고 말했다.

"하지만 문제가 되는 건 이렇게 현실에 대한 문제를 인식하고 있는 사람이 많아야 한다는 점인 것 같아. 모두가 무엇이 문제인지를 깨달아야 함께 더 나은 세상을 만들어갈 것 아니야? 하지만 아무리 인터넷이 발달한 지금 사회에도 그런 소통의 장은 없는 것만 같아." 몇몇 친구들의 한탄의 목소리가 여기저기서 튀어나왔다. 결국 우리는 세상을 바꾸기엔 너무나 작은 존재란 말인가?

아람샘이 갑자기 경쾌한 목소리로 외친 것은 그때였다.

"I'm an Innovator."

'Innovator'는 세계적인 디자이너 김영세 선생님이 쓰신 책의 제목으로 '혁신자'를 뜻하는 말이다.

"그럼, 얘들아. 이런 생각을 해보는 건 어떨까? 우리가 그 소통의 장을 직접 만들어보는 거야. 오늘 나온 주제들이 우리만 고민하고 이야기하기엔 너무 아까운 얘기인 듯해. 우리 수업을 책을 통해 다른 친구들과 함께 공유하면서 깨어 있는 세상, 비판정신이 살아 숨쉬는 세상을 만들어보는 건 어떨까? 너희들 생각은 어떻니?"

잠깐 정적이 흘렀다. 선생님의 말씀이 우리의 귀로 딱 들어와서 머리를 이해시키고 머리가 이해한 것을 가슴이 이해하고 뛰기 시작할 정도의 시간 동안 정적이 흘렀다. 그러고는, "좋아요!" "멋져요!" 우리는 상기된 얼굴로 환호했다. 우리가 생각하고 토론한 것을 다른 사람과도 나눌 수 있게 된다는 것에 대한 기쁨과 새로 무엇인가를 시작한다는 설렘. 그렇게 우리는 두근두근 거리는

마음으로 각자의 역할을 정하고 앞으로 어떻게 책을 만들지 계획을 세웠다. 그렇게, 조금 흥분했던 우리들에게 아람샘은 중요한 말씀을 해주셨다.

"하지만 열정만 앞세워서는 아무것도 할 수 없어. 열정도 중요하지만 그보다 더 중요한 것은 계획을 세우고 그것을 꾸준히 실천하는 성실함이란다."

우리 모두는 선생님의 한마디를 가슴속 깊이 새긴 채 하나같이 원대한 프로젝트에 열중했다. 우리가 하고 있는 일임에도 신기했다. 항상 책을 사서 보기만 했던 아이들이 이제는 책을 만든다고 외치고 있는 것이다. 무엇보다도, 안일하게 주어진 삶의 방식대로 틀에 박혀 사는 것이 아니라, 과연 이 세상이 어떤 곳인지 비판적으로 사유해보고 또 삶을 어떠한 방식으로 살아야 할지에 대해 함께 궁리할 수 있는 공간을 우리가 직접 만들 수 있어서 정말 기뻤다. 우리도 세상에 꿈과 희망의 목소리를 전달할 수 있다는 것, 그것 자체만으로

만족스럽고 정말 기쁘다. 아니 어쩌면 우리는 당연한 일을 이제야 하고 있는 것일지도 모른다. 아직 사회에 나가지 않는 청소년들, 그렇기 때문에 무궁무진한 꿈을 꿀 수 있는 우리들이야말로 희망 없는 세상에 꿈과 용기 그리고 열정을 불어넣을 수 있는 주체가 되어야 하는 것이다.

그러나 한 가지 기억해야 할 것, 이 프로젝트가 끝날 때까지 꼭 기억하고 있어야 할 것. 열정만으로는 아무것도 되지 않는다. 그렇다. 우리는 잠시 타오르는 불꽃을 원하지 않는다. 그것은 화르륵 타올랐다가 쉽게 식어버릴 뿐이다. 바다로 나가기 위한 선원이 되기 위해서는 잠시의 혈기로 일을 진행하면 안 된다. 지속적인 뜨거움. 마음에서부터 우러나서 오래오래 갈 수 있는 열정이 필요하다. 그리고 그런 마음만이 이 길다면 길지도, 짧다면 짧을지도 모르는, 그러나 난생 처음안 이 바다의 여정에서 우리의 길잡이가 되어줄 수 있다. 힘들지도 모른다. 하지만 모두가 함께하니 모든 즐거운 일이 그 수만큼 더해질 것이다. 그러니 힘차게 GO! 평생 단 한 번뿐인 18세를 우린 최선을 다해 살아갈 준비가 되어 있다. 앞으로 얼마나 더 크고 웅장한 혹은 따뜻하고 벅차는 것들이 기다리고 있을지 모른다. 기대되는, 우리 그리고 이 땅의 청소년 모두를 살아 숨쉬게 할 우리들이 만든 책. 시작이다. **윤한결**

고달픈 현실 속 따뜻한 연대를 찾아서, 〈11회 조병준 선생님 편〉 **박제준**

여태까지 많은 '주제와 변주'에 참여했지만, 제11회 조병준 선생님만큼 따뜻했던 분위기는 거의 없었다고 생각합니다. 따뜻했고, 즐거웠던, 그리고 행복했던 그 시간을 다시 글로 접하니 다시 그 시간으로 간 듯했습니다. 다른 주제와 변주와는 다르게 이 주제와 변주가 좋았던 것은 조병준 선생님이 우리와 같은 위치에서 생각하시고 답변을 주셨기 때문이고, 또 다루는 주제도 살아가는 것에 대해 이야기를 했기 때문일 것입니다. 지금 이렇게 다시 읽어보니 나 자신이 어떻게 나아가야 할지, 또 어떻게 어려움 속에서 살아가야 할지, 어떻게 고등학교 생활을 할지 생각할 수 있게 돼서 정말 좋았습니다.

학교에서 저는 아이들끼리 우리나라 교육제도에 대해서 이야기를 합니다. 너무 심하게 두발검사를 한다는 것에 대해서, 또는 선생님이 수업의 대부분을 이끌어 나가시고, 선생님이 말하실 때 우리는 필기만 하는 지금의 교육제도에 대해서 비판합니다. 어떤 아이는 이런 것이 싫다며 외국의 교육환경이 얼마나 좋으냐며, 그곳에서 공부하고 싶다고 했습니다. 그리고 이름만 야간자율학습인 강압적인 자습이 싫다고 이야기를 합니다. 그냥 학교와 교육제도에 대해서 욕만 합니다. 우리는 현실이라는 큰 벽에 부딪치기엔 너무나 약하니까요. 어쩔 수 없이 욕만 하는 것입니다. 하지만 이런 우리에게 조병준 선생님은 말합니다.

"삶이 지금 고달프고 괴로울지라도 그 안에서 찾아내세요. 그것은 여러분의 책임입니다. 사회의 책임이 아니에요. 학교의 책임도 아니고요. 약한 자들이 바깥을 욕해요."

아람샘도 이렇게 말하셨죠. 우리가 속한 환경을 욕하지 말고, 그 안에서 자신만의 삶을 만들어가는 게 바로 위대한 사람이라고. 그리고 그렇게 해야 한다고. 그렇게 함으로써 우리는 어려운 환경 속에서도 더 즐겁고, 행복하게 살 수 있는 것이죠.

하지만 뒤에 친구들이 다시 질문했듯이, 이렇게 하는 것은 그 어려움을 물리치려는 임시방편이 아닐까요? 자기 자신만이 어려움을 벗어나는 지극히 개인적인 방법일 수 있다는 것입니다. 이 거대한 현실에서 그것만으로는 부족하다는 거죠. 조병준 선생님은 흩어진 개인들의 공동체를 만들어야 한다고 합니다. 흩어진 개인이 뭉쳐서, 네트워크하자는 것이죠. 그렇다면 우리가 그 안에서 접점을 찾기 위해서는 어떻게 해야 할까요?

한 우물만 파는 것이 과연 삶의 해답일까?, 〈제11회 조병준 선생님 편〉 정연주

주제와 변주 중 조병준 선생님 말씀 중에, "인생을 여행처럼 살 수 있다면 참 좋겠지만, 쉬운 일은 아닙니다. 여행은 여행이고 일상은 일상입니다. 분간하는 지혜도 길러야 돼요. 삶의 방식이 다양한 거고, 내 안에서도 삶의 방식이 다양할 수 있다는 것, 내 안에서도 다양한 삶의 길을 구축할 수 있어요. 이때는 이런 길, 저때는 저런 길을 갈 수 있다는 게 그게 현명한 거죠. 지나친 일관성은 사람을 망쳐요. 우리의 잘못된 교육 중 하나가 '한 우물을 파라'라는 거예요. '매난국죽'의 대나무 같은 절개, 절대로 변함이 없는 자세. 이게 잘못된 거거든요. 사람이 어떻게 그렇게 살아요"라는 부분이 있었습니다. 조선시대에는 한 우물만 파서 공자님 말씀, 맹자님 말씀만 열심히 읽으면 과거에 급제하고, 입신양명할 수 있었을지도 모르지만, 현대사회에서는, 글쎄요, 과연 한 우물만 판다고 해서 될까요?

지금도 종종 "네 적성을 찾아서 그 분야에서 최고가 된다는 생각으로 열심히 해라"라는 말을 듣습니다. 하지만 어렸을 때는 막연히 그 일이 내 적성이라고 생각하고 그거 하나만 준비해왔는데, 막상 일을 해보니 이게 아니다 싶을 때는 어떻게 해야 하나요? 황경신 선생님도, "우리의 삶은 타인이 판단할 수 있는 것도 아니고, 다른 사람의 삶과 비교할 수 있는 것도 아니에요. 그런 것에 연연해하지 말고, 자신을 행복하게 만들어줄 일이 뭔지 찾아가면서, 여러 가지 경험들을 해보는 게 좋다고 생각해요"라고 말씀하셨습니다. 저도 처음부터 한 우물만 열심히 파서 그 분야만 준비하는 것보다는, 이것저것 경험해보다가 아, 이게 내 길이다 싶을 때 그 분야에 자신의 모든 것을 쏟아부어도 늦지 않는다고 생각합니다.

자신만의 길을 되도록 빨리 찾는 것도 좋지만, 그전에 여러 가지 경험을 해보는 것도 좋지 않을까요? 여러분의 생각은 어떻습니까? 한 우물만 꾸준히 파는 것이 좋다고 생각하세요, 아니면 여러 우물을 파본 후 자신만의 우물을 파는 것이 좋다고 생각하세요?

카르페 디엠의 이기성, 〈제11회 조병준 선생님 편〉 손주완

여러분, 다들 '카르페 디엠'이라는 말 아시죠? 〈죽은 시인의 사회〉에서 키팅 선생이 학생들에게 큰 목소리로 외치던 '현재를 즐겨라'라는 말입니다. 그런데 우리 모두 이 말이 현실과는 상당한 거리가 있다고 느낍니다. 그 이유는 뭘까요? 좋아하는 것만 즐기다 보면 결국 인간다운 생활을 유지할 수 없게 되기 때문입니다. 그렇다면 이런 경우는 어떤가요? 자기가 나름대로 자신만의 삶을 영위할 수 있는, 자기가 좋아하는 일을 직업으로 가졌다고 히죠. 그러니까 민규가 리버풀의 팀 매니저가 되고 성봉이가 음악공연 매니저가 되고 정원이가 변리사가 된 거죠. 그런데 문제는 직업이 가져다주는 수입으로 자신은 만족할 수 있지만 우리가 사는 곳이 많은 사람들이 함께 살아가는 공동체사회임을 감안할 때, 사회적 기회비용이 발생한다는 것입니다. 내가 음악이 좋으니까 넉넉하지 않더라도 음악가가 되겠다! 그래서 음악가가 되었습니다. 그런데 내가 음악을 하면서 행복을 얻는 반면, 또 다른 곳에서는 불우한 이웃들이 배를 곯고 당장 내일을 걱정하며 추위에 떨고 있습니다. 내가 하고 싶은 것을 함으로써 행복을 얻는 반면 다른 사람은 그로 인해 불행한 삶에서 벗어나지 못하고 있는 것입니다.

그러나 만약, 내가 하고 싶지 않은 것을 해서 그보다 몇 배나 더 많은 돈을 버는 사람이 되었다고 하죠. 그러면 기부금이나 몇 끼 식사는 물론 사람들이 보다 더 좋은 세상에서 살 수 있도록 할 만한 영향력을 얻을 수도 있습니다. 우리는 어떤 삶을 살지 걱정하고 있지만 어떻게 살아나갈지를 걱정하는 사람들이 있습니다. 내가 좋아하는 것, 내가 하고 싶은 것을 하는 게 나에 대한 의무라면 다른 사람과 함께 살아야 하는 사회적 의무가 있습니다. 부모님께서 "네가 좋아하는 것만 하면 나중에 먹고 살기 힘들다"라고 말씀하실 때 "괜찮아, 내가 행복하면 되지 뭐" 하고 생각한 분 많으실 겁니다. 그런데 누군가가 '네가 좋아하는 것만 하면 다른 사람들은 어쩌지?' 하고 물었을 때 그때도 "괜찮아, 내가 행복하면 되지 뭐" 하고 대답할 수 있을까요? 물론 조병준 선생님처럼 직접 몸으로, 마음으로 부딪치는 방법도 있습니다.

그러나 조병준 선생님이 그러하셨듯이 부모님이 병상에 계시거나 당장 배낭만 매고 떠날 만한 비용도 마련되지 않는 상황에서 "마음만 있으면 되지 뭐" 하고 큰소리칠 수도 없습니다. 우리도 봉사활동을 가지만 그마저도 한 달에 한 번, 게다가 각자의 사정으로 매번 참가할 수 없는 사람이 많습니다. 그리고 도움을 받는 이들 역시 한 달 한 번의 기쁨과 사랑으로 하루하루를 활기차게 보낼 수 있을까요? 어쩌면 카르페 디엠은 세 끼 다 먹는 사람들의 배부른 소리가 아닐까요? 카르페 디엠은 이 세상의 모든 사람들이 다 고개 끄덕일 수 있는 말일까요?

꿈과 희망을 말하는 우리

지현 : 그 누구도 예상치 못했던 시작! 우리가 맡은 프로젝트는 생각만으로도 가슴 설레게 하는 것 같아.

한결 : 응, 이제야말로 우리가 이 땅의 청소년으로 제 역할을 하고 있는 것이란 생각이 들어. 세상에 꿈과 희망을 말하는 것이 진정한 우리들의 몫이니까 말야.

지현 : 맞아. 우린 아직 세상에 대해 잘 몰라. 하지만 잘 모르기 때문에 더 많은 걸 배워 나갈 수 있고 또 더 많은 것을 꿈꿀 수 있는 건 아닐까?

한결 : 꿈꾸며 더 나은 길을 찾아보는 것. 그런 게 새로운 시대를 열어갈 우리들의 진정한 역할이지. 하지만 우리의 현실은 입시를 준비하느라 바쁘고 학교에서 대부분의 시간을 보내기 때문에 새로운 꿈을 꾸고 더 넓은 세상에 대해 생각해보는 게 쉽지 않아. 그렇다고 우리가 지금 꿈꾸고 실천하지 않으면 사회에 나갔을 때도 달라지는 건 없다고 생각해.

지현 : 정말 그래. 우린 쉽게 이렇게 생각해버려. '난 지금 학생이니까 아무것도 할 수 없어. 사회인이 될 때까지 기다려야 해. 사회인이 된 다음에 내 뜻대로 뭔가를 이룰 수 있을 거야' 라고. 과연 그럴까? 꿈이란 건 사회인이 되어서야 이룰 수 있는 것일까? 결코 그렇지 않다고 생각해. 그 꿈을 위해 학생 때부터 내가 실천할 수 있는 일들을 하나하나씩 해나가야 결국 자기 꿈도 이룰 수 있게 된다고 생각해. 지금 행동하지 못하는 사람이 과연 더 큰 사회로 나가 용기를 내어 자기 생각을 말하고 행동할 수 있을까?

한결: 그런 점에서 우리 토론은 매우 의미 깊은 활동임이 분명해. 세상이 흘러가는 대로 그냥 사는 것이 아니라 그 변화를 관심 있게 지켜보고 거기에 대한 자기 생각을 친구들과 함께 나누고 우리가 할 수 있는 행동들은 무엇인가를 함께 고민하니까 말야.

지현: 이젠 거기서 한 걸음 더 나아가 그 이야기들을 글로 풀어내어 더 많은 친구들과 함께 고민할 수 있고 소통할 수 있게 된 것이 정말 기뻐. 살아 있는 청소년, 꿈꾸는 청소년들이 더 많아지는 거니까.

한결: 당연히 기쁘지. 난 우리 모두가 이 점을 꼭 기억했으면 좋겠어. 청소년이 아닌 그 누구도 청소년의 입장을 대변해줄 순 없다는 사실을. 지금 우리가 겪고 있는 문제들을 말하고 그것을 개선하기 위해 직접 노력하지 않는다면, 우리가 겪는 여러 문제는 결국 청소년들이 받아들여야 할 어쩔 수 없는 일들로 계속 남게 될 거야. 실은 우리가 해결할 수 있는데도 말야.

지현: 그런 점에서 현실을 받아들이기만 하는 것이 아니라 비판적으로 생각하고 그 생각들을 실천하는 것, 그것이야말로 우리에게 가장 필요한 자세가 아닐까? 우린 더 나은 세상을 꿈꾸고 그런 세상이 꼭 오길 바래. 그렇다면 당연히 지금부터 세상에 대해 고민하고 친구들과 소통하면서 그 생각을 발전시키고 또 우리가 할 수 있는 일들은 실천할 수 있어야 해.

한결: 응. 결국 아무런 노력 없이 이루어질 수 있는 건 없어. 꿈꾸면서, 생각하면서, 행동하면서, 청소년들의 힘을 보여주자. 꿈과 희망을 말해야 할 우리. 그 희망과 소통의 장으로 우리 모두 떠나보는 거야.

지현: 모든 꿈은 이런 우리의 조그마한 실천에서부터 시작되는 거지? 그걸 항상 명심하면서 처음 우리의 이 마음가짐, 끝까지 잃지 말고 항상 꿈꾸고 생각하고 행동하자. 이제 그럼 새로운 역사가 시작되는 건가?

2 돈키호테의아이들

안타깝게도, 경제가 전반적으로 불안하고 양극화가 점차 심각해짐에 따라 노숙자의 숫자는 해마다 급증하고 있다. 해마다 이렇게 늘어나는 노숙자들의 숫자를 감당하기에는 공공주택은 너무나 부족하다. 그리고 설사 정부에서 모든 사람들을 수용할 만한 대대적인 건설을 시작하겠다고 다짐을 한다 할지라도 노숙자들에게는 지금 막상 이 추위를 견뎌낼 공간이 필요하다. 그래서 프랑스에서는 호텔의 비수기를 효과적으로 이용하자는 아이디어를 제안했다.

모든 호텔에는 투숙객이 많은 성수기와 비수기가 존재한다. 비수기 때 텅텅 비는 호텔방을 그냥 비워둘 것이 아니라 그 시기에 노숙자들을 호텔방에서 묵게 해주어 조금이나마 이러한 심각한 사회적 문제를 완화해보자는 것이 이러한 발상의 궁극적 목표이다. 만약, 당신이 호텔 지배인이라면 어떻게 하겠는가? 그들을 위해 기꺼이 방을 내줄 것인가? 아니면 외면할 것인가?

지난해 12월 2일, 프랑스 파리에서는 노숙자들을 위한 돈키호테들이 '돈키호테의 아이들'이란 단체를 설립했다. 그들은 영화배우인 오귀스탱을 중심으로 모인 노숙자들과 파리의 중심인 콩코드 광장에서 텐트를 치고 공공주택설립을 위한 시위를 벌였다. 그리고 마침내 승리했다. 이 승리와 동시에 마음 한 켠이 무거워지는 것은 왜일까?

이와 동시에 우리나라의 모습이 떠올랐기 때문이다. 공공주택보급률이 20%에 달하는 프랑스, 그래도 모자라는 주택을 충원하기 위해 1,200억이란

예산을 쏟아붓겠다는 약속을 하는 프랑스 정부. 주택보급률은 109%에 육박하고 있지만 가난하거나 집이 없는 사람들을 위한 임대주택보급률은 터무니없이 적고, 해마다 노숙자들이 늘어만 가는 모습은 정말 우리에게 대한민국이란 나라에 대한 부끄러움만을 남겨줄 뿐이다. 하지만 더욱 부끄러운 것은 이러한 현실 앞에 그 누구도 나서서 문제를 해결하려는 '돈키호테'들이 우리나라에는 없다는 사실이다. 그 차이는 무엇일까? 어릴 때부터 『돈키호테』라는 소설을 접하지 못한 차이일까?

누군가가 "내 주위의 이웃이 가난하면 그것은 나의 잘못이다"라고 하였다. 자기 일이 아니라고 두 눈을 감고, 귀를 막고 살아갈 것이 아니라 우리는 이런 사회적 문제들에 충분히 관심을 가질 필요가 있다. 내 주위 사람들이 힘들 때 도와줄 줄 아는 따뜻함이 없는 각박한 세상 속에서 과연 나는 혼자서 잘 살아갈 수 있을까? 인정이 넘치는 따뜻한 세상, 함께 돕고 웃음을 나눌 수 있는 그런 세상 속에서의 행복한 삶을 위해 우리는 돈키호테의 아이들이 되려고 한다. 우리가 먼저 실천하는 길이 곧 세상을 변화시킬 수 있는 첫걸음이 될 테니까. **김유민**

우리가 소통한 책 『영화관 옆 철학카페』
우리는 보통 영화를 보면서 영화가 지닌 철학적 의미를 놓치고 지나가기 쉽다. 하지만 이 책에서는 우리에게 익숙하거나, 또는 익숙하지 않은 영화 18편을 '희망', '행복', '시간', '사랑', '죽음', '성' 이렇게 6가지 주제로 나누어서 설명하고 있다.

아름쌤과 함께한 일요일 Sunday with Aram

2007년 1월 28일. 오늘의 숙제는 『영화관 옆 철학카페』의 6개 주제 중 세 번째 인 '시간'에 대해서 자신의 생각을 정리하는 것이었다. 먼저 진재의 이야기로 수업이 시작되었다. "인간을 인간이라고 말할 수 있는 것은 우리는 자기 반성을 할 수 있기 때문인 것 같아. 우리는 항상 과거의 나를 반성하고 과거보다 더 좋은 미래의 나를 만들기 위해 노력하고 있잖아." 이어 성봉이가 발표했다. "사람들은 좋은 기억은 잘 잊어버리지만 아픈 기억은 잘 잊어버리지 않아. 아 픈 기억도 자기 반성을 위해 필요하겠지만 아름다운 과거의 추억을 떠올리는 것도 우리의 삶을 행복하게 할 수 있어." 그러자 재승이가 옛날에 삼총사라 불 리며 같이 즐겁게 놀았던 친구들 이야기를 했는데 그런 이야기를 하는 재승이 가 역시 행복해 보였다.

과거는 이처럼 우리를 행복하게 만들어줄 수 있는, 소중한 추억의 시간임 이 분명하다. 그래서 인생은 추억으로 먹고 산다는 말도 나온 게 아닐까? 하지 만 그렇다고 해서 과거에만 얽매여 살아갈 수는 없다. 엄연히 우리는 현재를 살아가는, 시금 살아 숨쉬는 손재이고, 부궁부진한 가능성의 시간, 미래가 우 리 앞에 존재하고 있기 때문이다.

그래서 그 후에 우리는 시간을 의미 있게 보내려면 어떻게 해야 하는지에 대해 토론했다. 지현이가 말했다. "어쩌면 영원한 시간 속에 우리는 너무나 무 기력한 존재인지도 몰라. 우리는 죽을 수밖에 없지만 시간은 계속 흘러가잖

아. 하지만 『영화관 옆 철학카페』에서 나온 것처럼 중요한 건 우리의 자유 의
지인 것 같아. 모두에게 똑같은 시간이 주어지지만 시간을 통해 서로 다른 추
억들을 만들어나가잖아. 적어도 우리는 자기가 생각한 대로 행동할 수 있는
행복한 존재인 것 같아." 수민이가 말했다. "어떻게 우리가 시간을 보내는가를
우리가 선택하는 만큼 그 시간에 대해 스스로 책임을 져야 한다는 점도 잊지
말아야 해. 우리는 학교에 다니면서 항상 시간에 쫓기고 있지만 그럴수록 더
욱 시간을 잘 배분해서 자신의 삶을 의미 있게 살아야 한다고 생각해." 다음
유정이의 발표. "그래 맞아. 그럼 학생으로서 우리는 어떻게 시간을 보람차게
보낼 수 있을까? 아무래도 자신이 원하는 꿈을 위해 많은 시간을 투자하는, 알
찬 삶을 보내야 할 것 같아." 다른 친구들도 어떻게 하면 자기를 위한 시간, 스

스로의 삶에 있어 소중한 시간들을 만들 수 있을까를 함께 고민해보았다. 그런데 갑자기 우리의 가슴의 정곡을 찌르는 아람샘의 말씀. "시간에 대한 얘기를 하면 당연히 우리에게 주어진 시간의 유한성이라든지 죽음 또는 영원과 같은 이야기들이 나올 줄 알았는데, 어째서 현실적인 시간에 집중하는 것으로만 논의가 그치는 거지? 너무 현실에 순응적인 착한 아이들이라 그런 거니?"

우리는 지금 『영화관 옆 철학카페』를 읽고 토론하는 중이다. 하지만 너나 할 것 없이 철학적인 논의, 즉, 영화를 보는 것과 같은 일상적인 이야기들을 하는 데만 얽매여 우리 수업의 궁극적인 목적인 시간에 대한 깊이 있는 논의를 하지 못한 것이다. 이어서 아람샘이 한 선배 이야기를 해주셨다.

"너희보다 한 살 많은 선배가 수업시간에 한 얘기야. 그 선배가 다니는 학교의 교실은 벽이 유리로 되어 있다고 해. 선생님들이 복도를 돌아다니면서 학생들이 자습하는 것을 훤하게 볼 수 있도록 말이야. 효율적으로 자습을 관리하기 위해서겠지. 하루는 그 선배도 유리벽 교실에서 자습을 하고 있었는데, 호기심이 생겨서 밖으로 나가보았다고 해. 물론 선생님이 없는 것을 확인하고였지. 선배는 그 밖에서 선생님들이 보시는 것처럼 독서실 안을 들여다봤대. 그걸 보고 무엇을 느꼈다고 했는지 알아? 따개비 같았대. 모두들 책상에서 떨어지면 안 될 것처럼 따닥따닥 붙어 있는 모양이 말이야. 따개비 알지? 혼자서는 서식할 수 없어서 바위에 붙어서 사는 따개비 말이야. 선배는 그걸 보고 느꼈대. 자신은 저런 따개비 같은 삶을 살진 말자고, 바다를 휘젓고 다니는 고래는 못 될지라도, 자유롭게 바다를 여행하는 해파리 정도는 되고 싶다고 했어."

우리도 대학이라는, 입시공부라는 바위를 벗어나서는 생각도 못 하는 따개비가 되어버린 것일까? 그래서 시간에 대해서 말할 때도 어떻게 하면 성실하게 시간을 잘 쪼개어 쓸 수 있을까에 대한 생각만 할 뿐, 삶의 유한성에 대해서 영원과 죽음에 대해서는 생각할 겨를도 없게, 세상 속에 길들여진 걸까?

유리벽 교실, 정말 거기서라면 잠도 못 자고 꼼짝 없이 공부만 할 수밖에 없을 것 같다. 마치 감옥처럼, 공부가 아닌 다른 행위를 하면 선생님께 걸릴지도 모른다는 그런 불안감, 거기다가 주위는 모두들 공부만 하고 있으니 내가 다른 행동을 하면 그것은 단체에서 소외된 것 같은 느낌을 받을 것이다. 거기서 그 선배는 따개비 같은 다른 친구들의 모습을 발견했고, 거기에 충격을 받고는 그런 삶은 살기 싫다고 했다. 따개비와 해파리, 바위에 서식하고, 바다를 떠다닌다.

이뿐만이 아니다. 우리의 삶의 방식은 오징어, 해초, 참새 등등 수없이 많다. 그리고 우리는 그것들을 선택할 권리가 있다. 그런데도 우린 따개비의 방식에 길들여져버린 것이 아닐까? 따개비의 방식이 나쁘다고 하는 것은 아니다. 그러나 다른 방식도 많은데 그것을 보지 못하고, 따개비의 방식만이 전부인줄 아는 것이, 거기서 벗어나면 안 될 것 같은 관념에 붙잡혀 있는 것은 우물 안 개구리와 같다. 한번쯤은 우리의 방식을 되돌아보고 앞으로 우리가 나아갈 길에 대해 생각해보는 여유도 가져야 할 필요를 절실히 느꼈다. "대한민국의 고3은 항상 대학입시라는 정거장에 내리는 것 같다고 그 선배가 말했어. 그러던 어느 날 그 선배는 버스 타고 집에 갈 때, 한번은 자기 집보다 한 정거장 전에 내려봤다고 해. 그런데도 집에 잘 갔다고 하네. 또 한 번은 한 정거장 지나서 내려봤는데 그래도 집에 가는데 이상이 없었다고 해. 그리고 또 버스를 계속 타고 가서 종점을 지나서 한 바퀴 돌아서 집 반대편 정거장에 내렸는데 그래도 집에 가는 데는 아무런 문제가 없었어. 정해진 정거장에서 안 내리면 엄청 큰일 나는 줄 알았는데, 정해진 정거장에 내리지 않아도 세상은 아무런 변화 없이 잘 흘러가고 있었고 그 선배도 집에 가는 데 시간이 조금 더 걸리고 힘이 조금 더 들었을 뿐 결국 평상시처럼 집에 무사히 도착할 수 있었다는 거야."

이 선배의 경험이 우리에게 말해주는 것은 무엇일까? 남이 정해준 길이 아닌, 자기가 정한 길로 인생을 나아가는 것, 남이 시도하지 않는 길이기에 그것은 모험이지만, 결코 두렵지만은 않은 모험인 것이다. 그 선배는 남이 정해준

길이 아닌, 자기가 정한 길로 인생을 나아갈 것이라고 친구들 앞에서 다짐했다고 한다. 하지만 동시에 자기가 가고 싶은 길을 가면 돈을 많이 못 벌 것 같아 이때까지 고생해서 키워주신 어머니께 미안하다는 말도 했다고 한다.

우리는 우리도 모르는 사이 '성공＝돈＝효도'라는 생각에 길들여져 있는 것은 아닐까. 그렇기 때문에 우리는 좋은 대학이라는 정류장에 내려서 성공해야 한다는, 적어도 그러기 위해 노력하는 삶을 살아야 한다는 무언의 압박을 받고 있다. 그래서 우리에게 주어진 단 한 번의 삶의 소중한 시간들을 남이 걸어간 길, 남이 말하는 성공의 길을 가기 위해 보내고 있는 것이다. 그 길이 진짜 자기 길인지 의심해볼 여지도 남겨두지 않은 채. 우리는 어쩌면 현실에 순응적인 너무나 착한 학생들이다. 어떻게 하면 열심히 시간을 잘 쪼개서 좋은 대학가서 돈 많이 벌 수 있을까라는, 사회가 원하는 똑같은 패턴의 삶을 살아가고 있으니 말이다.

하지만 이제 나는 돈키호테의 아이가 되고 싶다. 모험적인, 그 누구도 아직 시도하지 않는 나만의 새로운 길을 나아가는 선구자이고 싶다. 그럴 수 있을 때, 의미 없이 흐르는 듯한 무한한 시간도 나에게 비로소 의미 있는 시간으로서 다가올 것이다. 그럴 수 있을 때, 유한한 존재인 '나'는 영원한 순간을 꿈꿀 수 있는 소중한 존재, 가치로운 존재가 될 수 있을 것 같다. 삶에 정해진 길은 없다는 것을, 그리고 정해진 길이 없기에 우리 모두는 저마다 가치롭고 의미 있는 삶을 살 수 있는 것이라 믿는다. **윤한결**

시간에 대하여-『영화관 옆 철학카페』를 읽고

흘러가는 시간 속의 영원한 순간 윤한결

나는 시간에 묶여 있는 존재이다. 나란 존재는 100년 남짓한 시간 동안만 지속될 수 있으며 그 후로는 내가 아무리 훌륭한 사람이라고 해도 한줌의 재로 분해되어 더 이상 '나'로서 존재할 수 없다. 이 때문에 나는 유한한 존재이고 이 것은 내가 어찌할 수 없는 숙명과도 같은 것이다. 그렇기 때문에 나는 내게 주어진 시간 동안 내가 무엇을 할 수 있을까 생각하고 그에 맞추어 시간을 쓴다. 하지만 가끔 내가 무슨 일을 하든, 100년 남짓한 시간이 지나면 모든 것은 없어진다고 생각하면 모든 것이 허무할 뿐이다. 그럴 때면 나는 무한한 어떤 것을 꿈꾸며, 시간이 없어지길 간절히 원한다. 누군가 나에게 영원한 삶을 주겠다면, 나는 주저 없이 그것을 택할 것이다. 하지만 그것은 결국 이루어질 수 없는 일. 나는 흘러가는 시간 속에서 가끔 영원한 순간을 느끼며 위안을 삼을 뿐이다.

그래, 가끔 시간이 흐르지 않는다고 느낄 때가 있다. 밤에 농구를 하다가 지쳐서 코트에 누워 하늘을 볼 때면 주위의 모든 것이 고요해지고 내 숨 쉬는 소리만이 들린다. 나는 끊임없이 변하는 유기체이지만 그 순간만큼은 나도 세상도 정지해버린 것만 같다. 그렇게 영원할 것만 같던 순간 속에서 갑자기 깨어나면 다시 세상도 움직이고 다시 내 몸도 움직인다. 피가 돌고 심장이 뛰며

숨을 쉰다. 그럴 때면 생각한다. 나는 꼭 변해야 할까? 지금보다 더 좋은 사람이 되어야 할까? 지금의 나로도 충분한데 나는 왜 계속 좋은 사람이 되려고 노력하는 걸까? 변하지 않았으면 좋겠다. 지금의 나로 영원히 살았으면 좋겠다.

나의 존재를 알아가는 희망의 시간 **김지현**

우리는 시간을 우리의 삶의 배경으로 받아들인다. 내가 하는 일에 따라 시간은 단지 흘러가고 돌이킬 수 없다는 사실만이 우리 모두가 아는 시간의 개념이다. 하지만 시간은 나를 알아가는 의미 있는 요소라는 것을 오늘에서야 깨닫게 된 듯하다.

우리는 흔히 과거는 지나가버린 시간이라고만 생각한다. 하지만 이는 현재 안에서 언제나 우리와 함께한다. 과거는 현재가 근거하고 있는 바탕이고 과거의 기억을 통해 우리는 내가 누구였고, 누구인지 또 누가 될지를 알게 되기 때문이다. 반면에 때론 우리는 과거 때문에 고통받기도 한다. 과거의 기억에 의존해서 '난 이 일을 할 수 없을 거야'라고 단정지어버리며 미래에 대해 불안해하기도 하기 때문이다. 하지만 진실한 시간은 과거를 무거운 짐으로, 미래를 다가오는 종말로 받아들이는 것이 아니다. 과거를 통해 어떻게 현재를 살아갈지 고민하고, 미래는 현재의 결핍을 어떻게 하면 극복할 수 있을지 기대하게 만드는 모든 가능성으로서의 시간이기 때문이다.

특히 시간에 있어서 중요한 것은 인간의 자유의지이다. 인간은 유전적 본능에 따라서만 살아가는 것도 아니고 주어진 환경에만 영향을 받는 것도 아니다. 이 두 가지 조건의 영향을 받지만 이와 동시에 우리 스스로 성찰하며 자신의 삶을 만들어갈 수 있는 반성적인 존재이고 행동하는 인간이기 때문이다.

주어진 환경 앞에, 쉼 없이 흘러가는 시간 앞에 인간은 무력한 존재인 것처럼만 느껴진다. 단지 주어진 환경에 적응해야 하고 시간은 흐르는 대로 흘려보내야 할 것만 같다. 하지만 우리는 자기 자신의 길을 스스로 선택할 수 있는 자유의지를 가지고 있다. 그리하여 자기가 생각한 대로 행동할 수 있는 너무나 행복한 존재인 것이다. 이때 잊지 말아야 할 것은 우리가 선택할 수 있는 만큼 스스로 책임져야 한다는 점이다. 무의미하게 흐르는 것처럼 느껴지는 시간을, 우리가 자유의지를 갖고 과거는 나를 알게 해주는 존재의 시간으로, 미래는 내가 꿈꿀 수 있는 희망의 시간으로 그것에 의미를 부여할 때, 우리의 삶은 더 이상 재미없는 지루한 것이 아니라 너무나 행복한, 그리고 아름다운 시간이 될 수 있다.

현존하는 시간 유진재

24시간 1,440분, 86,400초 흔히 우리가 하루라고 부르는 시간을 나타내는 말이다. 하루라고 부르는 시간은 해가 한 번 뜨고 지는 동안을 이름 붙인 것이며, 이 동안에 우리의 삶은 시작되고 끝을 맺는다. 결국 인간은 시간과 떨어질 수 없는 관계이며, 인간은 시간 안에서 모든 가능성을 실현한다. 과거, 현재, 미래로 시간은 구분되는데, 그런 시간들의 기준은 바로 지금이다. 지금이 자체는 현재라고 하며, 그전은 과거 그후는 미래라고 한다. 하지만 우리가 실제로 느낄 수 있고, 행동하는 시간은 현재뿐이다. 그렇다면 과거와 미래는 의미없는 시간에 불과한 걸까?

　영화 〈러브 레터〉에서는 와타나베 히로코가 2년 전 죽은 후지이 이츠키를 잊지 못해서 그의 기일을 맞아, 그의 집에 들렀다가 당시 후지이 이츠키의 주소를 적어와서 그곳으로 편지를 보낸다. 그런데 놀랍게도 후지이 이츠키에게서 답장이 온다. 그 답장을 보낸 후지이 이츠키는 와타나베 히로코의 옛 애인인 후지이 이츠키와 동명이인이다. 그렇게 편지를 시작으로 후지이 이츠키는 중학교 시절의 히로코의 옛 애인 이츠키에 대해서 회상한다. 점점 더 회상함에 따라 결국 이츠키가 자기를 좋아했다는 것을 알게 된다. 그리고 끝에는 자기의 얼굴이 그려진 도서카드를 발견한다. 이츠키가 그린 것이다.

이러한 기억들은 만약 회상하지 못했으면 묻혀 있을지도 모를 과거이다. 회상의 힘으로 그것을 끌어올리게 되고, 거기에 의미를 부여하게 되는 것이다. 돌아보지 않았다면, 모르고 지나쳤을 수도 있었던 것을 회상을 통해서 새롭게 깨닫게 되는 것이다. 그렇지만 단순한 회상만으로는 과거로부터 의미를 얻을 수 없는 경우도 있다. 영화 〈박하사탕〉에서는 "나 다시 돌아갈래!" 절규하며 핏발선 눈으로, 달려오는 열차에 몸을 마주 던지는 한 중년 사내의 이야기이다. 이 영화는 이 사내 김영호의 삶을 총 6번의 회상을 통해 20년 전으로 점점 거슬러 올라간다. 처음에는 순수한 사랑이었지만, 김영호는 광주 민주화 운동의 진압대로 파견되면서 한 죄없는 여학생을 사살하게 되는데, 거기서부터 그의 인생은 파멸의 길을 걷는다. 그리고 끝내는 자살을 하게 되는 것이다. 이 경우 이 김영호의 회상은 오히려 자신을 파멸에 길로 밀어넣었다고 볼 수도 있지만 그것이 제대로 된 회귀가 아니라 단순한 예전을 그리워하는 회상이었기 때문이다. 김영호에게 가장 필요했던 것은 바로 '자기 반성'이었다. 인간은 유전적 본능에도 영향을 받고, 주어진 환경에도 영향을 받는 존재이지만 그 이전에 인간을 인간이라고 말하는 그 본질은 바로 '자기 반성'이다. 어떠한 환경에 놓이더라도 자기 자신의 길을 선택할 수 있는 마지막 남은 인간의 자유 이것이 '자기 반성'이다. 결국 김영호의 경우 과거 주어진 환경의 영향을 받았더라도 그것을 회귀를 통한 자기 반성으로 승화시키는 것이 필요했던 것이다.

단지 history였던 과거는 회상과 자기 반성을 통해 현재의 자신에게 영향을 끼칠 때 비로소 현전하는 과거가 되는 것이다. 이것은 미래도 마찬가지이다. 미래는 과거와 현재가 모여서 만드는 것이다. 오늘은 어제의 미래였고, 바로 지금은 1초 전의 미래였다. 사람은 언제나 새로 태어난다고 하지만, 그렇게 새롭게 태어날 수 있는 것은 바로 지금의 나가 미래의 나가 된다는 것을 인식하고, 더 좋고 더 희망찬 미래를 희망할 때 가능한 것이다. 그럴 때 mystery였던 미래는 그저 '지금' 시점 이후가 아니라 지금을 변화시킬 수 있는 현전하는 미래가 된다. 우리가 느끼고 존재하는 시간은 현재뿐이지만, 이러한 현재를 변화시키고, 발전하게 하는 것은 과거와 미래라는 시간, 즉 과거, 현재, 미래가 합쳐져서 Present, 선물이며, '나'인 것이다.『주제와 변주2』15회 김홍희 선생님 편에서 아람샘은 이런 말을 하셨다. '제 마음속에는 수천 장, 수만 장의 사진이 인화되지 않은 채 남아 있어요.' 우리의 마음속에는 우리가 눈으로 보고, 귀로 듣고, 코로 냄새 맡고, 입으로 맛보고, 피부로 느낀 많은 인화되지 못한 사진들이 있다. 이런 사진들을 인화해서 마음속에서 한 장의 사진으로 추억하고, 한 편의 영화로 편집하는 것이 회상이고, 앞으로 더 좋은 사진, 행복한 영화를 만들고 싶은 것이 미래에 대한 희망 아닐까?

수업후기
과거에 대해서

정원 : 주완아, 오늘 수업 어땠어? 오늘은 시간이라는 주제 중에서도 과거에 대한 이야기가 가장 많았던 것 같아. 아무래도 과거란 게 우리가 지금까지 살아온 삶이라서겠지?

주완 : 글쎄, 너무 생각할 게 많아. 수업에 집중할 수 없을 정도로 말이야.

정원 : 무슨 생각?

주완 : 오늘 수업 도중에 "우리는 너무 아픈 과거에 얽매여 산다. 그런데 그러면 새로운 삶을 살지 못한다. 과거는 자기 반성을 통해 씻어버리고 현재에 충실해야 한다"는 발표가 있었잖아?

정원 : 그래, 밝은 미래를 위해서는 잊어야 할 부분도 있다고 했었지.

주완 : 그런데 내 생각은 달라. 정원이 아까 네가 말했던 것처럼 과거는 지금까지 우리가 살아온 삶이야. 즉 과거는 우리가 옛날의 모습으로 돌아갈 수 있도록 해주는 유일한 매개체라는 거지. 그러니 책에 나와 있는 자기 반성이라는 건 단순히 과거의 잘못을 되풀이하지 않도록 머리에 각인시키는 행위가 아니라 자꾸만 변질되고 있는 우리의 모습을 그렇게 되기 전의 시점으로 돌아가서 올바른 방향을 생각해보는 게 아닐까. 즉 과거로 현재를 반성하는거지.

정원 : 그래, 네 말은 이번 수업에서 다뤘던 영화 〈박하사탕〉에서 감독이 말하고자 했던 주제와도 잘 맞는 것 같은데? 현재를 과거로 반성하고 또, 미래로 나아가기 위해서는 어떻게 해야 할까. 그 점에서 우리는 과거의 좋은 기

억들이 필요하다고 생각해. 지금 괴롭고 힘들더라도 과거의 추억들을 생각하며 미래에도 그런 좋은 날이 올 거라고 믿는 거지. 그러니까 과거는 현재나 자신을 반성시켜주는 도구이면서 동시에 미래로 나아가는 원동력이기도 하구나!

주완 : 그럼 정원이 네 말은 아픈 기억은 미래에 도움이 될 수 없다는 거니? 그렇다면 정말 아픈 기억은 빨리 잊을수록 좋은 걸까? 빼먹을 것만 빼먹고 챙길 것만 챙기는, 그런 식으로 과거를 대해도 되는 걸까?

정원 : 아니지. 달리 보면 과거의 아픈 기억은 좋은 기억보다 더 중요할지도 몰라. 좋은 기억은 나에게 힘을 잃지 않게 해주지만 아픈 기억은 '나다움'을 잃지 않게 해주지. 내 생각엔 잊어도 되는 기억 따윈 없어. 이 질문에 관련해서 아까 수업 끝나고 애들이랑 잠깐 이야기를 했었어. 유정이는 자기 반성이나 아픈 기억이나 둘다 정신적인 성숙을 가져온다는 점에서 비슷하다고 생각한다고 했어. 물론 자기 반성이 더욱 명백한 (자신의 올바른) 방향을 제시하기는 하지만 정신적인 성숙을 이룬다는 점에서는 말이야. 또한 자기 반성은 자신이 만들어버린 굴레, 혹은 아픈 기억에서부터 비롯된다고 생각한대.

　　또 지현이는 "아픔이 개인을 성장시킨다는 것, 아픔은 나를 새롭게 만드는 또 다른 가능성이란 걸 말하고 싶어. 무엇에 관한 아픔이든(사랑, 우정 등 개인적인 감정에서부터 학업적 목표를 달성하지 못해서 오는 좌절감에 이르기까지 다양한 아픔이 있겠지?)그걸 아픔으로만 받아들이지 말고 가능성으로 받아들였으면 좋겠어. 그리고 그런 아픔의 순간이 없다면 이 세상에 행복도 없을 거니까"라고 말했고. 마지막으로 수민이는 아픈 기억이 자기 반성이라는 역할을 하기에 가장 적합하지 않을까라고 말했어. 아픈 만큼 성숙한다는 말도 있잖아. 그때의 아픔과 절실함이 머릿속이 아니라 마음속에 아련하게나마 남아 있는 한 '나'를 만들어가는 데 좋은 역할을 해줄 수 있을 거라고 생각한대. 수민이 생각에는 아픈 기억은 잊으라고 있는 건 아닌 것 같대. 이 세상을 내가 좋은 것만 하고 살아갈 순 없잖아? 아픈 기억, 즐거운 기억 모두 다 '나' 라는 인간을 만들어나가는 성장의 과정이라고 생각한대. 힘들었던 사람만이 나중에 찾아올 기쁨을 진정으로 기쁘게 받아들이잖아. 그런 만큼, 아픈 기억이 있는 사람이 그런 경험이 없는 사람보다 더 인생을 즐겁게 살아갈 수 있는 것 같긴 해.

주완 : 그러니까 네가 말하는 '나다움'을 확대시키고 일반화하면 결국 그건 인간다움 즉, 인간성이 되는 거겠지? 아픈 기억이 우리의 인간성을 유지시켜 준다면 결국 그것 역시 자기 반성이 되겠구나. 나는 내가 과거에 집착한다고 생각한 적 많았는데 지금 생각해보니 그런 아픈 기억들과 씨름한 덕분에 예전의 내 모습을 잃지 않았어.

정원 : 그래. 우린 끊임없이 변하고 있어. 때로는 자기 의지와 상관없이 전혀 다른 사람이 되기도 하지. 그런 점에서 돌아볼 수 있는 과거가 있다는 것은 축복이야. 현재와 미래만 존재한다면 인생은 얼마나 허전할까. 이때까지 쌓아온 기억이, 걸어온 길이 어느 순간 사라지는 거잖아. 사람들은 보다 나은 미래를 위해 노력하지만 생각을 달리할 필요가 있어. 앞으로 나아갈 길, 그 이상으로 이때까지 걸어온 길이 중요하다는 점, 잊어서는 안 될 것 같아.

3

알바트로스의 비행

알바트로스는 날개를 구부리지 못하는 새다. 그렇기에 보통 새들처럼 날갯짓을 하지 못하고 절벽에서 떨어지며 비상한다. 그리곤 목적지에 도달할 때까지 그 힘찬 비상을 멈추지 않는다. 그 목적지가 험한 가시밭인지, 혹은 아름다운 벌판인지는 중요한 것이 아니다. 그저 비상할 뿐, 날아야 한다는 그 운명에 순응할 뿐이다.

우리의 삶은 비유하자면 그 비행과 같다. 우리는 날아야 한다는 그 운명을 거스르면 안 되고, 그 가녀린 날개로 계속 비상해야 한다. 하지만 분명히 비행 중에 우리의 날갯죽지는 강해질 것이고, 끈기와 집념과 요령이 생길 것이다. 우리의 비행 끝에 장렬한 죽음이 기다리든지, 힘이 다하여 도중에 쓰러지는지는 중요한 것이 아니다. 중요한 것은 도전, 그리고 비행하는 것 자체가 우리의 삶이라는 사실이다. **김지현**

> **우리가 소통한 책 『철학카페에서 문학 읽기』**
> 『철학카페에서 문학읽기』는 대부분의 사람들이 어렸을 적이나 젊었을 때 혹은 지금, 한 번쯤은 읽거나 읽고 있을 문학작품들을 철학적으로 풀어낸 책이다. 이 책에 등장하는 소설로는 『파우스트』, 『데미안』, 『어린왕자』, 『오셀로』, 『변신』 등이 있다.

일요일 저녁 6시, 언제나 그렇듯 우리 일행 반은 일주일 동안 모아둔 생각들을 나누기 위해 소행성 B612호에 모였다. 오늘의 책은 『철학카페에서 문학 읽기』. 먼저 경이가 어린왕자 편을 읽고 관계에 대한 발표를 했다.

"어린왕자의 장미가 그만의 특별한 장미인 이유는 어린왕자가 장미에게 물을 주고 바람막이를 해주고 밤이 되면 유리덮개를 씌워주고, 그렇게 장미를 위해 희생하고 함께 시간을 보냄으로써 서로에게 길들여지고 서로를 소중하게 생각하고 있기 때문입니다."

어린왕자에 의하면 이 세상의 모든 의미와 가치들은 내가 다른 대상과 관계를 맺을 때에만 비로소 생겨난다고 한다. 반대로 말하면 '관계'가 없는 세상은 의미 없고 가치 없는 세상인 것이다. 경이는 그중에서도 특히 사람과 사람 사이의 관계가 중요하다고 말했다.

"인기가 많은 연예인이 사람이 많은 곳에 가면 사람들은 그 연예인을 한 번이라도 보고 싶어 달려들고, 삽시간에 그 주위에는 사람들이 들끓게 됩니다. 하지만 그 연예인이 아무도 없는 공원에서 비둘기들이 모여 있는 곳으로 달려가면 비둘기들은 돌아보지도 않고 날아 도망가버리죠. 비둘기에게 그들은 무서운 괴물과 같은 존재가 될 뿐, 아름답고 달려들고 싶은 대상이 아니게 됩니다. 즉 그들이 아름다운 이유는 그들을 아름답다고 생각하는 우리가 있기 때문입니다."

경이의 발표를 들으니 새삼스럽게 내 주위의, 나와 관계를 맺고 있는 사람들이 소중하게 느껴졌다. 정말 그들과의 관계가 없었다면 나는 이 큰 세상에서 아무것도 아닐 것이다. 그런데 나는 그것을 모르고 점점 그 소중한 사람들을 소홀히 하고 그래서 점점 그들과의 관계를 잃어가고 있는 것은 아닐까? 요즘은 나와 1차적인 관계를 맺고 있는 가족들과 대화하는 것보다 나와는 직접적 상관도 없는 TV를 보거나 컴퓨터를 하는 시간이 더 많으니 말이다. 그리고 우리 할머니는 이웃집의 수저 갯수까지도 다 외울 정도로 이웃과 친했다던데 나는 지금 옆집 사람과 인사도 잘 안 한다. 큰일이다. 내일 마주치면 꼭 웃으며 인사해야지 하는 생각이 문득 들었다.

다음에는 성봉이가 『데미안』에 대해 발표했다. 데미안에는 "새는 알을 깨고 나온다. 알은 세계다. 태어나려는 자는 세계를 파괴해야 한다. 새는 신에게로 날아간다. 그 신의 이름은 아프락사스다"라는 구절이 있는데 이를 읽고 성봉이는 성숙에 관하여 자신의 생각을 말하였다.

"우리 사회는 우리에게 성숙하기를 자꾸 요구하는데 우리가 꼭 '성숙' 해야 되는 건가요? 만약 성숙이 어른들처럼 세상과 타협하고 거기 적응하는 것을 배우는 것이라면 저는 차라리 성숙하는 것을 포기하고 지금 나의 순수함을 지키고 싶어요. 아니, 그렇게 할 수 있는 것이 진정한 '성숙' 이 아닐까요?"

성봉이가 이렇게 말하자 아람샘께서 "와! 내가 항상 생각하던 것을 성봉이가 말하네!"라며 놀라워하셨다. 하지만 그것이 어디 쉽겠는가. 우리는 벌써부터 학교에서 세상과 타협하는 방법을 배워가고 있고 그것에 익숙해지고 있는지도 모른다. 마침 재승이가 우리가 그러한 순수함을 지키기 위해서는 그것을 방해하는 수많은 보이지 않는 유리벽과 부딪쳐야 한다고 했다. 그리고 그 벽을 깨고 상처받은 영혼을 치유하며 순수함을 지키는 것이 진정한 순수라고 정의했다. 그렇기 때문에 순수를 지키기 위해 유리벽을 깨뜨리며 생긴 유리파편들로 인해 살을 찢는 듯한 아픔을 감수할 수 있을 만큼의 용기가 필요할 것이라고 했다. 그러자 아람샘이 "그래. 내가 너희보다 조금 오래 살아서 그런 유

리벽에 많이 부딪쳐 봤어. 그런데 그때마다 느끼는 것이, 정말 나의 그 순수함을 지키려는 용기만 있다면 그까짓 유리파편으로 입은 상처 따위는 금방 아문다는 거야. 오히려 점점 용기가 생겨 더 이상 유리벽이 두렵지 않게 된단다."

이때 지현이가 갑자기 말했다. "꼭 알을 깨야 한다는 강박관념을 가질 필요는 없다고 생각해요. 알을 깨다가 여기가 내 정착지란 생각이 들어 어느 곳에 안주한 사람을 욕할 순 없어요. 그들 나름대로의 삶을 사는 것이기 때문이죠. 개척정신, 도전정신을 가지고 삶을 살아가는 사람이 있는가 하면 나름대로 지상에서 자기 목표를 실현하고자 정착하여 행복하게 살아가는 사람도 있어요. 알을 깨는 것 자체가 인생의 목표가 아니라 오히려 자기가 삶에서 실현하고자 하는 것, 그것을 실현하는 것을 삶을 목표로 삼고 살아가는 게 더 바람직한 길이란 생각이 들어요."

그렇다. 어떤 사람은 알을 깨서, 나아가는 것이 인생의 목표일 수도 있고, 또 어떤 사람은 그곳에 안주하여 사는 것이 인생의 목표일 수 있다. 그러나 우리 사회에서는 죽을 때까지 알을 깨고, 나아가는 사람을 우상으로 삼고 있다. 반면 현실에 안주하는 사람은 우상의 대상으로 삼지 않는다. 그렇다면 우리 사회에서는 왜 알을 깨는 사람을 우상으로 여기는 것일까? 아람샘이 이 의문에 대해 답해주셨다. "순수라는 것은 상대적이라는 것, 존재의 의미는 공동존재 속에서 생기기 때문에 세상 밖으로 나오지 않으면 순수함이 무의미해진다는 것, 시련 속에서 순수는 성숙하게 된다는 이야기, 그리고 알을 깨는 것이 진정한 삶의 목표일까라는 질문 등 이렇게 깊이 있게 토론이 이루어지는 건 좋은 일이야. 마지막 질문에 대해선 이렇게 답하고 싶어. 새가 나는 것은 운명이라고. 물론 그 새는 어디에 안주해서 닭이 될 수도 있어. 하지만 그건 본성에 반하는 행동이야. 새는 날아야 해. 자유의지를 갖고 정착하는 것이 아니라 내가 바라는 곳, 사랑이 넘치는 곳에서 잠시 휴식을 취할 수는 있겠지. 하지만 날기를 멈춘다는 건 새이기를 거부하는 거야. 인생을 너희보다 20년이나 더 살아온 나도 아직 그 종착점을 알지 못해. 나보다 살 인생이 더 많이 남은 너희는 얼마나 더 날아야 할까? 물론 너희들은 더 높이, 더 멀리 날아서 나보다 더 훌륭한 새가 될 수 있어. 하지만 중요한 건 날기를 그쳐선 안 된다는 거야."

그렇다. 인간의 본질을 망각해선 안 된다. 날기를 거부하는 순간, 어딘가 정착해서 편안한 삶을 살려고 하는 순간, 난 인간일 수 없는 것이다. 다만 우리의 삶은 '인간을 극복하기 위해 무엇을 하였는가'에 대한 대답만 다를 뿐이다. 그러나 근본적으로, 인간으로서 인간적인 삶을 살아야 하는 우리의 목표는 모두가 동일하다. 날개를 접어선 안 된다. 더 높이, 더 멀리 날아 넓은 세상을 품을 수 있는 큰 새가 되고 싶다. 그런 꿈을 영원히 지켜나가겠다고 아람샘과 그리고 친구들과 함께 약속하였다. **윤한결**

난 알 속에서 성숙을 꿈꾼다 - 『데미안』 하성봉

우리는 자라나면서 성숙해진다. 키가 크고, 골격이 달라지며, 여드름이 나오는 육체적 성숙, 또 이성에 대한 호감이 생기고, 자신에 대해 성찰하기 시작하는 정신적인 성숙 말이다. 우리 청소년들은 급격하게 이루어지는 이 두 가지 성숙 사이에서 많은 방황을 한다. 그러다 보니 우리 같은 청소년을 두고서 '질풍노도의 세대', '성인과 아이의 정체성 사이에서 중간에서 방황하는 주변인'이라고 지칭한다.

『데미안』은 질풍노도의 세대이자 주변인인 우리에 대한 이야기이다. 이 소설에서 헤세는 청소년들이 질풍노도와 방황을 극복하는 과정을 그 유명한 "새와 알" 이야기로 비유하고 있다. 알은 세상이다. 우리가 태어나서 여태껏 영위해온 보편적인 삶이다. 이 알은 두 가지 의미를 지닌다. 하나는 비가 내리고 바람이 세차게 부는 차갑고 위험한 세상으로부터 아직 세상에 나갈 준비가 되지 못한 어린 새를 보호한다. 또 다른 의미는, 이 어린 새가 본능적으로 바깥 세상으로 나가려는 욕구를 막아, 나가지 못하게 만드는 역할이다. 그러나 새가 정신적으로, 육체적으로 성장하면 이제 알을 깨고 바깥으로 나가기 위해 몸부림친다. 그 과정에서 새는 자신의 연약한 부리로 단단한 껍질을 깨며 큰 고통을 겪는다. 이게 바로 우리 청소년들이 겪고 있는 과정이다.

헤세는 이러한 과정이 꼭 필요하다고 말한다. 데미안의 입을 빌려 "새는 알을 깨고 나온다. 알은 세계다. 태어나려는 자는 세계를 파괴해야 한다. 새는 신에게로 날아간다. 그 신의 이름은 아브락사스다"라는 문구로 편지에 써서 말이다. 하지만 나는 이와는 다르게 생각한다. 새가 알을 깨는 순간, 새는 그 순간부터 타락하게 된다. 알 속에서 상상했던 아름다운 세상과는 다른 위험하고 타락한 세상을 인지하게 되고 실망하며, 이러한 세상에서 살아남기 위해서 비열함, 거짓말, 배신 등을 배우게 되는 것이다. 결국 새는 그가 가진 순수함을 잃게 된다.

　나는 세상에 나가서 비열함, 거짓말, 배신으로 물든 새가 되기보단, 차라리 알 속에서 안주하며 자기의 순수함을 지킬 수 있는 새가 되고 싶다. 세상에 익숙해지는 것이 과연 성숙일까? 아니면 자신의 순수함을 지켜 끝까지 새다운 새로 사는 것이 성숙일까?

움츠렸던 날개를 펴자 - 『데미안』 남지훈

우리는 살면서 많은 고민을 한다. 특히 청소년기에는 더 그렇다. 내가 앞으로 가야 할 길은 무엇이고 지금은 어떻게 해야 할까 등으로 머릿속엔 수많은 생각이 떠오른다. 진로를 결정할 때도 우리는 지성이냐 감성이냐에 대해 갈등을 한다. 헤르만 헤세의 나르치스와 골드문트처럼. 나르치스는 지성을 택한 사람으로서 종교의 질서와 교육을 배운다. 그리고 골드문트는 감성을 택한 사람으로서 이미 있는 질서를 거부하고 매일 새로운 세계에 부딪히면서 모험을 통해 자유를 만끽한다. 그 둘은 처음엔 서로의 선택에 만족하지 못한다. 하지만 세월이 흐르면서 그 둘은 깨닫게 된다. 그리고 서로를 인정하고 동경한다. 지성과 감성에서 어느 하나가 옳고 그름은 없으니까. 지성이 있기에 감성이 필요하고 감성이 있기에 지성이 필요하듯 지성과 감성은 불과분의 관계라고 할 수 있다.

　그러나 내가 생각하기엔 우리나라 청소년들은 질서를 중시하는 지성만을 선호하는 아이들이 많은 것처럼 보인다. 아마 교육제도가 그렇다고 말할 수 있다. 우리는 아침부터 학교에 가서 저녁 늦게까지 학교생활을 마치고 집에 온다. 그러면 하루가 다 지나가는 것이다. 학교생활도 살펴보면 정해진 규칙 아래서 우리는 50분 수업에 10분밖에 자유를 가지지 못하는 처지가 되었다. 수업도 마찬가지다. 딱딱한 학습교재는 순수하고 말랑말랑했던 우리들의 마음을 점점 견고하게 만들고 있다. 이런 환경 아래 교사들과 학부모 심지어 학생들까지 이것이 옳고 어떻게 할 수 없는 것이며 이 규칙을 벗어나면 마치 불량학생처럼 생각한다. 우리에겐 골드문트처럼 늘 새로운 세상을 접하면서 모험도 하고 자유를 누리면서 세상을 하나하나 익혀야할 책임이 있다. 그 아래에서 우리는 나르치스처럼 배우고 자신의 길을 택하고 노력해야 한다. 하지만 그러기엔 우리의 현실이 너무 슬프다. 왜냐하면 학생이 학교, 학원 외엔 청소년을 반겨주는 곳이 별로 없기 때문이다.

우리에겐 세상을 날아다닐 수 있는 날개가 있는데 세상은 그런 날개를 계속 꺾으려 한다. 『데미안』의 싱클레어가 만약 한국에서 태어났다면 알을 깨고 세상을 나올 수 있었을까? 나는 힘들 것이라고 생각한다. 왜냐하면 여기는 지성이나 감성으로 발을 디딜 곳이 좁기 때문이다. 그래서 나는 사회의 버팀목이 될 지금 청소년들이 그런 세상에 갇혀 날개를 움츠리지 않고 나중에 사회에 나가서는 그 날개를 펴서 세상을 바꿀 수 있어야 한다고 생각한다. 그리고 학교에서 공부만하고 방에만 박혀 있는 것이 옳다고 보는 시각들은 우리는 이젠 고쳐야 한다고 생각한다. 왜냐하면 지성만으로는 살 수 없기 때문이다. 우리는 자유로 감성을 느낄 수 있는 인간이기 때문이다.

만남의 의미 -『어린왕자』 오경

여러분은 연예인 중 누구를 좋아하나요? 김태희, 강동원? 그들의 외모가 아름답다거나 멋있어 보이나요? 그럼, 왜 그렇게 생각하나요? 사람들은 연예인이 오면 한 번이라도 보고 싶어 달려들고, 삽시간에 그 주위에는 사람들이 들끓게 됩니다. 하지만 그들이 아무도 없는 공원에서, 비둘기들이 모여 있는 곳으로 달려가면 비둘기들은 돌아보지도 않고 날아 도망가버립니다. 비둘기에게 있어, 그들은 무서운 괴물과 같은 존재가 될 뿐, 아름답고 달려들고 싶은 대상이 아니게 됩니다. 즉 그들이 아름다운 이유는 그들을 아름답다고 생각하는 우리가 있기 때문입니다.

어린왕자의 장미가 그만의 특별한 장미인 이유는 어린왕자가 장미에게 물을 주고 바람막이를 해주고 밤이 되면 유리덮개를 씌워주고, 그렇게 장미를 위해 희생하고 함께 시간을 보냄으로써 서로에게 길들여지고 서로를 소중하게 생각하고 있기 때문입니다. 만약에 김태희가 날마다 공원에 찾아와서 비둘기에게 과자 부스러기를 나누어주고 공원을 깨끗이 청소해준다면, 그 시점에서 김태희는 비둘기에게 괴물이 아니라 나를 돌봐주는 소중한 존재가 되면서 조금씩 길들여지게 되는 거지요.

제가 비유하고 싶은 세상의 만남은 도시라는 사막 속에서 이루어집니다. 그곳에서 우리는 사막의 모래알갱이가 되어 이리저리 둘러봐도 모두 나와는 별반 다를 게 없는 모래알갱이들밖에 보이지 않습니다. 아침이 되면 그저 강렬한 햇빛에 타오르며 괴로워하고, 밤이 되면 깊은 잠에 빠져들고. 그리고 자신도 모르게 차가운 바람에 실려 어디론가 날아가는 꿈을 꾸다가 다시 아침에 눈이 뜨면 어제와는 또 다른 사막에 홀로 남아 있는 것 같은 기분이 들고. 오늘 밤에는 바람에 날아가지 않을 거라고 다짐해 보아도, 다음날이 되면 똑같은 일상의 반복이 시작됩니다.

하지만 그렇게 날아다니기만 하다가 어느 날 아침, 오아시스와 같은 존재를 만나게 되고 오아시스의 시원함에, 그 푸른 미소에 퐁당 빠지게 되면서 세상은 달라 보일 것입니다. 나는 오아시스에게 길들여지면서 괴로웠던 기억들을 오아시스 안에서 기쁨의 푸른색 눈물로 흘려보내게 됩니다. 그리고 오아시스와 사랑에 빠집니다.

또 그 눈물이 나중에는 다른 모래알갱이에게 푸름이 되고, 그러다 나중에는 사막에 있던 수도 없이 많던 모래알갱이들이 모두 하나 둘씩 관계를 맺고 사랑에 빠지게 됩니다. 그럼 그때서야 삭막했던 도시 사막은 푸른빛 도시 호수가 되고, 사막에서 뒤로 걷던 사람들도 앞에 보이는 다른 사람을 향해 뛰어나가게 됩니다.

호수에서 생각해보면, 차갑게만 느껴졌던 바람이 바로 여우와 같은 존재란 것도 알게 됩니다. 호수 안에서 주위를 둘러보면 모두 예전에 어디선가 본적 있는 '그것'이었던 존재들입니다. 모래알갱이들은 바람에 실려서 길들여지고, 서로 길들이는 방법을 배우다가 결국에는 한 장소에서 다시 만나게 되어 지금은 '나와 너'라는 사이로 연결되는 것이지요.

또 혹시 압니까. 과거에 모래알갱이가 돌봐주었던 비둘기가 지금의 나일지. 그래서 내가 지금의 김태희를 보면 좋아서 달려드는 걸지도 모릅니다.

순수의 빛을 잃지 않는 아름다운 삶을 꿈꾸며

주완 : 안녕, 정원아. 오늘 생각지도 못했던 방향으로 수업이 흘러가버렸지만 너무 좋았지?

정원 : 응, 원래 이야기하려고 했던 주제는 사랑이었지만 순수도 그에 못지않게 좋은 주제였던 것 같아.

주완 : 『데미안』에 나오는 알을 깨는 장면에서부터 출발했었지? 사람들은 알을 깨고 나와 사회 속에서 성숙해야 된다고 생각하지만 알 속에서 자기의 순수함을 지키는 것이 더 낫다고 성봉이가 그랬었잖아.

정원 : 그렇지. 그런데 난 잘 이해가 가지 않았어. 자기가 순수하다고 우긴다고 정말 그렇게 될까? 순수는 남들에게 인정받았을 때 비로소 그 존재가 나타나잖아. 알에서 나오지 않는다는 건 남들과 교류하지 않는 폐쇄적인 공간 속에서 살아간다는 건데 그 속에서 아무리 자기만의 순수함을 간직한다고 해도 그게 정말 순수가 될 수 있을까?

주완 : 그래. 알을 깬다는 건 분명히 더 넓은 세상으로 나온다는 거지. 그렇다보니 알 속에서 생각했고 이루려 했던 것과 점점 멀어지는 것만 같은 느낌도 받을 거야. 하지만 우리가 생각하는 이상적인 나의 모습으로 이르는 길은 알을 깨는 방법밖에 없어. 조금 더 나은 삶을 향한 의지와 알을 깨는 노력, 그것이 진정한 순수가 아닐까?

정원 : 그럼 순수는 의지와 노력을 내포하고 있는 것이구나. 그렇다면 우리 삶이 단 하나의 알로 덮여 있을 것 같지는 않아. 수많은 알로 덮여 있을 거야.

하나의 알을 깨면 또 다른 알이 나타나는 거지. 알이 깨지면서 그 파편에 우리 몸은 상처투성이가 되겠지만 영혼은 더욱 맑아질 거야. 영혼은 얼마든지 재생될 수 있다잖아? 그러니 우린 용기를 가지고 알과 부딪힐 수 있어.

주완 : 응. 우리는 순수에 대해서 이야기할 때 종종 "순수는 지켜져야 한다"고 말하잖아? 이 말에서도 알 수 있듯이 순수는 지속성을 띠고 있는 것 같아. 어떤 사람들은 '이제 내가 원하는 상태에 도달했어. 지금 이 상태에 만족해. 알을 깨는 아픔도 이제는 더 이상 없을 거야' 하고 생각할지도 모르지만 잘못된 생각이야. 알을 깨는 것은 행복한 생활을 뒤집는 그런 극적인 행위가 아니야. 행복한 생활을 포기하고 불행한 생활로 들어서는 것도 아니야. 앞에서도 말했듯이 알을 깨는 행위는 더 나은 나의 모습을 향해 내딛는 발걸음이야. 더 참되고 충만한 삶을 두고 멈춰서는 안 되겠지?

정원 : 즉, 알을 깨는 걸 멈추는 행위는 새가 날기를 포기하는 것과 같구나. 새가 나는 본능을 타고났듯이 생각하는 사람이라면 살아 있는 동안 알을 깨는 걸 멈추지 않아야 된다는 거지?

주완 : 그렇지. 나는 것은 새의 운명이라고 선생님이 말씀하셨잖아? 운명인 이상 새는 나는 것을 망설이지 않아. 그들에게 날까 말까 하는 고민은 생각할 가치도 없을 테지. 아까 홍영이도 비슷한 말을 했었어. 그렇게 알을 깬다는 것과 길을 걸어가며 유리벽을 깨고 앞으로 나아가는 것은 자신이 원해서라거나 더 나은 삶을 위해서 자신이 자각하고 그런 행동을 한다고 생각하지 않았다는 말. 기억나? 그것은 삶을 살아가는 것, 즉 성장이라는 것이고, 그에 따라서 순수를 찾게 되는 것은 자연스러운 성장의 과정이라고 생각한다고 했어. 선생님께서 말씀하셨던 알에서 난 조류는 조류이기 때문에 알을 깨어서 밖으로 나가거나 날아야 할까 말까 고민하는 것은 있을 수 없는 일이고, 알을 깨고 하늘을 나는 행동을 하는 것은 당연한 것이라고 한 것과 통하는 것 같아. 결국 자신이 순수를 갈구하고 그것을 위해 알을 깨고 하늘

로 나는 것은 당연한 성장의 과정이고, 늙어가며 머리가 굵어지며 당연히 하게 되는 본능적인 자연스런 행동이라는 것이지.

정원 : 이제 보니 순수는 우리 삶의 방식과 직접적으로 연결되어 있었구나. 순수를 지키는 것이 곧 우리 삶의 목표점과 맞닿아 있다는 것! 이제부터는 항상 '순수'를 잊지 말아야겠어.

주완 : 그래. 순수의 길을 걷다보면 순수의 힘을 느낄 수 있을 거야. 알을 깨나가는 아픔과 상처 속에서도 순수는 그 빛을 잃지 않고 항상 밝게 빛나고 있을 테니까.

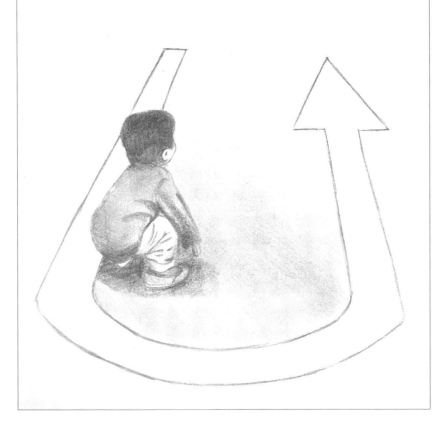

처음 우리만의 책을 꼭 내겠다는 일념 하나로 원고를 충실히 제출하고, 서로 많이 공부를 해오던 것이 마치 먼 옛날의 일인 듯하다. 수업발표는 늘 하던 사람들이 도맡아 하게 되었고, 약속된 날짜에 원고를 제출하는 이들이 점점 줄어들면서 수업정리를 하는 친구나 글을 정리하기로 한 친구 모두 각각의 작업이 힘들어지기 시작했다. 처음엔 이 작업을 즐기며 하겠다고, 책임의식을 가지기로 했지만, 그 다짐들은 다 어디로 갔을까? 우리가 진정으로 가슴을 뜨겁게 달구어 토론하지 않는다면, 과연 독자들에게 우리의 뜨거움과 열정을 전해줄 수 있을까?

우리가 살면서 이처럼 우리의 생각을 자유로이 말하고, 또 그것을 많은 사람과 나눌 수 있는 기회는 그리 많지 않을 것이다. 아니 앞으론 다시는 없을 기회일지도 모른다. 그렇다면 이러한 기회를 최선을 다하지 않고, 허술하게 끝내기에는 너무 아깝지 않은가? 'You should strike while the iron is hot.' 모든 것은 적절한 시기가 있는 법이다. '에이, 그냥 다음에 토론할 때 열심히 하지 뭐.' 하지만 그때쯤엔 이미 쇠는 다 식어버렸을 것이다.

이제 다시 시작하는 거다. '일행'이란 이름에 걸맞게, 모두 다 함께. 마음 단단히 먹고, 더욱더 박차를 가하자. 세상에 멋진 꿈과 희망을 불어넣기로 한 우리들의 다짐, 소중한 약속을 끝까지 지켜야 한다. 우리들이 하지 않으면 누가 하리? 그렇게 우리는 모두가 지친 위기의 순간을 극복하였다. 비온 뒤 더욱 땅이 굳어지는 것처럼. **김재승**

우리가 소통한 책 『영화관 옆 철학카페』, 『철학카페에서 문학 읽기』
이번 장에서는 2장과 3장에서 소통한 책을 다시 한번 깊이있게 다루었다.

아람쌤과 함께한 일요일 Sunday with Aram

난 여기저기 돌아다니면서 그리고 꾸불꾸불한 길을 걸어서 다치기도 하면서 바로 여기까지 오게 되었다. 그 옆에 나의 마음속 깊숙이엔 나의 순수와 열정이 작은 움직임이나마 꿈틀거리고 있었다. 그것을 소행성 B612호 작은 공간에서 점점 키웠다. 내 옆엔 아이 같은 그 뒤에 무엇이든지 갔다 데면 무엇이든지 비칠 것 같은 친구들 그리고 아람쌤이 있다. 한때는 학생이라면 누구나 유혹에 빠지기 쉬운 PC방이며 오락실에 자주 갔다. 하루종일 있었던 적도 많다. 하지만 그곳은 순간의 기쁨만 주는 공간이었다. 내가 하루 종일 그곳에 있다가 나온 그 허무감과 배신감은 뭐로 설명할 수가 없을 정도다. 그때 내 눈에 아람쌤 소행성 B612호, 아이들, 아람쌤이 천천히 보이게 되었다. 그래, 내가 존재할 수 있는 곳 내가 쉴 수 있고 우리 청소년 모두가 존재할 수 있는 그곳이다.

그럼, 우리 수업에 들어가자. 오늘 우리가 하게 될 책은 지난주에 이어서 『영화관 옆 철학카페』다. 간단히 말하자면 『영화관 옆 철학카페』는 영화와 철학을 같이 다루는 아주 흥미로운 책이다. 오늘 주제는 '죽음'이였다. "오늘은 죽음이라는 상당히 무서운 주제네. 난 아직도 죽음이 두려운데, 너희는 그렇지 않니? 그래도 죽음을 공부한다는 것은 곧 삶을 공부하는 거니까 어쩔 수 없잖아." 아람쌤의 말씀이었다. 사실 평소에 죽음은 나와 별 상관이 없다고 생각했었다. 그렇지만 이 책을 읽으면서 그 생각이 바뀌었고, 지금은 우리에게 빼놓을 수 없는 문제라고 생각한다.

오늘의 사회자는 정원이였다. "전 언젠가 죽을 것입니다. 여러분도 마찬가지 라고 생각해요. 혹시 자신이 죽지 않을 것이라고 생각하는 사람?"

"하하하."

죽음을 이야기하기에 앞서 정원이가 반의 분위기를 바꿨다. 그리고 곧 반장인 민규가 발표를 시작했다. 오늘의 주제는 죽음에 관한 것이었는데 민규는 사람의 본능적인 죽음에 대한 두려움에 대해 다뤘다. "살아서 경험하지 못하기 때문에 죽음은 무서운 거야. 즉 죽음에 대한 두려움은 우리의 존재 근원에 있어. 인간은 이성적이기 때문에 그런 두려움을 이겨낼 수 있다고 생각할 수도 있어. 하지만 난 그 의견과는 달라. 인간은 이성적이기 이전에 감성적이면서 인간이기 이전에 동물과 다름없기 때문이지. 때문에 죽음에 대한 공포와 두려움은 당연한 거야." 그 후 민규는 그런 자신의 솔직한 감정에 귀를 기울임으로서 그 두려움을 이겨내자고 말했다.

어쩌면 민규 말이 진짜로 진실을 담고 있는 것은 아닐까? 영화 〈나라야마 부시코〉에서는 인간의 이성이 죽음에 대한 두려움을 이기는 것처럼 보이지만, 민규의 의견대로라면 오린(인간의 이성에 힘입어 죽음의 두려움을 느끼지 않으려는 인물) 역시도 자신의 마지막 순간에는 공포를 느꼈을 것이다. 본능적인 죽음에 대한 두려움. 여기서부터 우리는 죽음에 대해 이야기했다. 죽음이 왜 두려운 것인가라는 본질적인 질문에서 그렇다면 우리에게 죽음은 어떤 의미인가 등의 의견을 나누었다.

그러다가 주완이는 죽음이 두려운 이유를 묻기보다는 죽음이라는 것을 자신의 옆에 끌어와야 한다는 의견을 제시하면서 토론의 방향을 바꿨다. 죽음은 우리의 삶의 일부라고 하면서 "죽음을 지금 우리의 곁으로 끌고 와야 해. 죽음을 옆에 두고 지금 내 행동의 의미와 가치를 살펴야 해. 죽음을 인식했을 때 내 삶은 어떻게 변할 수 있을까? 어떻게 변해야 할까? 끊임없이 의문을 제기해야 해. 죽음의 두려움이나 허무함을 안고 살라는 것이 아니야. 자칫하면 '내일 당장 죽을 수도 있는데 지금 내가 할 수 있는 게 뭘까?' 또는 '내일 죽어버

69

린다면 이 모든 게 무슨 소용이지?' 하는 잘못된 방향으로 들어설 수도 있어"
라고 했다. 그리고 행복하다는 것은 죽음을 잊는다는 것을 말한다고 했다.

"죽음을 잊는 그것이 행복이라는 생각, 참 좋은 것 같네." 아람샘이셨다.
"죽음을 잊는 것이 행복, 좋은 것 같아. 그렇지만 이것이 죽음에 대한 전부일
까?" 정원이가 다시 질문을 했다. 그러자 진재가 "어쩌면 우리의 삶은 태어난
그 순간부터 죽음을 향한 레이스인 것 같아. 그리고 우리는 그 레이스를 열심
히 달리지만, 역설적으로 모두들 그 레이스에 반항하잖아? 지금 모두들 숨쉬
고 있지? 그런데 숨을 쉬는 이유는 뭘까? 여러 가지가 있겠지만 그 중 하나는
죽지 않기 위해서지, 즉 죽음에 대해 반항하는 거야." 그렇게 이야기하는데 지
훈이가 말을 받았다. "아, 그럼 우리가 죽음의 레이스를 달리는 것은 사실이지
만, 반항함으로써 그 이상을 볼 수 있는 것을 말하는 것 같기도 해. 결국 우리
는 죽음을 향해 가긴 하지만, 우리가 바라보는 것은 육체적인 고통이나 죽음
이 아닌, 꿈, 희망인거지. 그리고 그 꿈과 희망은 우리의 열정에서 비롯되는
거고."

이때 아람샘이 말을 하셨다. "죽음에 대해서 깊게 이야기하는 것을 보니,
좋긴 하지만 한편으로 조금은 쉽게 생각하는 게 아닐까? 하는 걱정이 돼. 주완
이 말대로 죽음을 옆으로 끌어오는 것은 거의 해탈의 경지라고 생각해. 난 가
끔 방에 누워서 '죽음'을 생각할 때는 나도 모르게 비명을 지르기도 하거든,
아무리 죽음을 받아들인다고 해도 그 생의 본능에 대한 두려움은 어쩔 수 없
는거 같아." 이 말에 처음에는 의문이 들었지만, 어쩌면 아람샘은 너무 자신의
소리를 잘 들어서 그렇지 않을까? 자신을 사랑하기에 죽음에 대해서 본능적
인 두려움이 그렇게 표출되는 것 같았다. 그리고 아람샘이 이어서 말씀하셨
다. "죽음을 받아들이는 숙명적인 태도가 있어야 돼." 이 말은 죽음을 인정함
으로써 내 곁으로 한층 가깝게 데리고 올 수 있다는 의미일 것이다. 죽음이란
누구에게나 평등하게 찾아오는 것이지만 그것을 받아들이고, 자기의 삶으로
끌어들이는 것은 아무나 하는 것이 아닌 것이다.

그리고 한결이가 이기적 유전자에 관한 이야기를 한 것이다. 한결이는 아람샘에서 수많은 철학책을 읽었지만 '왜 사나?' 라는 근본적인 문제의 답을 찾을 수 없었다고 한다. 그런데 얼마 전 『이기적 유전자』라는 책에서 찾았다고 했다. 그리고 한결이는 "유전자는 우리 자신이 아닙니다. 우리 인간을 비롯한 모든 생물체는 이 '유전자' 라는 놈의 생존기계에 불과합니다. 그리고 이 유전자란 놈의 시조격인 '자기 복제자' 가 자신을 보호하기 위해 외피를 만들었는데 그것이 유전자를 더 잘 보호할 수 있는 방향으로 35억 년 정도 진화되어온 것이 바로 현재의 인간이고 인간은 시간이 되면 죽지만 유전자는 수많은 인간을 숙주로 삼으며 생존할 것입니다"라고 말했다. 마지막으로 한결이는 우리 인간이 야비한 유전자의 존재를 안 이상 알베르트 카뮈가 하려고 했던 '반항' 을 해야 하고 남은 인생이 반항할 수 있는 기간이라고 말했다.

나는 한결이의 발표를 듣고 갑자기 나 자신이 너무 나약해 보였다. 그리고 죽음을 너무 두렵다고 그것을 극복할 수는 없고 죽음을 어떻게 받아들이느냐가 문제라고 하신 아람샘도 나약해 보였다. 난 정말 나의 유전자가 잠시 머무는 기계일 뿐일까? 인간은 죽음 앞에선 이렇게 무너질 수밖엔 없는가? 나의 존엄성은 이 정도 가치밖에 안 되는 걸까? 난 그렇게 믿기 시작했다. 내가 이렇게 열정적이어도 그 열정은 차가운 죽음 앞에선 식어간다고 그렇게 한순간에 식어갈 것이라고 생각했다. "그래 민규의 말이 맞았다. 사형수가 두렵다고 말한 것처럼 아마 나도 두려울 거야. 죽음은 극복되는 게 아니야."

여태껏 내가 내게 솔직하지 못한 건 아닐까? 나는 두 개의 자아가 있다고 생각한다. 본능적으로 행동하는 본능적 자아와 그것을 인식하는 주체적 자아. 본능적 자아는 죽음을 두려워하지만 나의 주체적 자아가 그것을 인식하지 못했거나 억지로 그 인식을 회피했던 것 같다. 나는 인문학을 공부하면서 예전보다 주체적, 본능적 자아가 더 가까워졌다고 생각했는데 아직 먼 것 같다.

난 대하드라마를 자주 본다. 그리고 나는 그중 전투하는 장면을 제일 좋아한다. 배우들의 화려한 무술과 전쟁의 긴박감이 나를 흥분시키기 때문이다.

나는 전투장면을 볼 때마다 이런 생각을 한다. "내가 만약 실제 전투 상황에서의 장수나 병사라면, 죽음을 무릅쓰고 저렇게 용감하게 싸울 수 있을까?" 나는 어릴 때 수많은 군사들 중 죽음을 두려워해서 도망가는 군사가 될 것이라고 매번 생각했다.

내가 얼마 전 본 장면은 중국의 수나라, 당나라 때의 고구려 시대였는데 당나라의 공격으로 고구려가 멸망할 위기의 상황이었다. 그리고 고구려의 요동이 무너지기 시작했다. 요동의 수많은 성들이 무너지고 요동성과 안시성만 남았는데. 요동성도 무너지고 말았다. 요동성의 성주 '고사계'가 안시성에 몇몇 병사를 데리고 안시성으로 피하러 왔다. 안시성도 안전한 곳도 아니었기 때문에 안시성의 백성과 군사와 장수들은 성을 빠져나가 다른 곳으로 가야 했다. 그러자 요동성 성주 고사계가 적들을 막아 시간을 번다고 죽을 각오를 했다. 그리고 안시성 사람들은 무사히 빠져나갔고 고사계는 적군의 포로가 되었다. 성주의 용기는 대단했다. 죽음이 눈앞에 보여도 그의 눈빛은 꺾이지 않았다. 고구려를 위해서 고구려의 한 장수로서 그러나 한 고구려 병사는 목숨을 살려달라면서 모든 것을 다 말하겠다고 나섰다.

여기서 성주와 병사는 모두 죽음을 앞에 두고 있다. 그러나 성주는 죽음을 두려워하지 않는 것처럼. 병사는 죽음을 두려워하는 것처럼 보였다. 아람샘은 죽음을 극복하는 것은 어렵다고 하셨다. 하지만 그것을 받아들일 순 있다고 하셨다. 한 인간의 숙명적인 운명으로 말이다. 나는 그 성주의 그 눈빛이 떠오른다. 아마 그 고구려 장수는 전쟁에서 죽음을 맞이하는 것이 그 사람의 숙명일 지도 모른다. 그리고 성주는 죽음을 용감하게 받아들였다. 그는 누구도 원망하지 않았다. 그에겐 고구려 장수라는 애국심과 백성을 위해 싸운 백성을 사랑하는 애민심이 있었기 때문이다. 나에게도 숙명적인 운명 그리고 죽음이 있을 것이다. 그리고 나는 그것을 숙명적으로 받아들여야 한다. 그러기 위해선 나도 그 성주처럼 애국심과 애민심과 같은 성스러운 존재가 필요하다. 아마 그것은 누구에게나 필요한 꿈, 사랑, 순수, 열정, 용기, 희망 그리고 행복이

될 것이다.

　다음 책으로 넘어가보자. 다음 책은『철학카페에서 문학 읽기』이다. 이 책은 저자 김용규 선생님이 카페에서 커피 한 잔을 마시면서 생각할 만한 철학적 주제를 다루는 것인데 문학과 철학의 만남이라 흥미로워. 첫 번째 발표자는 정화였다. 정화는 프로크루스테스의 침대를 말하면서 우리의 정해진 틀을 비판했다.

　다음은 성봉이다. 성봉이는『멋진 신세계』부분을 읽고 썼는데, 거기에서 나오는 우생학에 대해 이야기를 하기 시작했다. 성봉이는 인류의 종말 시간이 24시간 중에서 5분밖에 남지 않았다고 했다. 즉 시계는 11시 55분을 가리키고 있는 셈이다. 그 문제 중 가장 큰 문제가 인구 문제라고 한다. 그래서 이 문제를 해결하기 위해 우생학을 꺼냈는데, 지금껏 인류를 지탱해온 휴머니즘은 인간을 인간적인 틀에 가두어 현실적인 판단을 하지 못하게 했다고 한다. 즉 인간이 만든 법, 도덕 같은 윤리가 인간종말 문제에 대한 해결책의 발목을 잡는다는 것이다.

우생학을 간단히 말하자면, 우생학은 어떤 기준으로 그 세계에 잘 적응하는 적자와 그렇지 못한 부적자로 나눠 적자만을 생존시키자는 학문이다. 그러면 부적자의 유전자는 없어질 것이고 적자만 생존하는 '유토피아' 라는 세상이 존재할 것이라고 하는 것이 우생학의 이론이다. 성봉이도 우생학은 인간적이지 못하다고 했지만 인간의 생존이라는 동물적 본능으로는 타당하지 않겠느냐는 것이다. 그러자 아람샘이 놀라시면서 그건 아주 큰일 날 생각이라고 하시며 당황하셨다. 그러시면서 이렇게 덧붙이셨다. "우생학에서 적자와 부적자의 기준은 어떻게 정할 것이며 그것을 정하는 사람은 어떤 사람이 되어야 하겠느냐는 것이다." 이 자본주의 사회에서 적자와 부적자는 부의 가치로 나뉠 것이라는 게 아람샘의 의견이시다.

그리고 다른 학년들의 의견을 덧붙여주셨다. 우리 현재 인류가 미래 인류의 운명을 정하는 것은 타당하지 못하다고 하셨다. 즉, 옛날 조선시대 아람샘 같은 여자 선생님이 있는 것이 옳지 못하다고 했지만, 현재 우리는 아람샘이 좋고 성별은 아무런 문제가 없다고 생각한다. 그때 진재가 유럽과 아프리카를 예로 들면서 우생학이 안 된다면 휴머니즘만이 인간을 구원할 수 있다면서 유럽 사람들의 휴머니즘을 아프리카 사람들에게 나눠주는 것으로 의견을 냈다. 나는 뭔가 단추를 잘못 끼워놓은 듯한 느낌이 들었다. 휴머니즘을 유럽 사람들이 아프리카 사람들에게? 유럽 국가와 북아메리카, 몇몇 아시아 국가에선 아프리카보다 휴머니즘이 발달했을 것이다. 하지만 그 휴머니즘을 익힌 그 나라 국민들은 그토록 참되며 인간적일까? 실천적인 측면에서 보면 그 사람들에게 그리고 우리에게 휴머니즘이라는 것은 그들과 우리를 표현하는 수단이었을 뿐이었다.

정녕 이 세상의 인류 종말 시간을 뒤로 움직이기 위해서는 그들이 아닌 우리가 그들에게 배워야 한다. 그들의 선이 우리의 선에 가까워져야 되는 것이 아니라 우리의 선이 실천적인 그들의 행동에 다가가야 할 것이다. 우리는 돌아가야 한다. 우리는 발전과 개발에 너무 빠져 있다. 발전과 개발의 영향이 자연의 질서체계에까지 미치면 안 되었다. 우리는 너무 오래전부터 잊어왔다. 내가 아람샘에서 읽은 책 중 『즐거운 불편』, 『오래된 미래』에서도 오히려 이러한 편리와 발전들이 사람들의 행복을 빼앗아간 결과를 보여주었다. 그리고 난 지금 무엇을 할 수 있을까? 그런 현실에 순응하지 않고 체념적 자세로 방관하지 않고 관심을 갖는 것, 문제의식을 품고 새로운 대안을 생각해내고자 하는 것, 그리고 지금 이렇게 이러한 사유를 이 땅의 친구들과 공유하여 함께 나아가기 위해 열심히 글을 쓰고 있는 내 모습도 사회적 실천의 한 방법임이 분명하다. **남지훈**

죽음에 대하여-『영화관 옆 철학카페』를 읽고
유토피아와 디스토피아, 반항에 대하여-『철학카페에서 문학 읽기』를 읽고

〈나라야마 부시코〉와 죽음 김민규

모든 사람은 죽는다. 하지만 대부분의 사람들은 그것을 알고 있으면서도 자신이 언젠가는 죽을 것이라는 걸 느끼지 못한 채 살아간다. 그래서 자신이 죽게 될 것을 알게 되었을 때 당황하고 절망하며 어떻게 해야 할지 갈피를 잡지 못한다. 그리고 죽음을 두려워한다.

〈나라야마 부시코〉에선 그 죽음의 앞에서 겸허하게 죽음을 받아들이는 오린과 그 죽음을 거부하고 살아남으려는 마타 영감의 모습이 대립적으로 나타난다. 그런데 죽음을 앞두고 그것에 순응하는 것이 멋있는 모습일까?

마지막 떠나면서 자신이 살아온 길을 돌아보며 정리하는 것은 분명히 중요한 일이다. 또 그것을 새로운 세계로 향해 가는 과정으로 생각할 수도 있다. 하지만 그때 생기는 죽음의 불안이 꼭 나쁜 것일까? 얼마 전에 〈우리들의 행복한 시간〉이라는 영화를 보았는데 거기서 제일 마음에 와닿았던 장면이 사형수 윤수가 죽은 동생이 옛날에 애국가를 들으면 힘이 난다고 했는데 사형집행 직전에 애국가를 부른 뒤 울면서 "애국가를 불렀는데도 너무 무서워요"라고 외치는 장면이었다. 죽음은 아무도 모르는 세계이기 때문에 무서울 수밖에 없다. 그런데 그 무서움 앞에서 마지막으로 솔직하게 자신의 감정을 보인다는 게 진짜 인간다운 모습이라는 생각이 들었다.

사람들은 살면서 다른 사람들과 자신에게 얼마큼 솔직할까? 내 생각엔 대

부분의 마음이 솔직하지 못하다. 남한테는 물론이고 자신한테도 솔직하지 못할 때가 많다. 그런데 마지막까지 그렇게 강한 척 아무렇지 않은 척해야 할 필요가 있을까? 그냥 속 시원하게 너무 무섭다고 두렵다고 외치는 게 훨씬 좋을 것 같다. 〈나라야마 부시코〉에서도 다쓰헤이가 떠난 후 혼자 남은 오린이 영화에는 안 나왔지만 죽을 때도 끝까지 태연한 모습이었을까? 마음속으로는 분명히 오린도 무서웠을 것이다. 그것은 인간이기 때문에 어쩔 수 없는 것이다. 인간은 이성적이기 때문에 죽음을 두려워하지 않을 수 있고 그것을 정신적 가치로 창조할 수 있다고 말하는 의견에 나는 반대한다. 인간도 인간이기 이전에 하나의 동물이고 하나의 생명체이다. 그 어떤 지식과 지혜도 진정한 인간의 두려움을 피하게 할 순 없다. 머리론 그렇게 할 수 있을지 몰라도 분명 마음 깊숙한 곳 어딘가엔 두려움이 남아 있다.

우리는 살아서 죽음을 체험할 수 없기 때문에 죽음에 대한 두려움이 부질없는 것이라고 책에 나오지만 우리가 체험할 수 없기에 그것에 대한 두려움을 이겨낼 수 없는 것이고 그래서 무서운 것이다. 궁극적으로 내가 꼭 하고 싶은 말은 죽음에 대한 두려움을 감추지 말자는 것이다. 무서우면 무섭다고 솔직하게 말하자. 그것은 절대 나쁜 것이 아니다. 자신의 감정을 속이고 진실은 피하려는 것이 더 나쁜 것이다.

죽음은 우리의 운명이다 손주완

우리는 반드시 죽습니다. 긴 여생의 끝에 지친 몸을 뉘이고 마지막 숨을 내뱉고 '없음' 만이 존재하는 아니, '존재' 라고는 찾아볼 수 없는 죽음으로 들어서게 됩니다. 우리는 죽음이 우리 생애의 한 단계임을 알고 있습니다. 죽음은 어느 누구도 피해갈 수 없고, 숨쉬는 생물체의 숙명이기도 합니다. 그러나 우리는 죽음에 대해서 별로 관심이 없는 듯합니다. 하루에도 몇 번씩 누군가가 죽었다는 소식을 접하지만 그때마다 격한 감정변화가 있을 뿐 진지하게 '죽음은 뭘까?', '나의 죽음은 어떨까?' 하는 생각으로까지 이어지지는 않습니다. 이것은 우리가 아직까지 죽음에 대해서 고민할 만큼 나이가 들지 않았다고 생각하기 때문이기도 하지만 사실은 죽음을 의미 없는 것으로 여기고 절대 나에 의해서 소유될 수 없다고 간주하기 때문입니다. 우리에게 죽음은 철저히 저 너머에 있는 외적인 것이고 가까이 다가왔을 때 역시 어떠한 것도 체험할 수 없으므로 내 삶과는 동떨어져 있는 존재로 파악하기도 합니다.

그러나 이것은 분명히 잘못된 생각입니다. 앞에서도 말했듯이 죽음은 우리 삶의 일부입니다. 우리는 지금 이 순간도 죽음을 향해 달려가고 있습니다. 시간이 과거에서 미래로만 흐른다고 하면 죽음은 '끝', '종말'에 지나지 않습니다. 하지만 아우구스티누스에 의하면 인간의 시간은 과거와 현재 그리고 미래가 한데 얽혀 있는 시간입니다. 과거는 기억으로서 미래는 기대로서 이미 우리의 현재적 삶에 참여하고 있는 것입니다. 죽음도 1차원적으로 보았을 때는 먼 미래에나 자리 잡고 있는, 현재를 살고 있는 우리들에게는 너무나도 먼 존재입니다. 죽음을 지금 우리의 곁으로 끌고 와야 합니다. 죽음을 옆에 두고 지금 내 행동의 의미와 가치를 살펴야 합니다. 죽음을 인식했을 때 내 삶은 어떻게 변할 수 있을까? 어떻게 변해야 할까? 끊임없이 의문을 제기해야 합니다. 죽음의 두려움이나 허무함을 안고 살라는 것이 아닙니다. 자칫하면 '내일 당장 죽을 수도 있는데 지금 내가 할 수 있는 게 뭘까?' 또는 '내일 죽어버린다면 이 모든 게 무슨 소용이지?' 하는 잘못된 방향으로 들어설 수도 있습니다.

죽음은 두려워하거나 꺼릴 대상이 아닙니다. 우리는 반드시 죽어야 하지만 죽음에 대한 두려움을 떨쳐낼 수는 있습니다. 사람에 따라서 다양한 방법이나 태도가 있겠지만 가장 근본적이고 보편적인 방법은 현세의 삶에서 행복을 추구하는 것입니다. 보통 종교에서는 절대자를 설정하고 그를 구세주라 하여 그를 따르면 존재론적 승화를 이룰 수 있으며 그로서 숙명적 공포에 대항할 수 있다지만 에피쿠로스는 그 절대자가 오히려 공포를 만들어낸다고 하였습니다. 죽음을 매 순간 내 행동을 결정하는 요소로 두되 일상의 행복을 잊지 않는 것. 그것이 가장 현명한 삶의 방식이 아닐까요.

반항은 인간의 운명이다. 삶의 의미와 인간적인 길 **윤한결**

인간과 침팬지의 유전자 차이는 1.6%라고 하지만 거기엔 엄청난 기회가 주어져 있다. 그 1.6%의 차이로 우리 인간은 유전자라는 존재를 발견한 것이다. 나는 아람샘과 수업하면서 철학책을 몇 권 읽었지만 아무리 생각해도 '왜 사나'라는 가장 근본적인 문제의 답을 찾을 수 없었다. 많은 철학자들이 이 커다란 물음에 나름대로의 해답을 내놓았지만 나는 그들의 말을 이해할 수 없었다. 하지만 최근에 한 책을 보고 드디어 가장 확실한 답을 찾을 수 있었다. 그래 나는 이 책을 먼저 봤어야 했다. 이 책의 이름은 『이기적 유전자』이다. 이 책에 의하면 유전자는 우리 자신이 아니다. 우리 인간을 비롯한 모든 생물체는 이 '유전자'라는 놈의 생존기계에 불과하다. 이 유전자란 놈의 시조격인 '자기 복제자'가 자신을 보호하기 위해 외피를 만들었는데 그것이 유전자를 더 잘 보호할 수 있는 방향으로 35억 년 정도 진화되어온 것이 바로 '인간'의 실체라고 한다. 그렇다면 '나'란 놈의 존재 의미는 내 세포 속 염색체 하나하나에 살아 있는 유전자를 지금 '나'라는 기계가 다 닳아 없어지기 전에 다른 기계를 만들어 그쪽으로 옮겨 보존해주는 것이다. 정말 얄미운 것은 나란 놈은 몇십 년 후면 죽어 없어지지만 이 유전자라는 놈은 나를 이용해서 다른 몸으로 옮겨가서 산다는 것이다. 이 녀석은 교활하게도 이렇게 몇십억 년 동안 살아왔고 앞으로도 살아갈 것이다. 이것이 내가 발견한 단 하나의 정직하고 냉정한 내 존재의 이유이다. 이렇게 생각해보면 정말 나를 조종하고 있는 이 유전자라는 놈이 얄밉지만 정말 다행하게도 나는 아니 인간은 이 사실을 발견했다. 자신이 조종당한다는 것을 알고 조종당하는 것과 모르고 조종당하는 것에는 엄청 큰 차이가 있는 것이다.

이렇게 생각하고 난 후에야 알베르트 카뮈가 하려고 했던 '반항'이란 말이 나에게 현실적으로 다가왔다. 유전자란 놈에게 어쩔 수 없이 조종받는 숙주인 내가 유일하게 할 수 있는 것이 반항이었던 것이다. 내가 생각하는 유전자에 대한 반항은 자손을 남기지 않는다던가 하는 것이 아니다. 나 혼자 자손을 남기지 않는다고 해도 유전자란 놈은 결코 없어지지 않는다. 유전자란 놈은 나에게 몇십 년 남짓한 시간을 주었다. 그 시간 동안 나는 나를 숙주로 삼고 있는 유전자란 놈을 뛰어넘는 무엇인가를 해야 한다. 아직 그것이 무엇인지는 모르겠지만 그것이야말로 나에게 주어진 희망, 인간적인 길이라고 믿고 있다.

생존인가? 인간다움인가? 헉슬리는 멋진 신세계를 비판할 권리가 없다 하성봉

먼저 내가 쓴 이 글에 대한 반론이나 파장을 고려하여 몇 가지 전제를 해두겠다. 난 결코 우생학 옹호론자, 인종 차별론자, 종말론자가 아니며, 인간의 존엄성과 생명 그 자체가 가지는 절대성을 부정하지 않는 사람임을 알아주길 바란다. 또한 나의 의견은 주장이라기보단, 책을 읽으면서 생각난 의문점이라는 것을 명시해주길 바란다.

먼저 지금 인류는 생존의 문제에 직면해 있다. 다 아는 얘기겠지만, 과학기술의 발달과 점점 복잡해지는 사회구조는 인류에게 편익과 효율성의 증대라는 순기능과 동시에 환경오염의 급속한 증가로 인한 생태계의 파괴 및 기상이변, 끊임없는 자원전쟁, 점점 고도화되는 무기로 인한 위험 등의 역기능을 발휘했다. 물론, 순기능이 역기능보다 많아서 인류가 끊임없이 발전할 수 있으면 좋겠지만, 불행히도 인류의 과학기술과 사회구조는 역기능이 순기능보다 더 큰 우위에 있어서 인류는 점점 종말의 길로 빠져들고 있다.

많은 사람들이 아직 수백 년, 수천 년의 시간이 있고 그동안 해결할 수 있다고 한다. 하지만 과연 그럴까? 500만 년이나 되는 인류의 역사에서 수백 년 수천 년의 시간은 티끌에 불과하다. 또한《원자력과학자회보》가 지난달 17일에 경고했듯이 인류의 종말시계는 이제 11시 53분에서 11시 55분으로, 불과 인류 종말을 상징하는 지점에서 5분을 남겨두었을 뿐이다. 게다가 과학기술의 발달과 사회구조의 심화는 점점 더 가속화되어 종말시계의 분침은 시간이 갈수록 더욱 빨라지고 있다.

그렇다면 이 문제의 근본적인 문제점은 무엇일까? 다른 많은 복합적인 원인도 있겠지만, 가장 근본적인 원인은 바로 '인구'이다. 서울대 물리학과 장회익 교수는 1억에서 10억 사이의 인구가 생태계와 인류문명 모두에게 적절한 수치라고 추정했다. 그리고 10억을 넘어가면 생태계에게 과부담을 준다고 말했다. 물론 이는 단순히 한 과학주의 추정치일 뿐이지만, 이미 전 세계의 인구가 60억~70억 사이를 넘나든다고 생각할 때, 이는 큰 문제가 아닐 수 없다. 게다가 이 인구들 모두가 풍요로움을 추구하고 있다. 인류역사상 그 어느 때보다도 많이 만들고 많이 쓰는 시대인 것이다. 수많은 사람들이 많이 쓰고, 많이 만들다 보니 이를 지탱하기 위한 자원을 자연에서 구할 수밖에 없고, 이는 비단 자연뿐만 아니라 인간 사회 내에서도 극심한 분쟁을 야기했다. 석유를 두고 일어난 체첸 내전, 걸프전, 이라크전과 다이아몬드를 두고 일어난 아프리카의 수많은 전쟁들, 천연가스를 두고 현재도 진행 중인 러시아와 EU와의 대립이 대표적인 예라 할 수 있겠다.

무(無)에서 유(有)를 창조해내는 기술이 개발되지 않는 한, 또 급속하게 속도를 높이고 있는 과학기술과 사회구조라는 고속열차의 브레이크를 작동시키지 않는 한, 이러한 문제들은 계속해서 발전해나가 인류의 생존에 큰 위협을 가할 수밖에 없다. 때문에 다른 뚜렷한 대안이 없는 마당에서, 또 인류 생존이 일분일초를 다투는 상황에서 좀더 규모가 작고 생존에 적합하게 인류를 변화시키려는 목적을 가진 우생학이 과연 나쁘다고만 말할 수 있을까? 또 헉슬리가 생존을 위해 계급이 나뉘고, 행동교육을 받는 등의 변화를 택한 신세계를 욕할 수 있을까?

물론 생존을 위해 그러한 극단적인 방법을 선택한 신세계를 옹호하는 것은 아니다. 조심스럽게, 우린 우생학을 너무나도 짙은 색안경을 쓰고 보고 있지는 않는가라는 생각이 들었다. 어찌 보면, 지금 우생학이 그토록 배척받고 질타받는 근본적인 원인도 히틀러나 KKK단과 같은 사람들이 저지른 반인륜적 범죄행위와 인종차별주의의 영향이 크지 않은가? 만약 우생학이 그러한 방향이 아닌, 인류에게 행복과 발전을 가져다준 방향으로 이용되었다면, 그럼에도 배척받고 질타받았을까?

뿐만 아니다. 잠시 이 책의 264쪽에 나와 있는 우생학에 대한 설명을 한번 보자.

"인간은 사회라는 환경에 적응하면서 진화하는 동물이다. 때문에 인간 가운데는 사회에 잘 적응하는 적자와 잘 적응하지 못하는 부적응자가 있게 마련이다. 그런데 그것은 유전적 형질에 의해 이미 결정되어 있다. 따라서 우생학의 목적은 적자를 키우고 부적응자를 제한 및 제거함으로써 사회를 발전시키는 것이다."

이러한 관점에서 볼 때, 우리 사회에서 공공연히 일어나고 있는 선천적으로 뛰어난 영재들을 특화하는 영재교육도 적자를 키우는 우생학의 노선에 있지 않는가? 정신병자와 사회 부적응자들을 보호소에 강제수용하고, 한센병 환자들을 소록도에 수용한 이러한 정책들이 부적응자를 제거하는 우생학의 노선에 있지 않는가? 부익부 빈익빈 현상이 필연적으로 발생하는 자본주의 사회를 '적자생존'의 논리에 정당화하는 현대사회도 적자와 부적자가 있음을 인정하는 우생학과 다를 것이 무엇이 있는가?

물론 내가 이러한 우생학의 논리를 옳다고 말하는 것은 아니다. 나도 영국이 실시했던 단종법이나 지금 중국에서 시행되고 있는 산아제한법과 같은 법들이 부당하다고 생각한다. 하지만 이미 우리사회에는 우생학적인 요소가 만연하지는 않을까, 또 인류문명의 지속과 인류의 생존을 위해 우생학이 불가피하지 않은 면이 있진 않을까 의문이 들었을 뿐이다. 흔히 우생학이 반인륜적이라고 한다. 사람이 사람답게 살아야지, 어떻게 생존만 추구하냐고 반문할 수도 있다. 그러나 슬로터다이크의 말처럼 어쩌면, 지난 수천 년 동안 윤리, 관습, 도덕, 법, 문화 등의 요소를 통해 전달된 휴머니즘의 굴레에서 벗어나지 못해 이러한 생각을 가지게 된 것일지도 모른다. 슬로터다이크는 이러한 휴머니즘이 인간의 생존에 걸림돌이자 방해되는 것으로 생각했고, 많은 휴머니스트들은 휴머니즘 때문에 동물과 달리 인간이 진정한 인간이 될 수 있는 이유라고 말한다.

하지만 난 이에 대해서 아직도 헷갈린다. 휴머니즘 때문에 내가 짐승이 아닌 인간이란 생각이 들기도 하고, 어쩌면 휴머니즘이란 것은 자연과 생태계를 희생하여 생존과 풍요로움을 다 잡으려는 인류를 합리화하려는 변명이 아닐까라는 생각이 든다. 몇 주 전, 내가 일요일 아침마다 꼭 보는 〈서프라이즈〉라는 TV프로그램에서 〈얼터너티브3〉이라는 내용이 있었다. 간단히 요약하자면 몇몇 엘리트들이 납치되었는데, 사실 그 사람들이 인류생존을 위해 선택받은 사람들이었고, 선택받지 못한 나머지 사람들은 죽게 되며, 오직 선택받은 사람들만이 살아남아 인류문명을 이어간다는 내용이었다. 〈얼터너티브3〉이 사실인지 허구인지 알 길은 없다. 하지만 〈얼터너티브3〉이 과연 눈 감고 넘어갈 문제인가? 생존과 휴머니즘, 딱 이 두 가지를 극단적으로 나누어서 선택하라고 말할 순 없다. 하지만 만약 인류가 생존이라는 노선으로 기울었다면, 존 새비지가 우생학을 비판할 수 있는가? 헉슬리가 멋진 신세계를 비판할 수 있을 것인가? 어쩌면 헉슬리가 쓴 『멋진 신세계』는 자연과 생태계를 희생하여 생존과 풍요로움을 다 잡으려는 현대인류를 합리화한 휴머니즘이라는 변명의 정점에 서 있는 소설일지도 모른다.

죽음, 삶의 원동력

주완 : 이번 주는 죽음에 대해서 이야기했는데 어땠어? 수업 끝에 아람샘께서
　　　 우리는 죽음을 너무 담담하게 대한다고 하셔서 나는 흠칫했었는데.

정원 : 글쎄, 나는 죽음에 대해 생각하면서 삶에 대한 의욕이 더 강해졌다고나
　　　 할까? 그래서 수업 끝나고 '열심히 살아야지!' 하고 속으로 다짐했었
　　　 어.(웃음) 근데 생각해보니 좀 이상하지 않아? 왜 죽음을 생각했는데 삶에
　　　 대한 욕망이 더욱 강해졌을까? 어쩌면 죽음은 삶을 더 열심히 살게 해주는
　　　 원동력일지도 몰라. 주완이, 네 생각은 어때?

주완 : 죽음이 삶의 원동력이라…… 하이데거가 말한 것과 통하는 부분이 있는
　　　 거 같은데? 시간을 1차원적으로 보면 죽음은 먼 미래의 것에 불과하지만
　　　 인간의 시간에서는 그렇지 않지. 죽음을 미리 떠올리지 않으면 우리 삶은
　　　 딱딱하게 굳어버릴 거 같아. '현존하는 죽음'은 어떤 죽음을 말하는 걸까?

정원 : 현존하는 죽음은 언제나 우리 곁에 존재하는, 앞에서 말한 삶의 원동력
　　　 이 되는 죽음이지. 바로 곁에 두고 늘 삶의 의지를 되새기는 죽음 말이지.
　　　 그런데 삶의 의지를 다지는 방법은 사람마다 각자 다르다고 생각해. 난 죽
　　　 음에 대한 두려움을 삶을 살아가는 데 필요한 의지로 바꾸는 쪽이야. 넌?

주완 : 정원이 너처럼 삶의 이유가 분명한 사람도 있겠지만 나는 늘 고민하는
　　　 쪽인데. 나 같은 사람에게 삶은 고민의 연속이야. 죽느냐 사느냐 하는 문
　　　 제, 또 한 걸음 더 나아가 어떻게 사느냐의 문제. 삶은 그런 문제의 잠정적
　　　 대답에 따르는 것이자 끝없는 유보가 아닐까. 정원이 네가 말한 대로 어느

쪽이든 상관없겠지. 다만 중요한 건 지금 우리가 죽음을 떠올리고 있어야 한다는 것이겠지. 죽음은 분명히 그 자체로 두려운 것이지만 이제 보니 우리 곁에 놓여진 '현존하는 죽음'은 우리 삶을 바꿀 만한 힘을 가지고 있는 것 같아.

정원 : 분명히 그럴 거야. 죽음이라는 것이 단순히 '어느 때든 한 번은 닥쳐올 하나의 사건'으로만 존재하도록 내버려두지 않고 오늘 나의 삶을 더 가치 있고, 의미 있게 하는 힘이 되게 할 수 있다면 우리 삶은 자연스레 매순간 발전할 수 있을 거야.

주완 : 우리가 이번주에 읽었던 책 『영화관 옆 철학카페』에서는 그 힘이 우리가 인간애의 길에 이를 수 있도록 해준다는데 이건 무슨 말이지? 정원이 네 말과 저자의 글을 함께 놓고 보면 '현존하는 죽음'이 우리의 삶을 보다 더 인간적으로 만들어준다는 것 같은데?

정원 : 죽음을 우리 곁에 둔다는 것은 우리의 행위 하나하나를 의미 있는 것으로 여기고 깊이 있게 따져본다는 말이잖아. 우리는 그 끝없는 사유를 통해서 하나의 '이상체' 로 점점 가까워지는 게 아닐까. 그 '이상체' 라는 건 우리가 잃어서는 안 될 것들을 모두 온전히 가지고 있는 상태니까 우리 안에 내재되어 있는 가장 본원적 모습 즉, '인간의 모습' 일 거야.

주완 : 인간은 언제나 '죽음을 향한 존재' 라는 말을 들어왔는데 정원이 네 말을 듣고 보니 우리는 죽음을 향해 달려가고 있는 덕분에 인간일 수 있는 것이로구나. '현존하는 죽음' 을 이해할 수 있을 것 같아.

정원 : 죽음이 있기 때문에 인간은 인간다울 수 있다! 이야 멋진데? 오늘 수업도 확실히 정리된 느낌이야. 다음 주는 설날이니 그 다음주에 보겠네.

주완 : 그래, 맛있는 거 많이 먹고 다음 수업 때 봐.

5

희망의 인문학

오페라 극장에서 오페라를 보는 사람들은 오페라가 자신의 모국어가 아닌 전혀 말할 줄 모르는 외국어로 진행이 되어도 서로 같은 장면에서 함께 웃고 운다. 오페라 〈마술피리〉에서의 파파게나와 파파게노의 아리아에선 다같이 웃고 즐거워하며, 또 베르디의 오페라 〈아이다〉의 라다메스와 아이다의 마지막 생매장 장면의 슬픈 선율의 디크레센도에서는 눈물을 흘린다. 필시 이것은 감성의 힘일 것이다. 극장에서 배우가 관객에게 주는 눈빛 하나, 그리고 소름끼칠 듯이 뿜어내는 단 한 번의 외침, 그리고 가슴에 밀려오는 감동의 물결. 그것만으로 우리가 서로 감동을 이야기하기엔 충분하다.

이렇게 보면 비록 60억 인구가 지구 곳곳에 퍼져서 살고 있지만, 우리는 감성이라는 한 가닥의 끈으로 모두 이어져 있는 듯하다. 그러나 우리는 항상 가식과 허세라는 가면을 쓰고, 색안경을 끼고 타인을 바라보고, 자신을 치장한다. 하지만 세상의 그 어떤 것이 유혹하더라도, 우리만은 차가운 아스팔트가 아닌 따뜻한 흙가슴으로 세상 모든 것을 바라보고 또 사랑하기를 바란다. 그리고 어느새 서로의 감성의 끈은 더욱 튼실해지고, 그 수는 기하급수적으로 늘어나 세상 모든 이들이 서로를 사랑하기를, 그리하여 사랑으로 넘쳐나는, 모두가 함께할 수 있는 따스한 세상을 꿈꾼다.

그런데 이런 꿈을 꾸고 있는 사람을 만났다. 바로 얼 쇼리스이다. 얼 쇼리스는 '희망의 인문학'을 클레멘트 코스라는 것을 통해서 가난한 이들에게 가르치고 계시는 분이다. 진정 따뜻한 세상을 꿈꾸는 얼 쇼리스를 만남으로 우리도 새로운 따뜻한 세상을 꿈꾼다. **김재승**

우리가 소통한 책 『희망의 인문학』

이 책은 얼 쇼리스가 소외계층을 대상으로 하는 정규대학 수준의 클레멘트 코스를 운영하는 과정과 그 목적과 취지에 대해서 설명한 책이다. 클레멘트 코스는 가난한 이들이 가진 가장 큰 문제는 경제적인 것이 아니라, 정신적 무력감 그리고 정치적 권리의 부재라고 하며, 소외되었던 이들의 삶이 인문학을 통해 변화할 수 있다는 것을 보여준다.

얼 쇼리스

소외계층들을 위해 인문학 교육과정인 클라멘트 코스를 창립한 사람이다. 시카고대학을 졸업했으며 언론인, 사회비평가, 대학강사, 소설가로 활동하고 있다. 그는 가난을 좀 더 다르게 인식한 사람이다. 가난이 단지 경제력에만 연관이 있는 것이 아니라 가난한 자들이 부족한 것은 정치적 능력이라는 것이 그의 생각이다. 그리고 그 생각은 클라멘트 코스로 이어졌고 그리고 그것은 매우 희망적인 소식을 우리에게 전해주고 있다.

언제나 그랬지만, 오늘도 역시 떨리는 걸음으로 아람샘 건물 3층 유리문을 열었다. 저번 수업 이후 중간에 설날이 있었던 관계로 수업을 못했으니, 2주 만에 수업을 하는 것이다. 이미 도착해 있던 친구들도 있었고, 내가 도착한 다음에 온 친구도 있었다. 모두들 2주 만에 보는 거라 반갑게 인사를 나누었다. 그리고 곧 앞수업인 예비 고1수업이 끝나자 인사를 하고 들어가서는 수업준비를 했다. 숙제는 『희망의 인문학』을 처음부터 끝까지 읽고 글을 써오는 것이었다. 아람샘께서 들어오시고, 우리의 행복한 두 시간은 시작됐다. 아람샘께서 처음 소개하신 내용은 바로 우리의 프로젝트에 관한 내용이었다. 프로젝트는 바로 아람샘 수업 내용을 책으로 엮는 거였는데, 이 프로젝트가 좋은 결과물을 만들 수 있을 거라고 하셨다.

'짝짝짝', '와~!'

우리는 박수도 치고, 함성도 질렀다. 가슴이 떨려왔다. 처음에는 정말로 뜬구름 잡는 것처럼 그렇게 와닿지 않았지만, 이렇게 구체적인 과정을 듣고 보니 진짜라는 생각에 심장 뛰는 소리가 마치 귀에 들리는 듯했다. 아직 우리의 프로젝트가 성공할 수 있을지는 아무도 장담할 수 없지만 아람샘을 선두로 이렇게 꿈꾸고, 열정으로 가득 찬 우리가 있는데 무엇이 두려우랴?

오늘 사회자는 지훈이다. 먼저 발표할 책은 『희망의 인문학』으로 정해졌다. 『희망의 인문학』은 클레멘트 코스에 대해서 소개한 책인데, 이 책의 저자

이면서 미국의 언론인이며 사회비평가인 얼 쇼리스 선생님은 지금부터 10여 년 전, 우연한 기회에 교도소를 방문해 한 여죄수와 이야기를 나눈 적이 있었다. "왜 가난한 사람들이 존재할까요?"라는 얼 쇼리스의 질문에 비니스 워커라는 이 여인은 "시내 중심가 사람들이 누리고 있는 정신적 삶이 우리에겐 없기 때문이죠"라고 대답했다. 가난한 사람들은 중산층들이 흔히 접할 수 있는 연주회와 공연, 박물관, 강연과 같은 '인문학'을 접하는 것 자체가 원천적으로 힘들고, 그렇기 때문에 깊이 있게 사고하는 법, 현명하게 판단하는 법을 몰라 가난한 생활을 벗어날 수 없다는 것이다.

여기에서 얼 쇼리스는 가난한 사람들에게도 인문학 교육이 필요하다는 것을 깨닫고 1995년 노숙자, 빈민, 죄수 등을 대상으로 성규 대학 수준의 인문학을 가르치는 수업인 클레멘트 코스를 만들었다. 우여곡절 끝에 최고 수준의 교수진들이 모였고, 20명의 예비 수강생 중 13명이 강의를 신청했고, 참여하길 원하는 사람들은 점차 늘어갔다. 끝까지 강의를 들었던 17명은 대학에 진학하거나 취직에 성공했으며, 무엇보다 중요한 것은 이들이 삶을 대하는 태도가 긍정적으로 바뀌고 언어표현 능력도 눈에 띄게 좋아졌다는 것이다. 인문학의 놀라운 힘을 느낄 수 있었다.

"『희망의 인문학』에 대해서 글을 써오신 분들은 자발적으로 발표해주십시오." 지훈이가 말했다. 이때 "저요, 내가 먼저 내 인문학 숙제를 발표하면 안 될까?" 아람샘이셨다. 선생님이 숙제 발표라니, 처음에는 무슨 소린가 했지만 아람샘은 우리가 『희망의 인문학』 숙제를 하는 기간에 '살아 있는 돈키호테들'이란 제목으로 《국제신문》 시론에 글을 쓰셨고, 그것을 우리에게 들려주시려는 것이었다.

"……자정 뉴스를 보기 위해 켠 TV에서 '돈키호테의 아이들'이란 자막이 눈에 들어왔다. MBC국제시사 프로그램 〈W〉였다. 화면엔 파리의 센 강 주변에 붉은 색 텐트 수백 개가 보이고 노숙인들의 주거권을 요구하는 시민 단체의 목소리도 들렸다.…… 이로써 프랑스는 스코틀랜드에 이어 세계에서 두 번째로 빈곤층의 주거권을 보장하는 나라가 되었다.…… 그런데 정말 궁금했다. 왜 돈키호테의 아이들인지……."

그 내용인즉 프랑스의 시민단체인 '돈키호테의 아이들'에 관한 것이었는데, 그들은 프랑스의 노숙인들의 주거권을 주장하고 있었고, 그에 따라서 프랑스는 주거권을 보장한다는 법안을 의결했다는 내용이었다. 그리고 아람샘께서는 그 단체의 이름이 왜 돈키호테의 아이들인지 궁금해 문의해본 결과 짐작한 대로 "엉뚱해 보이지만 돈키호테의 행동주의가 충분히 사회를 변혁시킬 수 있다는 믿음을 가지고 일을 시작했다"라는 대답을 들으셨다고 한다. 그리고 덧붙이시길 이런 프랑스에 반해서 한국은 전혀 그렇지 못하다고 하셨다. 대한민국 국민의 절반이 집이 없는데(실제로, 대한민국 국민의 반은 전세를 포함해서 자기집이 없다) 정부에서는 언제나 선거공략으로 내놓는다고 하는 것이 강남에 집값 잡기에 관해서만 이야기하니…….

"이런 프랑스와 우리나라의 차이점은 돈키호테를 읽은 사회와 그렇지 않은 사회라는 데 있지"라고 아람샘이 말씀하셨다.

즉 인문학이 삶에 녹아 있는 사회와 그렇지 못한 사회라는 것이었다. 불의를 보면 참지 못하는 불같은 성격의 돈키호테, 정의가 살아 있고 개인 소유의 개념이 없었던 황금시대를 그리워하던 돈키호테. 이런 돈키호테는 인문학을 통해서만 배울 수 있고 인문학을 통해 세상을 배울 수 있다.

다음 발표는 한결이었다.

"가난을 정의해놓은 것을 보면 지구상에 모든 사람들은 상대적 빈곤층입니다. 그렇기 때문에 인문학은 전 세계인이 공부해야 합니다."

『희망의 인문학』에서는 빈곤에 대한 대안으로 인문학을 제시했는데, 한결이의 의견은 사실 따지고 보면 모든 사람이 상대적 빈곤층에 속하니 모두가 인문학을 공부해야 한다는 주장이었다. 그리고 그 뒤를 이어서 은혜가 발표했다.

"빈곤에 대한 대안으로 인문학을 제시한다는 것이 부정적으로 느껴졌습니다. …… 그러나 클레멘트 코스를 배우면서 인문학이 곧 민주주의로 가는 길임을 알게 되었습니다."

사실 은혜의 의견처럼 나 역시 빈곤층에게 인문학은 사치라고 생각한 적이 있었으나 이 책을 통해서 인문학이야말로 그들을 가난에서 구할 수 있는 대안임을 깨달았다. 이어서 지현이가 잠깐 책의 내용을 정리하면서,

"봉사활동 등 빈민들에 대한 우리의 행위가 동정심이나, 자기과시가 되어서는 안 됩니다……"라고 하면서 빈민 모두 우리와 같은 인간임을 강조했다. 그리고 책의 내용과 같이 빈민들은 공적인 삶을 살기가 힘들었는데, 클레멘트 코스라는 가상의 폴리스에 공적인 삶을 살 수 있도록 함으로써 나중에 실제 사회에서도 공적인 삶을 살 수 있다고 말했다. 그리고 사회자인 지훈이가 "물질적인 빈곤 역시 중요한 문제지만 정작 진짜 빈곤은 정신적 빈곤입니다"라고 하면서 인문학이 우리 모두의 안에 존재하는 빈곤을 극복할 수 있는 길임을 말했다.

친구들의 발표를 들으면서 인문학의 효과는 책에서 말하는 『희망의 인문

학』의 정도를 넘어서 기적의 인문학이라고 여겨질 정도로 대단하다는 생각을 했다. 가장 인간답게 살 수 있도록 하는 학문인 인문학, 그 인간다움에서 우리의 공적인 삶을 보는 듯했고, 돈키호테가 살아 숨쉬는 것 같았다. 그때 아람샘이 제안을 했다.

"아! 인문학 좋다. 인문학 멋지다. 이걸로 끝인가? 그것은 머릿속의 지식에 불과하지 않아? 인문학의 힘이 위대하다는 것을 칭찬만 할 것이 아니라 우리가 생활에서 실천할 수 있는 인문학 운동은 무엇이 있을까?"

순간적으로 침묵이 흘렀다. 우리가 실천할 수 있는 인문학 운동이라……우리가 말이 없자 아람샘이 말하셨다.

"나는 여러 가지 아이디어가 있는데…… 내가 열두 달 작은 강의하는 거알지? 내가 공간을 마련해줄 테니까 각자 몇 명씩 친구들을 데리고 와서 여러 가지 토론을 하고 함께 공부하는 거야. 어때? 뿐만 아니야. 이제 곧 새 학년, 새 반이지? 그 반에 가서 쉬는 시간마다 환기하기, 그 반에 같이 노는 친구 없이 외롭게 있는 친구와 친구 되어주기, 수업시간에 졸아서 필기 못한 친구에게 필기 보여주기 등등 절대 어려운 일이 아니야. 2주라는 시간을 줄테니까 인문학도로서 1년 동안 꾸준히 실천할 수 있는 인문학 운동을 한번 생각해봐."

두둥! 쩌적! 아! 돌 깨지는 소리가 이런 소리일까? 마치 머리가 깨지는 것만 같았다. 그래 맞아. 절대 어려운 일이 아니잖아? 이 바보야. 내가 생각했듯이 인간을 인간답게 하는 학문이 인문학이라고 정의를 내렸으면서, 왜 인문학 운동이 꼭 클레멘트 코스같이 거창한 거라고 생각한 거니? 어쩌면 아직도 머릿속 돈키호테에서 빠져나오지 못한 것 같다. 인간답게 사는 게 가장 힘들다고 누군가가 말했듯이 인문학을 실천한다는 것은 어려운 일이라기보다 학교 공부에 급급한 우리에겐 귀찮은 일일지도 모른다. 그러나 우리는 꿈을 꾸는 것에서 그치는 것이 아니라 꿈을 실현하기 위해 노력하게 될 것이다. 기적의 인문학을 믿고, 돈키호테를 꿈꾼다. 그리고 우리 일행은 실천하는 인문학도의 모습을 갖춰나갈 수 있을 것이다. **유진재**

우리들, 세상에 희망을 말하다 『희망의 인문학』을 읽고

희망적 삶을 위한 등불, 인문학 김지현

누구든 빈곤한 사람을 보면 돕고 싶은 마음이 생긴다. 하지만 이러한 동정심의 정체는 어쩌면 나보다 못한 이들의 우위에 서고 싶은 욕망일 수 있다. 우리가 남을 돕는다는 명분하에 행하고 있는 실천들을 살펴보면 이를 잘 알 수 있다. 우리는 과연 이들을 진정으로 이해하고 함께하고자 하는 마음으로 도움을 실천하고 있을까. 아니면 형편이 좀더 나은 내가 돕고 있다는 사실을 과시하기 위해 그들을 돕고 있는 것일까. 이러한 태도의 문제는 비단 개인적인 차원에만 머무르지 않는다. 국가도 이미 빈곤한 사람들은 보통 사람들에 비해 물질적, 정신적으로 결함이 있는 사람들로 규정하며 이들을 훈련시키고자 한다. 하지만 과연 빈곤한 사람들은 태어날 때부터 무력한 사람들일까, 과연 하위 계층, 빈곤의 문화는 존재하는 것일까 아니면 단지 우리가 만들어낸 허상에 불과할까.

얼 쇼리스의 경우 빈곤의 문화, 하위 계층이 원래부터 존재하는 것은 아니라고 말한다. 인문학의 부재, 교육의 결핍으로 인해 빈곤한 자들은 고통받으며 살고 있다는 것이다. 가난한 이들이 느끼는 빈곤은 물질적 결핍 때문만은 아니다. 오히려 남처럼 풍족하게 살 수 없다는 사실에서 비롯되는 상대적 빈곤 때문에, 스스로에 대한 모욕감 때문에 절실하게 빈곤을 경험하게 된다. 빈곤한 사람들이 경험하는 세상은 무력의 포위망 속이다. 이곳은 아노미 상태

다. 자신에게 다가오는 무력에 대해 무력으로밖에 저항할 수 없는 곳이다. 이 곳에서는 도덕성을 지니려 해도 지닐 수 없다. 그렇게 되면 당장의 생존이 위협받기 때문이다. 빈곤한 사람들은 필요라는 중압감 때문에 스스로 행동하는 삶을 살아갈 수 없는 상황에 처해 있다. 그러한 상황에서 자기를 합리화하는 신화를 끊임없이 만들어내며 현실에 순응하는 체념적 자세, 이것이 결국 가난이 되물림되는 근본적인 이유가 되고 있다. 자신에 대한 무력감 때문에 자기를 파괴하는 문화가 빈곤한 이들의 현실이다.

이러한 현실을 정확하게 파악한 얼 쇼리스는 이들의 삶에서 진짜 필요한 것이 무엇인지에 대해 성찰하였고 그 결과 정치적 삶의 부재가 빈곤의 원인이라고 말한다. 인간의 삶은 사적인 삶만 존재하는 것이 아니다. 공적인 삶도 존재한다. 이 공적인 삶이 바로 정치이다. 즉 사적인 세계에서 벗어나 이러한 공적인 공간으로 발걸음을 내딛으면서 자기 자신을 재창조하는 것이나. 시민으로서 그가 가진 장점은 개인으로서 그가 지닌 단점을 보완해준다. 자기 자신이 나에게만 의미 있는 존재가 아니라 다른 사람에게도 의미 있는 존재임을 인식하는 순간 우리는 비로소 확장된 자기에 대한 가치를 자각하게 되며 동시에 정치적 힘을 갖게 된다. 정치적 삶은 행동하는 삶, 진짜 자기 힘을 가지는 삶이다. 이 힘은 저장될 수 없다. 행동이 그치는 순간 이 힘은 사라지기 때문이다. 즉 가난한 이들을 진정으로 도울 수 있는 길은 그들을 우리와 똑같은 존재로 존중해주는 것, 공적인 삶의 영역에서 시민으로 대우하는 것이다.

빈민들을 정치적 삶으로 인도하는 입구가 바로 인문학이라고 얼 쇼리스는 말한다. 인문학을 통해 자율적으로 행동하고 성찰적 사고를 할 수 있을 때 그들은 더 이상 가난한 자들이 아니다. 그러므로 인문학을 공부하는 그 자체가 부를 재분배하는 의미를 지닌다. 인문학은 똑똑한 사람들만이 공부하는 것이란 생각은 편견이다. 인문학을 공부하는 것은 좀더 인간적인 삶을 살기 위한 것이지 그 이상도 그 이하도 아니다. 누구나 공부할 필요가 있고 이 공부를 통해 양질의 삶을 살 수 있는 권리를 지니고 있다. 얼 쇼리스는 그 정당한 권리를 빈민들에게 주기 위해 클레멘트 코스를 만들었다. 이것은 일종의 가상 폴리스라 할 수 있다. 이곳의 교육을 통해 모두가 작은 정치에 참여하여 공적인 삶을 살아가는 방법을 배운다. 이 가상의 폴리스에서는 의식화된 평등성이 존재하기 때문에 그 누구도 무력감을 느끼지 않고 순수하게 자기의 가치를 탐구할 수 있다. 그리고 이러한 교육을 받은 후 실제 사회에 나갔을 때는 무력의 포위망 속에서 무기력해지지 않고 자기만의 가치, 책임감을 의식하며 인간다운 삶을 살 수 있게 되는 것이다.

부든 빈곤이든 그 어떠한 것도 인간적인 삶을 누리는 것을 방해할 수는 없다고 얼 쇼리스는 말한다. 인문학을 공부하는 데 필요한 것은 지성과 감성이지 경제적 상황이 아니라는 것이다. 하지만 여기서 우리는 인문학이 부재한 우리나라의 현실에 대해 생각해볼 필요가 있다. 오로지 더 많은 부를 가지는 것이 가치 있는 삶이란 인식이 팽배해 있는 우리 사회는 그런 점에서 모두가 빈곤한 삶을 살고 있다고 말할 수 있다. 자신의 가치가 무엇이고 삶의 목적이 무엇인지도 알지 못한 채 살아가는 삶은 물질에 얽매인, 세상의 모든 무력에 포위당한 삶에 지나지 않는다는 것이다. 인문학은 가난한 사람들, 부유한 사람들, 그리고 학생들에게도 꼭 필요한 것이다. 인문학을 공부한다는 것은 인간적인 삶을 지향한다는 것이고, 인간적인 삶을 지향한다는 것은 희망을 말한다는 것이기 때문이다. 희망이 없는 삶은 죽은 삶이다. 우리 모두가 행복해지는, 희망을 말하는 삶을 위한 대안은 바로 인문학인 것이다.

이제는 모두가 정치적 주체로 서야 할 때 이은혜

나는 사실 처음에는 빈민들에게는 인문학이 사치라고 생각했다. 각자 살기 바쁜 생활을 떠올리며, 내가 만약에 그런 사회적 하층민이라면 인문학 강좌가 열리는 대학보다 훨씬 더 먼 일터를 찾아나설 것 같았다. 가장 좋은 예인 노무현 대통령을 들어보자면, 노무현 대통령이 대통령이 되었다고 해서 하층민들의 삶이 더 나아진 것도 아니다. 책표지에서 말한 것과 같이 클레멘트 코스는 아주 희박한 가능성을 지닌 몇의 기적을 만들어낼 뿐인데, 기적이 단지 몇 명이 성공하고 부유하게 된다고 해서 빈곤이 해결될까 하는 생각도 했다. 하지만 내가 인문학에 대한 충분한 지식이 없고 이런 방면의 책을 처음 접해서 다른 사람들과 인문학에 대해 이야기를 해보고, 또다시 생각해보기를 몇 번을 반복했다. 그러다 보니 내 생각이 굉장히 짧았음을 알게 되었다. 구체적으로 말하자면 한 개인에만 국한되어 생각해왔던 것 같다.

대부분의 국가에서 빈민은 시민사회에서 그리고 국가체계에서 소외된다. 즉 사회적 주체로서의 역할을 하지 못한다. 특히 세계가 자본주의화됨에 따라 심해졌다. 또 이러한 사람들은 사실은 많이 배우지 못했기 때문에, 자신들의 요구를 표현할 길이 없어 비사회적인 방법인 폭력을 사용한다. 시민사회에서 자신들의 요구를 시회적으로 표현하기 위해서는 사회적 힘이 필요하다. 즉 책에서 말하는 '정치적 주체로 서야' 한다. 이렇게 하기 위해서는 사회적인 틀 안에서 각자 살기 바쁜 생활을 해서 분산되어 있을 게 아니라, 조직적으로 모여 사회적 힘을 형성하는 것이 필요하다. 말한 바와 같이, 사회적으로 형성하는 데는 개인적인 관점에서 보면 당장 먹고 살 일이 아니기 때문에 필요 없다고 생각할 수가 있다. 이 생각이 내가 책을 읽고 처음 '개인에만 국한된' 생각이었다.

가난한 이들에게 인문학을 가르치는 것은 그들이 좀더 인간적인 대우를 받고 인간적인 삶을 살 수 있도록 해주는 것이다. 이를 실현하기 위해서는 개인적인 측면이 아니라 사회적인 측면에서 실현되어야 한다. 즉 가난한 사람들의 시민됨을 위해서는 제도나 법적인 조치가 필요한데, 정부, 국가적인 해결이 필요하다. 이를 위해서 가난한 사람들의 정치적 힘, 즉 사회적 힘이 필요한 것이다. 이를 위해서 클레멘트 코스에서는 가난한 이들에게 더 많은 사람들이 이런 생각을 하고 실천할 수 있도록 인문학을 가르치는 것이다. 이러한 맥락에서 본다면 이 책에서의 인문학은 사회학으로, 사회학을 민주주의 정신으로 좁힐 수가 있겠다.

이 클레멘트 코스를 통해 많은 가난한 사람들이 자신들의 요구를 실현하기 위해서는 사회적 조직이 필요함을 알고, 자기 개인에만 국한되지 않고, 사회적으로 클레멘트 코스의 효과에 대해서 생각했으면 좋겠다.

가난에 대한 우리의 인식 **남지훈**

저는 커서 제가 하고 싶은 일을 다한 후에 봉사를 해야겠다는 생각이 들었습니다. 어떤 특별한 이유가 있는 것은 아닙니다. 단지 그런 생각이 들었을 뿐입니다. 저는 유치원 때부터 그런 교육을 받은 것 같습니다. 어른들은 늘 훌륭한 사람이 되라고 하셨고, 거기엔 늘 불쌍한 사람들을 돕는 봉사가 끼여 있었습니다. 그리고 제가 언제 남에게 봉사할 기회가 있었을 때 그것을 외면하지 않고 거기에 참여했을 땐 주변 사람들도 나에게 부정적인 시선도 시각도 전혀 없었습니다. 또 저는 중학교 도덕시험에서 늘 그와 같은 답만 찍었고 선생님도 정답처리를 해주셨습니다. 그래서 이젠 그것이 너무나도 당연하게 느껴집니다. 아무 이유도 없이 단지 그렇게 교육받았다는 이유로 말입니다. 제가 커서 봉사를 하면 그것이 나의 가치를 좀더 높여주는 수단이 되지 않을까 하는 걱정도 생깁니다. 그래서 저는 더욱더 그에 대해 이유를 알고 싶었습니다. 왜 인간은 다른 인간을 도와야 하는지 또 그렇게 하지 않고 있는 인간은 어떤 존재인지.

『희망의 인문학』의 저자 얼 쇼리스도 가난한 사람들을 도왔습니다. 하지만 이 책에서 제가 원하는 이유는 찾지 못했습니다. 지금으로선 나에겐 두 가지의 생각이 대립됩니다. 먼저는 얼 쇼리스는 참된 마음으로 이 프로젝트를 했다는 것입니다. 다음은 그에겐 다른 목적이 있다는 것입니다.

저는 어느 날 또 다른 '나'를 찾았습니다. 그는 아주 계산적이고 이기적이었습니다. 내가 왜 저들을 도와야 하지? 왜 저 사람은 자기 자신의 재산을 이유도 없이 나누어주는 것일까? 저는 그 사람은 자신의 가치를 높이기 위한 수단으로 그랬을 것이라고 생각했습니다. 저는 지금까지 아람샘에게 배운 철학을 고민하거나 하나하나 따져볼 때 자주 마주치게 되는 것이 있습니다. 그것은 산업혁명을 시작으로 된 발전의 욕망과 자본주의 사회에서의 소비의식입니다. 인간은 발전이라는 긍정적 단어로 위장한 채 지금과 같은 환경을 만들었습니다. 그러면서 우리는 얻는 만큼 잃어버리게 되었습니다. 그러나 우리는 얻은 것에 정신이 팔려 미쳐 잃은 것에는 신경을 쓰지 못했습니다. 우리가 잃은 것 중 가장 큰 것은 인간다움이라고 생각합니다. 사람들이 많이 모여들어서 생겨졌고 인간다움이 넘쳐나던 시장도 이젠 사라져가고 사람들의 관심은 점점 질 좋고 값싼 대형마트로 향하고 있습니다. 우리는 시장에서 대형마트로 발전은 시켰지만 한 가지 빠뜨리고 온 것이 있습니다. 그것은 눈에는 잘 보이지 않는 정, 즉 인간다움입니다. 무게를 정확하게 재어주는 기계와 아주머니의 큼직한 손 씀씀이에 대한 인간다움의 차이는 확연히 차이가 납니다.

어느 순간 나도 대형마트에 가 있었습니다. 진짜 어제 저는 메가마트에 갔습니다. 그리고 제품의 신선함과 저렴함에 대한 엄마의 눈초리에 저도 동감했습니다. 그렇습니다. 어느 순간 저도 이 발전과 소비사회에 빠져 있었던 것입니다. 계산적이고 이기적인 자본주의와 편리를 추구하는 소비사회에 젖어 있었던 것입니다. 그래서 저는 봉사라는 단어에 이유를 물었던 것 같습니다. 가만히 생각해보면 남에게 도움을 주고받는 것은 인간의 인간적임으로 설명될 것 같습니다. 어려운 사람에게 동정심을 느끼고 경제적으로든 육체적으로든 정신적으로든 손을 내미는 것은 인간의 아름다운 본능인 것 같습니다. 이 책의 저자 얼 쇼리스는 가난한 사람들을 돕고 있습니다. 가난한 사람들은 정신적, 경제적으로나 빈곤한 상황에 있는 사람들입니다. 그런데 얼 쇼리스는 토큰 정도를 나누어주는 최소한의 경제적 도움만 줄 뿐 주로 인문학을 통한 정신적으로 도움을 주었습니다. 책에서 읽은 생각인데 "경제적 도움은 그들에게 있어서 순환의 연속인 부수적인 도움만 될 뿐이다. 진정 그들에게 필요한 것은 정치적 삶과 성찰적 사고다"라는 것에 이어서 인문학이 그 길을 제시할 것이라고 했습니다. 여기서 가난한 사람들에게 인문학을 가르쳤다는 것에서 빈곤을 경제적 능력을 기준으로 정의한 것이 아니라 정신적 기준으로 정했다는 것을 알 수 있었습니다. 그렇게 보면 우리는 대부분이 빈곤하다고 생각합니다. 인문학 없이 경제적으로 성공한 사람들도 있겠지만 여전히 그들의 정신은 빈곤할 것입니다. 제가 이 책을 접하고 지하철 계단에서 동전을 구걸하는 아저씨에게 동정과 보람의 눈초리로 동전을 던져주는 사람들에게 느낀 반감도 이 때문일 것입니다. 아마 자본주의 사회의식이 그 사람에게 빈곤은 경제적 도움으로 구원될 수 있다고 했고 그 사람은 그것을 받아들였던 것일 것입니다. 그러나 그 아저씨가 필요한 것은 돈이 아니라 정치적 삶인 그를 둘러싼 억압을 헤쳐갈 능력이었던 것입니다.

클레멘트 코스의 기적 **김유민**

당장 먹고 살기도 힘든 빈민에게 인문학 교육이라고? 많은 사람들이 그렇게 생각할 테지만 나는 가난의 근본적인 요소를 해결하기 위한 교육의 힘을 다시 한번 실감할 수 있었다. 책을 읽으면서 빈민들의 근본적인 가난을 해소하기 위해 무하마드 유누스도 생각나고 예전에 보았던, 스스로 빈민들을 일어설 수 있게 여러 가지 제도를 정비했던 태국의 푸미폰 국왕도 생각이 났다. 이들이 썼던 방법은 다 달랐지만 모두가 근본적인 가난의 뿌리를 뽑기 위한 노력을 했다는 점에서 공통점을 지닌다.

클레멘트 코스가 주목한 것은 가난한 사람들을 끝없이 빈곤한 상태로 만드는 메커니즘을 찾는 것이었다. 그리고 그들은 이러한 빈곤의 대물림 현상의 원인을 무력의 포위라고 결론지었다. 정당한 힘과 구별되는 무력은 책의 말을 빌리자면 한 사람 또는 사람들의 집단이 타인을 강제하는 상황을 가리키며 폭력과 근본적으로 동일한 말이기도 하다. 빈민들을 포위하고 있는 무

력으로는 굶주림, 가정폭력, 인종차별, 학대, 범죄, 마약 등 그것은 포위당한 사냥감이 자포자기하는 것처럼, 빈민들을 아노미 상태로 이끌어 결국 그들이 자살, 절도, 마약을 택하게 만든다. 폭력과 굶주림으로 가득 찬 세상에서 태어난 사람, 빛을 보지 못한 사람들은 그 상황에서 자신이 속한 세상에서 벗어나기 힘들다. 이러한 되물림 현상을 해결하기 위해 클레멘트 코스는 그 방법으로 인문학 교육을 택했다. 훈련이 아닌 교육을 통해 그들을 빈곤에서 이끌어낸 것이다.

클레멘트 코스의 가장 중요한 목표는 빈곤층을 가난으로부터 공적 세계로, 즉 정치적 삶으로 이끌어내는 것이다. 여기서 정치적 삶이란 정치가가 되는 삶이 아니다. 사고와 실천의 결합(지적 활동과 대인관계의 결합), 끊임없는 대화, 행동하는 삶, 질서와 자유 사이의 공간을 지속적으로 찾아가는 삶이 바로 그것이다.

제대로 배운 것이 아무것도 없는 빈민들에게 인문학이란 불가능한 것으로 보일지도 모르겠다. 하지만 클레멘트를 거친 많은 사람들이 인문학으로부터 희망을 얻었다. 삶의 방식과 사고방식에 대해 새롭게 생각하고 대응할 수 있는 힘, 변화할 수 있는 능력을 얻었다. 물론 말처럼 쉬운 일은 결코 아니었다. 교수와 자금과 학생모집 모든 것 하나하나에 세심한 신경을 써야 했으며 코스를 마친 후에도 실질적으로 빈민에게 도움을 주는지에 대한 평가와 반성이 필요했다. 또한 클레멘트 코스가 확장되는 과정에서도 문화적으로나 지역적으로 발생한 문제점도 많았지만 클레멘트 코스는 굽히지 않고 꿋꿋이 인문학 교육을 실시했다.

얼마 전에 부산역에 노숙자 무료급식 봉사활동을 갔던 적이 있다. 그곳에는 아직 충분히 일할 수 있을 만큼 나이가 젊은 사람들도, 정신과 육체가 멀쩡한 사람들도 많았다. 내가 놀란 것은 그들이 자포자기식으로 삶을 포기한 채 수년 동안이나 그곳에서 그렇게 지내온 것이었다. 그리고 그들은 여태까지 그래왔듯이 아무것도 하지 않은 채 싸움을 하거나 술을 마시며 남은 세월을 보낼 것이다. 나는 그들에게 진정으로 필요한 것은 몇 푼의 돈이나 무료 급식이 아닌, 근본적인 빈곤함을 타개할 수 있는 것이라는 것을 깨달았다.

책에서 "우리는 사회적 약자들이 위험한 사람이 될 수 있도록 도와야 합니다. 정의롭지 못한 사회구조에 대해서 뿐만 아니라, 타성과 관성과 편견에 젖은, 이전의 자신에 대해서도 위험해질 수 있어야 무력의 포위망에서도, 빈곤의 대물림에서도 벗어날 수 있는 희망이 생깁니다. 인문학은 사회적 약자들을, 가난한 사람들을 위험하게 만들 수 있는 힘이 있으며, 따라서 클레멘트의 기적은 여러분의 실천 현장 어느 곳에서도 일어날 수 있습니다"라는 구절이 있었다.

부자가 있으면 꼭 가난한 자가 있어야만 할까. '부'를 재산의 정도라고 표현할 때 그것은 상대적이기 때문에 더 많이 가진 사람이 있다면 그에 비해 더 적게 가진 사람이 있을 수밖에 없다. 하지만 『핸드메이드 라이프』에서 진정한

'부' 란 창의적이고 생산적인 능력을 얻는 것이라고 했다. 그것을 '부' 라고 말한다면, 클레멘트의 기적은 정말로 우리들의 살고 있는 어느 곳에서도 일어날 수 있다고 나는 믿는다.

인문학을 통해 희망을 말하다

주완 : 오늘은 인문학의 새로운 면을 볼 수 있었지? 책 속에 틀어박혀 있던 인문학이 한 사람의 기적적인 발상으로 놀라운 힘을 가지게 되었어.

정원 : 그래, 이 책을 읽으면서 행동지향적 인문학이 무엇인지를 알 수 있었어. 하나의 학문이 사회적 측면에서 이렇게 큰 파장을 불러일으킬 수 있다니, 이거야말로 발상의 전환이 가져온 놀라운 결과가 아닐까?

주완 : 지금까지 우리가 익힌 인문학은 책 속이나 우리 머릿속에서만 존재하는 것에 불과했어. 인문학이 수행하는 본연의 역할은 우리 삶, 그 속에 깊숙이 담겨져 있다는 사실을 모르고 있었어.

정원 : 그러게. 이 책에서 언급한 클레멘트 코스야말로 인문학이 행동을 수반할 수 있는 학문이란 사실을 확실히 보여주는 것 같아. 그렇지 않니? 난 신기했어. 우리의 정신이 질적으로 향상되면 삶 또한 향상된다는 것이 말이야.

주완 : 근데 궁금한 게 있어. 인문학 강의 클레멘트 코스가 빈민들에게 어떤 도움이 되었던 걸까? 우리가 보통 떠올리는 빈민구제 방법은 보다 나은 복지정책, 모금운동과 같은 경제적 지원이잖아? 클레멘트 코스의 창시자 얼 쇼리스는 어떤 근거로 인문학을 그 대안으로 제시했던 걸까?

정원 : 복지정책, 모금운동 같은 경제적 지원은 말 그대로 밑빠진 독에 물붓기라고 생각해. 가난한 사람은 계속해서 생겨나기 마련인데 그걸 경제적 지원으로 막아보겠다는 건 현실적으로 불가능하지. 그래서 얼 쇼리스는 보는 각도를 달리한 게 아닐까. 보다 본직적인 해결책을 내놓은 거지.

주완 : 책 내용 중에 얼 쇼리스가 빈민들에게 무엇보다도 필요한 것은 '스스로의 힘' 즉, 자율이라고 했었지? 그 자율에 힘을 더해주는 게 바로 인문학인 것 같아. 빈민들이 가난 속에서 벗어나지 못했던 이유는 의지의 결여가 행동의 결여로 이어진 것 때문일 거야. 그런데 클레멘트 코스의 인문학이 그들에게 행동하는 법을 일러준 덕분에 그들은 가난에서 벗어날 수 있었던 거지.

정원 : 클레멘트 코스가 그렇듯이 인문학은 우리 삶과 결코 따로 떨어져 있지 않아. 바로 그 점에서 인문학은 우리 행동 하나하나와도 직접적인 관련을 맺고 있어. 인문학은 행동의 힘과 행동의 의미를 가르치는 학문이기에 빈민들에게 도움이 될 수 있었던 거야.

주완 : 인문학이 만들어내는 '스스로의 힘'은 언제나 선차적이고 능동적이기 때문에 사회의 압제나 은연중의 무력 앞에서도 그 힘을 잃지 않을 거야. 이 기적 같은 힘 때문에 인문학은 '희망'이라는 이름을 달게 된 것이 아닐까?

정원 : 그래. 또 스스로의 힘을 가진 개인들이 모여 우리들의 사회에까지 그 힘을 미칠 수 있을 거야. 그것이 『희망의 인문학』의 목표라고 생각해.

주완 : 대안으로서의 인문학을 접하고 나니 힘이 솟고 뿌듯하면서도 어깨가 무거워졌는걸. 우리가 실천할 수 있는 인문학도 얼마든지 있을 거야. 앞으로는 책을 읽으면서도 늘 '행동하는 우리'를 떠올려야겠어.

정원 : 실천하는 인문학! 멋진데? 우리도 클레멘트 코스 못지않은 인문학을 해낼 수 있을 거라는 자신감이 막 생겨.

주완 : 그래, 지현이 말처럼 앞으로 우리가 해야 할 일들이 많아서 부담도 되지만 특별한 고등학생일 수 있어서 정말 행복한 것 같아. 죽은 고등학생이 아니라 살아 있는 고등학생, 바로 우리가 아닐까? 인문학을 얘기하면서 진짜 자기 가치를 찾고 삶에 의문을 던지는 우리는 정말 의미 있는 존재라고 생각해. 하지만 이런 우리가 이제는 『희망의 인문학』에서 얼 쇼리스가 클레멘트 코스를 만든 것처럼 다른 친구들에게도 이런 기쁨을 나눌 필요가 있

는 것 같아. 오늘 아람샘이 말씀하신 인문학 프로젝트에 대해서 잘 생각해 오자.

정원 : 그래, 우리 모두 이제 2007년이 되고, 새로운 학기가 됐으니까 인문학을 공부하는 인문학도로서 실천하는 사람이 되자.

6

세상을 바꾸는 창조적 열정가들

그라민 은행총재이신 무하마드 유누스 선생님은 1976년 빈민들을 위해 담보를 구하지 않고도 빈민들에게 신용만으로 돈을 대출해줌으로써 빈민구제에 기여를 했고, 얼 쇼리스는 클레멘트 코스로 사회 하위층의 사람들에게 자활의지를 심어줌으로써 사회에 이바지하였다. 또한, 그라민 은행과 같은 소액 무담보 대출은행이 한국에도 있다. 바로 '신나는 조합'이라는 곳인데, 자신이 빈민이라는 것만 증명이 된다면 무담보무보증으로 소액대출을 받을 수 있다. 그러나 이러한 빈민구제를 위한 단체들은 한정되어 있고, 우리 주위만 해도 가난한 이들은 넘쳐나고 있다. 우리들은 모두 빈민층이 사회 구석구석에 숨어 있다고 생각하는 경향이 있는 듯하다. 하지만, 그들은 숨어 있는 것이 아니라 숨겨져 있는 것이고, 우리가 진실을 바로 보지 않으려고 하기 때문이다. 과거에 우리 조상들은 재물에 대한 욕심이 없이 살고, 백성들을 밤낮으로 걱정하며 지냄으로써 청백리가 됨을 매우 자랑스럽게 여겼다. 이제는 현대판 청백리가 필요할 때다. 가난이라는 나선 주위를 계속 돌아도 계속 같은 곳에 도달하는 뫼비우스의 띠처럼 뱅뱅 돌지 말고 그 실체를 보자는 것이다. 일시적인 구제책이 아닌 하나의 개혁으로 발돋움하기 위해서 말이다. **김재승**

우리가 소통한 책 『가난한 사람들을 위한 은행가』

『가난한 사람들을 위한 은행가』 그라민 은행 설립자인 무하마드 유누스 총재의 자서전. 이 책은 우리들에게 시대의 지식인으로서의 삶의 자세와 태도를 보여준다. 그리고 유누스의 삶은 마치 모험과도 같다.

무하마드 유누스

1940년 방글라데시 치타공시에서 태어났다. 치타공 대학을 졸업했고 치타공 경제학과 교수가 되었다. 1972년 42명에게 단돈 27달러를 빌려주는 것을 시작으로 그라민 은행을 설립하였다. 그라민 은행은 신뢰를 가장 중요하게 여기고 사람들도 그것을 지켰다. 그 후 그라민 은행은 전 세계로 퍼졌고 2006년 유누스는 노벨평화상을 받게 된다.

『희망의 인문학』에 이어 우리는 이번에 『가난한 사람들을 위한 은행가』를 쓴 무하마드 유누스를 알아보는 여행을 떠났다. 빈민층, 특히 여성들을 대상으로 한 그라민 은행의 설립자인 무하마드 유누스를 책을 통해 만나보면서 우리는 가슴이 훈훈해지는 것을 느꼈다. 아직도 세상에는 희망이 살아 있다는 느낌이 수업 내내 잊혀지지 않았다. 가난한 자들에게도 세상은 비관적이지만은 않은 희망이 넘치는 곳임을 알게 해준 분이 바로 무하마드 유누스다. 많은 상위층의 사람들은 자신들의 허영과 시선을 위하여 선행을 베푼다. 이에 대해서 우리는 굉장한 안타까움을 느꼈다. 민규가 말했다.

"선행을 베푸는 것이 과연 가난한 사람들을 돕는 진정한 방법일까? 난 그렇게 생각하지 않아. 오히려 그런 태도는 그들의 위선과 가식만 보여줄 뿐이야. 상류층에게 진정으로 필요한 건 빈민층과 소외계층에 대한 자발성을 가진 실천이야."

"어떻게 보면 우리가 부정적으로 생각했던 가난한 사람들에 대해 소액 융자를 한 것, 그리고 그라민 은행이 성공한 뒤에도 거기서 안주하지 않고 또 새로운 사업을 찾아 나선 보인 유누스는 또다른 '이노베이터'일지도 몰라."

제준이가 말했다. 어쩌면 세상을 바꾸는 사람들은 모두 이노베이터일지도 모른다는 생각이 들었다.

"맞아. 난 무하마드 유누스를 보면서 이런 비유가 떠올랐어. 비정상적인 혈액순환으로 인하여 머리가 아픈 사람들에게 진통제만 주는 의사가 상류층이라면 환자의 병의 원인을 내부적, 외부적으로 샅샅이 살펴서 지속적으로 치료를 해주는 의사를 무하마드 유누스라고 볼 수 있을 듯해." 은혜가 말했다.

"저번 수업과 연관지어 보면 얼쇼리스는 교육으로, 무하마드 유누스는 경제적 도움으로 가난의 첫 번째 고리를 풀었어." 진재가 말을 이었다. "이 두 사람의 성공의 요인은 뭘까?"

"두 분 다 성공의 여부를 예측할 수 없는 불안감에도 굴하지 않고 실천적으로 자신의 일을 해나가신 점, 모두가 안 된다고 말하였을 때에도 추진력있게 각자의 프로젝트를 지속하신 점을 꼽을 수 있어." 지훈이가 말했다.

유누스와 그라민 은행의 운영방식을 두고 '터무니없다, 비현실적이다'라고 말한 사람들은 오히려 빈민들의 현실을 외면한 채 효과도 없는 적선식 경제적 지원을 쏟아붓고 있다는 점을 다시 한 번 비판하면서 이들의 성공요인은 '올바른 자신의 역할 찾기'라며 주완이가 보충하였다.

"그래 맞아. 우리가 이 두 분을 통해 배울 수 있는 가장 중요한 점은 용기를 바탕으로 한 실천적인 의지와 확고한 자기 신념에 있는 것 같아. 누구나 새로운 생각, 세상을 바꾸겠단 결심을 할 순 있지만 그걸 실천적인 행동으로 옮기는 사람은 매우 드물어. 현실의 장벽에 굴하지 않고 끝까지 자신이 옳다고 믿는 것을 실천할 수 있는 사람만이 세상을 바꿀 수 있어. 무하마드 유누스 선생님과 얼 쇼리스 선생님은 우리 사회의 부조리 중 가난을 없애고자 하신 거고." 지현이가 말했다.

『희망의 인문학』에 이어 『가난한 사람들을 위한 은행가』를 공부하면서 나랑은 멀게만 느껴지던 '가난'이란 단어가 얼마나 가까이에 있었는지 알게 되었다. 한편 수치스러움도 느꼈다. 너무 부족함 없이 자라서 사소한 것도 얻지 못하면 언제나 투덜거리고 불만을 터뜨리기만 했던 모습 말이다. 이와 더불어 실천적 의지가 없었던 모습, 허영심에 빠져서 남들의 시선과 비판에 휘둘리던 내 모습 역시도 부끄러워졌다. 조금만 더 둘러보면, 마음을 열면 얼마든지 내가 가진 진실된 사랑을 함께 나눌 수 있었을 텐데. 이젠 우리도 무하마드 유누스 선생님처럼 행동하는 지식인이 되는 거다. 배운 지식은 써먹이야 유용하지 않은가? 무하마드 유누스를 통해 얻은 깨달음을 실천할 수 없다면 그건 죽은 지식에 불과하다. 하지만 우리가 행동할 때 이것은 큰 힘이 되어 한 사람을 살릴 수도 있게 된다. 무하마드나 우리는 모두 같은 인간이다. 단지 그는 먼저 해냈을 뿐이다. 유누스는 우리에게 가난한 사람들과 함께 하는 길을 걸을 수 있다는 것, 그 길을 걸음으로써 더 행복할 수 있음을 보여주었다. 우리가 만약 각자가 처한 현실에서 자기 역할을 발견하고 그 역할을 실천하여 세상에 긍정적인 영향을 미칠 수 있다면 세상은 분명 더 나은 곳으로 변할 수 있으리라 믿는다. **최영재**

나의 생각수첩papers

『가난한 사람들을 위한 은행가』를 읽고

나는 그들의 가능성을 믿는다 윤수민

대부분의 사람들은 가난에 대한 잘못된 편견을 갖고 있습니다. 그들은 능력이 없어서 혹은 게을러서 가난해진 거라고. 그리고 구걸을 하는 이들에겐 돈을 줘야 한다고. 하지만 『희망의 인문학』에서도 느꼈지만 이들의 가난은 잘못된 사회구조에서 비롯된 경우가 대부분입니다. 그들이 가난을 딛고 일어설 수 있게 도와줘야 하지 적선은 절대로 가난을 극복하는 대안이 될 수 없다고 생각합니다. 자연재해와 빈곤에 허덕이는 방글라데시에서 가난을 없애기 위해서는 정말 많은 돈이 필요한 것일까요. 그동안 여러 나라에서 제공했던 원조가 모두 가난을 극복하는 데 쓰였다면 정말 빈민들의 생활수준은 좀더 나아졌을지도 모릅니다.

유누스 선생님은 사람들의 잘못된 생각은 문제를 해결할 수 없다고 생각하고 좀더 문제를 똑바로 직시하려고 노력했습니다. 그리고 그는 근본적인 문제 해결을 위해 끊임없이 뛰어다녔습니다. 마을로 찾아가 사람들을 만나 얘기해보고 여러 은행들을 찾아다니며 도움을 요청했습니다. 그들은 많은 돈을 필요로 하는 게 아니었습니다. 단돈 200원 때문에 고리대금업자들의 횡포에 놀아나고 비인간적인 삶을 택해야 했습니다. 한 마을에서 죽도록 일하고도 돈을 모으지 못하는 이들은 모두 합해서 27달러면 좌절의 악순환에서 벗어날 수 있었습니다. 앞에서도 언급했듯이 사회구조에 문제가 있기 때문에 그들에겐 당

장의 적선보다는 제도적 장치가 필요했습니다. 하지만 어떤 은행도 담보도 없
는 가난한 이들에게 융자를 선뜻 내주려 하지 않았습니다. 가난한 이들은 돈
을 갚을 능력이 없다는 선입견이 빈민들을 절망의 늪으로 계속 몰아넣고 있었
던 것입니다.

모든 사람들은 자기만의 능력이 있습니다. 아주 사소하고 작은 능력이라
도 그걸 찾아내서 자기가 잘 활용하는 것도 중요하지만 주변 사람들의 역할도
못지않게 중요하다고 생각합니다. 이들의 역할은 바로 그 사람의 능력을 신뢰
하고 지지해주는 것입니다. 사람은 혼자일 때보다 함께 있을 때 자기 존재의
가치를 인정받을 수 있고 또 인정받고 싶어 합니다. 사람과 사람 사이의 물리
적 거리뿐만 아니라 정서적 거리까지도 멀게 느껴지는 현대사회에서 주변 사

람들의 이러한 역할은 많은 변화를 만들어낼 수 있습니다. 무하마드 유누스 선생님은 가치를 인정받기는커녕 사람 대접도 제대로 받지 못하던 가난한 여성들 안에 있는 1%의 가능성이라도 믿고 그는 응원과 격려를 아끼지 않았습니다. 한 여인은 그라민 은행이 자신에게 새로운 생명을 주었기에 어머니와도 같은 존재라고 말했습니다. 세상에 쓸모없는 사람은 존재하지 않습니다. 터무니없고 맹목적이라고 말할지도 모르지만 믿음은 이렇게 사람들에게 새로운 삶을 가져다 줄 수 있습니다.

행동하는 지식인이 되고 싶다 **김지현**

인간은 신념으로 강해지는 존재이며, 또 올바른 신념 하나가 세상을 바꿀 수 있다는 사실을 무하마드 유누스 자서전을 읽으면서 절실히 깨닫게 되었다. 누구나 꿈을 품고 이상사회를 그린다. 하지만 그 꿈의 구체적인 모습을 머릿속에 그릴 수 있을 때 그것은 비로소 현실이 될 수 있다. 무하마드 유누스 선생님도 처음에는 가난한 이들은 왜 가난할 수밖에 없을까, 내가 이들을 도울 수 있는 길은 없을까 하는 문제의식을 품는 것으로부터 시작했다. 하지만 그는 자신이 알고 있는 이론과 지식을 살아 있는 것, 현실에 유용한 것이 될 수 있도록 현실에 뛰어들어 실제적으로 행동하였다. 방글라데시 사람들과 함께 하면서 그들에게 필요한 것은 소액융자임을 깨닫고 그라민 은행을 설립한 것이다. 이 은행은 가난한 사람들에게도 담보 없이 돈을 빌려주어 그들로 하여금 자기 주위를 둘러싸고 있는 현실의 장벽을 스스로 허물 수 있도록 도와주고자 한다.

이것은 『희망의 인문학』의 무력의 포위를 해체하려는 시도와 일치한다. 『희망의 인문학』에선 그 대안으로 인문학 교육을 내세웠고 그라민 은행에선 소액 융자 시스템을 통해 이들을 가난으로부터 벗어나게 돕고 있는 것이다. 그라민 은행이 탄생하기 전에도 분명 돈을 빌려주는 은행은 존재하였다. 하지만 전 세계의 가난과 싸우는 것을 목표로 삼는다는 세계은행에서도 과연 그 목표를 실천하기 위해 가난에 뛰어들어 가난한 자들의 어려움을 알고 있는지는 의문이다.

가난한 사람들을 진정으로 돕고자 한다면 실제적으로 그들과 함께 할 수 있어야 한다. 관조적 자세는 옳지 못하다. 세계은행에서 일한다는 헛된 자부심을 가지며 사교 모임에 참석하는 이들보다는 그라민 은행 직원들처럼 사무실에만 앉아 있지 않고 항상 회원들의 경제상황을 살피고 대화하는 것이 진정으로 가난을 물리치기 위한 실천이라 할 수 있다. 우리는 자랄 때부터 주위에서 가난한 사람들을 너무나 많이 봐왔다. 그러나 가난의 원인이 무엇인지에 대해 제대로 물어본 적조차 없다. 가난한 사람들은 그들이 어리석다거나 게을러서 가난한 것이 아니다. 그들이 가난한 진짜 이유는 사회가 그들이 경제 사정을 개선할 수 있게 도움을 주지 못하고 있기 때문이다. 그들은 무언가 일을 하기 위해 은행에서 돈을 빌리려 해도 담보가 없다는 이유만으로 퇴짜 맞기 일쑤다. 뿐만 아니라 가난은 그들의 게으름 때문이며 그들은 돈을 갚을 능력이 없는 존재라고 단정지어버린다. 하지만 그라민 은행이 보여준 것처럼 가난은 그들의 죄가 아니다. 다만 그들을 믿고 도와주지 못하는 우리의 태도가 그들로 하여금 계속 가난할 수밖에 없도록 만들고 있는 것이다.

그라민 은행을 보면서 진짜 담보는 신뢰임을 알게 되었다. 서로의 눈을 지그시 바라보며 빌려주는 사람은 빌리는 사람에게 난 네가 갚을 것임을 믿는다는 뜨거운 눈빛을, 빌리는 사람은 빌려주는 사람에게 그 믿음에 꼭 보답하겠다는, 자존심을 꼭 지키겠다는 뜨거운 마음만 있다면 물질적 담보가 없어도 거래는 성사되는 것이다. 인간적인 교감이 물질적 담보보다 우선함을 알 수 있었다. 무하마드 유누스가 우리와 다른 점은 한 가지뿐이다. 용기를 가지고 자신이 옳다고 생각하는 것을 위해 행동한 것뿐이다.

이론과 현실에 괴리를 느끼는 사람은 많다. 하지만 그 문제의식 때문에 또 이론을 현실에 적용하기 위해 실제적으로 행동하는 지식인은 드물다. 그는 자기가 처한 상황마다 자신의 신념을 끝까지 지켜내기 위해 실천하였다. 학생 때는 학생의 입장에서 문제의식을 품고 학생 대표가 되어 보수적 권력층에 항거하였고, 방글라데시 치타공 대학 총장이 되어서는 가난을 보고 이를 그대로 두어선 안 되겠다는 생각에 3자간 농업 (나바주그)를 설립하였다. 지금은 가만히 지켜만 보며 문제의식만 품고 나중에 사회적으로 영향력 있는 사람이 되어 해결해야지 하는 것은 뒤늦은 발상이다. 그리고 지금 이 상황에서 무언가를 하지 못한다면 그때도 행동하지 못하기는 마찬가지인 것이다. 나도 행동하는 지식인이 될 거다. 더 많은 걸 실천하기 위해 더 많은 것을 배우고 내 역량을 키우기 위해 다방면으로 열심히 공부하겠다고 결심하였다. 동시에 학창시절이 공부하는 준비기간이란 생각에 학생으로서 할 수 있는 실천적 행동들을 회피하지는 않을 것이다. 내가 처한 현실에서 내 역할을 발견하고 내 행동들이 내가 속한 공동체에 큰 영향을 미칠 수 있도록, 그리하여 나로부터 시작해 긍정적인 기운이 세상이 퍼질 수 있도록 하고 싶다.

룰을 만드는 자가 되고자 했던 한 소년의 일생,
무하마드 유누스에게서 영감을 얻다 하성봉

지금 여기 서 있는 한 소년이 있다. "세상엔 두 종류의 사람이 있다. 세상을 움직이는 룰을 만드는 사람과, 그 룰 안에서 치열하게 경쟁하면서 살아가는 사람" 어느 책에서 주워들은 구절인지는 모르겠지만, 그 소년이 살아가는 방향과 행동의 방향에 있어서 지대한 영향을 미친 구절이다. 아마 경제학과 그 역사에 대한 책이었던 것으로 기억하는데, 전 세계의 금융시장과 전반적인 경제 흐름에 대한 설명 중 나온 이야기인 것으로 기억한다. 어쨌든 당시 그 문장을 처음 접한 열다섯 살 소년은 그 구절이 가슴 깊이 와닿아, 룰을 만드는 사람이 되고자 마음먹었고 또 지금도 룰을 만드는 사람이 되기 위해 노력하고 있는 중이다. 하지만 그 소년은 룰을 만드는 사람이 되기만을 간절하게 원하였지,

어떤 가치를 가지는 룰을 만들지, 그 룰이 사람들에게 어떤 영향을 가져다줄지 등의 문제는 소년의 문제 밖이었다.

그로부터 30년 뒤, 청년은 세계 문화산업을 주름잡는 기업의 총수가 되었다. 과거, 그는 그토록 자신이 동경했던 빌 게이츠나 워런 버핀과 같은 '룰을 만드는 사람'이 되어, 그의 말 한마디에 문화산업의 주가가 급락하고 급등할 정도로 영향력을 가지게 되었다. 부, 권력, 명예를 모두 손에 거머쥔 그는 세상에서 가장 행복한 사람처럼 보였다. 하지만 그는 요즘 자신과 자신이 이룩한 룰에 대한 회의감과 고뇌감으로 괴로워하고 있다. 많은 사람들로부터, 자신의 이익에만 집착하여 문화의 발전은커녕, 수천 년을 역사를 가진 민족전통 문화들이 상업성이 없다는 이유로 말살해버리고, 문화제국시대를 가속화시켜 결과적으로 문화의 가치를 한낱 상품의 수준으로 떨어뜨렸다는 평가를 받고 있었다. 결국 자신의 삶과 자신이 이룩한 모든 것들에 염증을 느낀 그는 수면제 과다복용으로 일생을 마쳤다.

아마 제가 무하마드 유누스의 『가난한 사람들을 위한 은행가』라는 책을 읽지 않았더라면 위와 같은 삶을 살아갔을지도 모릅니다. 여태까지 제 삶의 목표는 막연히 "룰을 만드는 사람이 되자"였지 "어떤 룰을 만들어, 사람들에게 어떤 영향을 주자"라는 것은 아니었거든요. 은행가와 가난한 사람. 자본주의 논리가 주도하고 있는 현 시대에서 어울리지 않다 못해, 적대적인 관계를 가지고 있는 커플입니다. 최소한 은행가가 가난한 사람들을 상품가치가 없는 인간으로서 인식해온 현재까지는 말입니다. 무하마드 유누스는 기존의 이러한 통념을 깨고, 그라민 은행을 통해 은행이 경제성이 있는 금융활동을 하면서, 가난한 자들에게 가난으로부터 벗어날 수 있도록 도왔습니다. 전 단순히, 유누스를 수백만 명의 빈민들을 가난으로부터 탈출시킨 사람, 가난한 사람들의 성인 등으로 평가하고 싶지는 않습니다. 유누스 말고도, 가난한 사람들을 돕기 위해 활동한 수많은 사람들이 있거든요. 제가 저 나름대로 유누스 총재를 높게 평가하는 이유는 그가 기업가로서, 금융가로서 사회를 전반적으로 개선시키는 '룰'을 만든 사람이고 그는 "어떤 가치를 가지는 룰을 만들 것이고, 그 룰은 어떤 사람들에게 어떤 영향을 끼칠 것인가?"에 삶의 방향을 두었던 사람이기 때문입니다.

여기 저나 인디고 아이들뿐 아니라 많은 사람들은 저마다 자신의 관심분야에서 최고가 되고자 노력하고 있습니다. 열심히 공부하고, 좋은 대학을 가길 원하고, 자격증을 따는 등의 일련의 행동들이 자신의 분야에서 '룰을 만드는 존재'가 되길 원하기 때문이죠. 그러나 우리는 앞만 보고 달려왔습니다. 오직 룰을 만드는 사람이 되기 위한 열망으로, 그 룰이 가지는 가치와 의미, 그리고 그 룰이 다른 사람들에게 미칠 영향에 대해서 망각하진 않았을까요? 무하마드 유누스는 자신의 분야, 경제학에서 룰을 만드는 사람이 되고자 노력하지 않았습니다. 그는 가난한 사람들에게 가치 있고, 그들에게 긍정적인 영향을 주기 위해 고민한 끝에 자신의 룰, 그라민 은행을 만들었고 그렇게 만들어진 룰이었기에 세계적으로 성공할 수 있었으며 또 그에 대해 인정받음으로써 노벨 평화상을 받을 수 있었던 것이죠.

세계에는 어느 지역에서나, 어느 분야에서나 상대적으로 가난한 사람들이 있습니다. 그게 경제적이든, 사회적이든, 문화적이든 상관없이 말입니다. 무하마드 유누스 총재는 경제적으로 빈곤한 사람들을 위한 룰을 만들었습니다. 앞으로 전 제 인생의 목표와 방향을 바꾸겠습니다. 이제 더 이상 '자신의 룰로 문화산업계를 뒤흔드는 사람'이 되기 위한 삶을 살진 않으렵니다. 다만 '예술인들을 위한 그리고 사람들에게 감동을 줄 수 있는 예술을 지원할 룰'에 대해서 생각하고 또 고뇌하는 삶을 살아갈 것입니다.

우리는 함께 살아가야 한다 김유민

과학기술의 발달과 더불어 세계는 진보하고 있음에도, 지구 한쪽에서는 누워서 손 한 번 까딱하면 모든 것이 갖추어지는 집에 살면서도, 왜 지구 반대편의 수많은 사람들은 평생 '가난'이라는 커다란 짐에서 벗어나지 못한 채 죽어가고 있을까. 잘 사는 사람들은 계속 잘 살고, 못사는 사람은 계속 못 사는 시대에 과연 우리는 '발전'하고 있다고 말할 수 있을까?

처음에 책을 읽으면서 무하마드 유누스는 비교적 좋은 환경에서 자라 물질적인 어려움이 별로 없었기에 다른 사람보다 쉽게 이런 일을 할 수 있었던 것이 아닐까 생각했지만, 계속 읽다보니 오히려 좋은 대학의 교수라는 안정적인 직업임에도 가난한 사람들을 돕기 위해 은행일에 뛰어든 그의 행동이 참 용기 있는 선택이었던 것 같다는 생각이 들었다. 많은 사람들이 절대로 불가능하다고 생각했지만 그의 굳은 의지와 가난한 사람들을 돕겠다는 신념으로 결국 그는 많은 사람들의 가난이라는 짐을 풀어줄 수 있었다.

가난한 여성들에게 돈을 대출해주는 것. 그것은 그들을 경제적으로 자립시켜주었을 뿐만 아니라 여성차별이 거의 관습화된 방글라데시에서 그들이 당당하게 세상으로 나올 수 있게 도와주었다. 여성이기에 차별받고, 여성이기에 집밖에도 나오지 못했던 사람들이 이제는 다른 사람들을 만나고, 선거에도 참여하는 등의 많은 활동을 통해 여성들은 아무 것도 못 한다는 사람들의 인식을 바꾸어놓은 것이다.

사실 책을 읽으면서 혼란스러웠다. 이때까지 육교나 지하철에서 구걸하는 사람들에게 돈을 주는 것은 그 사람들을 도와주는 행동이라고 생각했었는데, 그것이 실질적으로 도움이 되겠지 하는 생각 때문이었다. 그 사람들은 새로운 생활을 찾기보다는 계속 구걸하며 살아갈 것이기에 그들의 진정으로 도와줄 수 없다는 생각도 들었고 또 한편으로는 다리가 없어서 육교에 누워 구걸하는 사람들에게 내가 해줄 수 있는 일은 동전 몇 개라도 넣어주는 것이 아닐까 하는 생각도 들었다.

이 책을 다 읽고 내가 내린 결론은 우선 인식을 변화시켜야 한다는 것이다. 가난한 사람들은 아무 것도 할 수 없고, 무식하고, 자립할 수 없을 것이라는 어느새 무의식적으로 머릿속에 들어와버린 우리의 생각을 먼저 버려야 한다.

그들이 무능력하다는 것은 우리의 편견일 뿐, 그들에게도 스스로 가난을 극복할 수 있는 힘이 있다. 만약 유누스도 다른 사람들처럼 가난한 사람에게 보증 없이 돈을 빌려주면 절대 갚지 못할 것이라는 생각을 갖고 있었다면 결코 그라민 은행을 세우지 못했을 것이다.

'가난'은 결코 지구 반대편에서 일어나는 일이 아님을, 지구상의 인류 모두의 일임을 알아야 한다. 우리가 그들과 걱정을 함께 나누고 고민하는 것은 우리가 잘나서가 아니라, 당연히 그래야만 하는 것이다. 우리는 함께 살아가야 한다.

소년이 할 수 있는 가난 구제법

정원 : 이번 주는 무하마드 유누스 이야기로 꽉 채운 수업이었지? 그런데 유누스의 자서전을 읽으면서 난 『희망의 인문학』이 생각났어. 왜일까?

주완 : 무하마드 유누스나 『희망의 인문학』의 저자 얼 쇼리스 두 분 다 빈민을 가난으로부터 구제해서겠지. 하지만 그 방식에는 분명한 차이가 있었지? 유누스는 빈민들을 상대로 소액융자를 내줘서 스스로 일어설 수 있는 힘을 주었고 얼 쇼리스는 인문학 강의로 정치적 주체로 나설 수 있게끔 해주었어.

정원 : 아, 그렇게 생각하면 확실히 정리가 되네. 그러니까 유누스는 재정적 측면으로 원조해주고, 일 쇼리스는 징신적 측면으로 힘을 길러줘서 기난으로부터 벗어날 수 있도록 도와준 것이구나.

주완 : 이 두 사람을 봐도 알 수 있듯이 빈민을 구제하는 데는 여러 가지 방법이 있어. 유누스는 경제학을 전공해서 경제적으로 빈민을 도와줄 수 있었고, 얼 쇼리스는 역시 본인의 전공을 살려 인문학 강의를 실시했지. 사람들마다 잘 하는 것과 할 수 있는 것이 다르잖아? 바로 그런 부분을 적극 활용한다면 빈민구제는 어려운 일이 아닐 거야.

정원 : 그래. 사람들마다 잘해낼 수 있는 역할이 따로 있는 것 같아. 무하마드 유누스도 '꿈을 꾸면 이룰 수 있다. 다만 우리에게 필요한 것은 우리의 역할을 찾아보는 진지한 시도다' 라고 말한 적이 있잖아? 그러니까 우리는 잘해낼 수 있는 것을 찾아내고 그 것을 효과적으로 사용할 수 있도록 실력을

늘려 나가면 되겠네.

주완 : 흠. 그렇다면 지금부터 바로 실천해 나갈 수 있지 않을까? 빈민을 돕는 것이 막대한 비용을 필요로 하는 거창한 사업이 아닌 이상 누구나 빈민구제의 주역이 될 수 있을 거라고 생각해. 모든 사람이 자기가 할 수 있는 일이 하나씩은 있으니까 능력이 부족해서 할 수 없다는 말은 해서는 안 되겠지.

정원 : 그 말에는 우리들도 포함되는 거겠지? 그렇다면 우리들, 즉 청소년이 할 수 있는 빈민구제방법에는 어떤 것들이 있을까? 아직 경제적으로 자립하지 않은 상태여서 유누스의 경제적 지원방식은 무리일 것 같고.. 우리 주위에서 할 수 있는 일은 뭐가 있는 지 궁금하네.

주완 : 여러 가지 방법이 있겠지만 책을 빌려주는 것도 좋은 방법이 될 수 있을 거야. 책은 한번 사두고 다 읽고 나면 다시 보는 일이 흔치 않잖아? 그런 책들을 다른 사람에게 나누어주고 서로의 느낌과 생각을 주고받으면 인문학 강의와 같은 결과를 얻을 수 있을 거야. 몇몇 사람들은 빈민들이 너무 게을러서 절대 가난에서 벗어나지 못할 거라고 하지만 그 것은 실천하지 않는 이의 회의적 태도에 불과해. 아무것도 주어지지 않은, 가난할 수밖에 없는 상황에 놓인 이들에게 스스로 가난의 문제를 해결하라고 하는 것은 사회적으로 상위계층에 있는 사람들이 수행해야 할 의무를 저버리는 것 일 거야.

정원 : 빈민들이 노력하는 것도 중요하지만 우리의 도움이 무엇보다도 필요하다는 말이지? 우리의 도움이 가난한 사람들에게 얼마나 큰 힘이 되는지 모두 자각했으면 좋겠어.

7

실천의 첫걸음

우리는 얼 쇼리스의 『희망의 인문학』을 통해 인문학의 힘을 느꼈고, 『돈키호테』를 통해서 정의에 대한 용기와 행동력을 배웠다. 그렇지만 오늘은 그보다 더 중요한 날이다. 우리의 논의가 탁상공론으로 그치지 않게 하는 날이며, 우리의 생각이 죽은 지식이 되지 않도록 하는 날이다. 바로 우리 스스로 인문학 실천에 대한 기획을 발표하는 날이기 때문이다.

인간에게 가장 힘든 것이 인간답게 사는 것이라고 한다. 그리고 인간답게 사는 법을 말해주는 것이 바로 인문학이다. 이러한 인문학을 현실에 발붙이게 하고 우리 생활에 가깝게 두게 하는 것은 '실천'일 것이다. 이것을 위해 우리는 2주 동안 고민해왔다.

무하마드 유누스가 대학을 나와 가난한 이들에게 돈을 꿔줄 때, 알 속의 새가 알의 존재만을 깨닫고 있다가 마침내 알을 깨려고 부리로 쪼기 시작했을

우리가 소통한 책 『오늘의 세계적 가치-세계의 지식인 16인과 하버드생의 대화』

이 책은 부제에서 알 수 있듯이, 노엄 촘스키, 하워드 진, 하비 콕스 등 16인의 지식인과 하버드생의 대화로 이뤄져 있다. 이 책의 저자 브라이언 파머는 하버드 교수 시절 자신의 강의 시간에 미국의 지식인을 초청해서 '커다란 불평등 세계에서 우리는 어떻게 살아야 하는가? 다른 이들이 상처받을 때 우리는 무엇을 해야 하나? 고통받는 이들에 대한 편안한 이들의 의무는 무엇인가?' 등을 주제로 이야기를 나누었고, 이런 내용을 이 책에 담았다.

때, 돈키호테가 갑옷을 입고 로시난테를 탈 때. 이런 사례들과 비교한다는 것
은 우리를 너무 높이 평가하는 것일지도 모른다. 그렇지만 중요한 건 우리는
꿈을 꿨고, 지금 그 꿈을 실천하기 위해 모인다는 것이다. 언제나 그렇지만 오
늘도 부푼 가슴으로 소행성을 향해가는 아람철도 612호에 몸을 싣는다. **윤한결**

일주일을 기다린 일요일 6시 수업. 학교에 움츠려 살아야 했던 나의 1주일을 차분하게 정리하고 또 다른 1주일을 살아갈 힘을 얻기 위해 오늘도 지하철 1호선에 몸을 실었다. 이어폰을 귀에 꼽고 무의식적으로 3호선, 2호선을 갈아타고 가는 40분은 지루하지만 남천동 아람쌤 소행성 B612호에 도착해서 친구들을 만나는 순간, 그 반가움으로 이전의 기억들은 녹아버린다. 오늘의 사회자인 재승이에게 모두 페이퍼를 제출하고 수업을 준비했다. 오늘 숙제는 브라이언 파머의 『오늘의 세계적 가치』 중에서 책 속의 인물들과 우리가 논의할 수 있는 'Global Values'를 생각해서 페이퍼로 적어올 것, 그리고 우리가 실제로 주위의 사람들을 도울 수 있는 실천적인 방안을 정리해 오는 것이었다.

오늘을 시작하는 책인 『오늘의 세계적 가치』에서 먼저 지훈이가 로버트 라이시 편을 읽고 발표했다. "열악한 일자리를 없애는게 가난한 노동자들에게 실제로 도움이 될까? 나도 그런 줄 알았는데 이 책에서 로버트 라이시는 오히려 그런 직업마저 없어진다면 노동자들은, 특히 아이들은 성매매의 대상으로 팔려가거나 더욱 열악한 환경에서 일하게 될 것이라고 말해. 생각해보니 정말로 그런 직업이 없어진 아이들은 실직자가 되고 더 열악한 환경에서 일하거나 팔려갈 수밖에 없는 것 같아. 그럼 어떻게 해야 할까. 로버트 라이시는 모든 나라가 선진국 수준을 기대할 수는 없지만 대신 국제기구나 원조를 통해 노동 환경을 개선시키도록 압력을 가할 수 있다고 말했어. 글쎄 나는 로버트 라이

시가 이 질문에 대해서는 명확한 대답을 주지는 못한 것 같았고 아직도 더 많이 고민해야할 문제인 것 같아. 그렇지만 내가 하고 싶은 말은 우리의 입장에서 그들을 도우려거나 다가가지 말고 정말로 그들에게 관심을 가지자는 거야. 법은 누가 만들까? 늘 앉아서 공부만 하는 사람이 만들지 않을까? 나는 정말로 그들의 상황을 잘 아는 사람, 실제로 보고 느낀 사람이 법을 만들 수 있으면 좋겠어. 진짜로 그들을 이해하는 사람이."

이제껏 열악한 일자리를 없애야 한다고만, 아이들을 고용해서 노동을 시키는 상품을 사지 말아야 한다고만 생각했는데 지훈이의 발표를 통해 그것이 오히려 더 해가 될 수 있다는 것을 알았다. 그리고 지훈이의 말처럼 노동법은 노동자의 상황을 잘 아는 사람이 만들어야 할 것이다. 아무것도 모르는 그저 부유하고 공부만 한 사람이 이런 법을 만들면 그 법은 가난한 사람들을 더욱 힘든 상황으로 내쫓을 것이다.

그 뒤를 이어 민규가 메사추세츠 지역기업의 사장이자 최고경영자였던 에런 퓨어스틴의 내용을 읽고 난 후의 생각을 발표했다. "기업경영가였던 애런 퓨어스틴은 화재로 인해 자신의 기업이 위기에 처했을 때 공장을 해외로 옮겨서 생산을 재개하라는 압력을 받았지만 공장이 다시 세워지는 동안 직원들에게 자신이 직접 임금을 지급하면서까지 본사자리에서 공장을 다시 짓고 일어난 사람이야. 만약 애런이 공장을 해외로 이전시켜 원래 직원들이 일자리를 잃는 것은 신경도 쓰지 않았다면 그는 이기적인 사람이었을 거야. 하지만 그는 회사를 위해 일하던 사람들을 위해 현지에서 팔 물품은 현지에서 생산해내는 절충안을 마련해내었어. 그렇게 되면 운송비를 포함한 여러 가지 가격들도 절약되고, 보다 많은 사람들에게 일자리를 내줄 수 있게 돼. 이처럼 오늘날 기업이 성공하기 위해 무엇보다 중요한 건 기업과 노동자 간의 신뢰, 그리고 그 신뢰를 바탕으로 따뜻한 관계를 지속시키는 거야. 기업이 이윤을 창출하는 곳이기 때문에 그곳에선 어떠한 인간적인 감정도 배제되어야 한다는 건 편견이고 협소한 생각이야. 단기적인 이익창출을 위해 이전에 함께 일하던 사람들

은 잊고 공장을 해외로 이전하는 것보단, 어떠한 어려움에 직면하더라도 함께 일하는 구성원들을 생각하고 그들과 함께 하겠다는 생각으로 기업을 운영해 가는 것이야말로 가장 큰 이익을 창출해낼 수 있는 잠재적 힘임을 깨달았어."

그리고 이어진 아람쌤의 의견, "그래. 그런데 민규가 지금 말한 것은 미국 기업의 한 가지 사례야. 여기서 한 걸음 더 나아가 우리는 미국 기업만의 가치가 아닌, 동서양을 아우를 수 있는 기업가적 정신에 대해서도 생각해보아야 해. 앞에서 말한 가치가 단지 미국의 기업이기 때문에 가능했던 것이 아니라 전 세계적으로 필요한 기업가의 정신이고 세계 어디서나 적용 가능한 가치인지에 대해서도 생각해보아야 한다는 거지. 거기에 우리 토론이 의의가 있는 거야.

애들아, 청동무기를 가진 부족과 철 무기를 가진 부족이 싸우는 건 동등한 입장에서 싸우는 거라고 할 수 있을까? 힘의 원리에 의해서 지배되는 세계 안에서 청동무기를 가진 부족들은 먼저 공격하지 못해. 무서울 것이 없는 철 무

기를 가진 부족에 의해 전쟁이 일어나고 마는 것이 결정 나버려. 오늘날 우리 세계에 있어서도 미국이라는 거대한 나라가 철제무기를 내세우고 있는 상황이야. 이제는 세계적 가치마저도 미국의 가치와 동등하게 여겨지고 있어. 이 책만 하더라도 미국의 가치를 'Global Values'로 내세우고 있잖아. 그러니까 우리는 다시 'Global Values'에 대해 정의를 내릴 필요가 있어. 미국에만 국한되지 않은, 모든 나라에 적용될 수 있는 보편적인 가치를 추구하는 게 필요해. 그럼 이 문제는 홈페이지 R통신에 댓글을 달아서 생각을 더 이어갈 수 있도록 하자."

이어진 페이퍼들은, 2주 전 『희망의 인문학』이라는 책수업 중에 우리가 지금 살고 있는 사회의 소외계층을 위해 인문학 프로젝트를 해야 할 필요성을 느끼고 난 후 구체적인 방법을 구상해보자는 데서 시작되었다.

우리 주위를 둘러보면 아주 작은 도움만 주어도 큰 변화를 경험할 수 있는 친구들이 있다. 예를 들면 우리가 반에서 토론하고 사유하는 것들을 조금만 나누어주는 것만으로도 자신의 삶을 변화시킬 수 있는 경험을 얻을 수 있는 친구들이 있을 수 있는데, 우리 반 각자가 한명 씩 친구들을 모은다면 다 같이 생각을 나눌 수 있는 또 다른 기회가 가질 수도 있다는 것이다. 비슷한 또래의 아이들과 생각을 공유하고, 깊이 사유함으로써 생각하는 힘을 가지게 하는 것이 우리가 생각하는 프로젝트의 목적이다.

우리 반이 2주 전에 생각해낸 이 프로젝트는 우연히 '아름다운 재단'에서 지원을 받게 되어 그 실천의 범위가 넓어졌다. 먼저 한결이의 발표로 시작되었다. "우리들은 서로를 알기 때문에 책을 읽고 그 주제를 토론하는 것이 익숙하지만, 서로 모르는 다른 친구를 낯선 곳에 데려와서 무작정 주제를 놓고 토론한다는 것은 거부감을 줄 수 있어. 그래서 내 생각엔 많은 아이들이 거부감을 느끼지 않고 쉽게 다가갈 수 있는 '영상물'을 통해서 소통하는 방법이 괜찮을 것 같아. 아이들을 한 공간에 자연스럽게 데려와서 영상물을 보여주고 느낀 점을 공유하는 방법 말이야. 얼마 전에 EBS에서 〈지식채널e〉라는 프로그램을 봤는데, 5분 남짓한 짤막한 다큐멘터리 같은 거야. 짧은 프로그램이지만 나름대로 생각을 나눌 수 있는 내용의 다큐멘터리인 것 같았어. 매달 두 번 있는 노는 토요일을 이용하면 일부러 시간을 빼야 하는 부담을 줄일 수 있을 것 같아."

그리고 이어진 의견, "그래, 영상물은 요즘 사람들에게 친근하게 다가가기 쉬운 매개체잖아. 그리고 사람이 모이기 쉬운 넓은 공간에 스크린과 프로그램만 있으면 되니까, 그리 복잡하지도 않고 좋은 것 같네. EBS에 부탁해서 프로그램을 구하고, 모두가 모일 공간만 빌리면 되겠다." 그리고 이어진 지현이의 의견, "내 생각에 친구들 간에 가르친다는 것은 좋지 못한 생각인 것 같아. 동등한 관계간의 친구사이에 누가 누구를 가르친다는 것은 기분을 상하게 할 수도 있는 일이잖아. 그리고 거부감이 느껴지지 않도록 하는 것도 중요한 것 같아."

그리고 이어진 주완이, "공공장소에서 학교선생님들의 강의를 듣는 것도 좋은 방법일 것 같아. 부담 없이 올 수 있을 뿐더러, 학교에서 지루한 선생님들이 강의를 한다고 하면 학생들의 관심을 끌 것 같기도 한데…… 보통 학교에서 선생님들은 공부만 하라고 강요하고 우리들의 생각은 전혀 관심 갖지 않는 것 같아 보이지만, 자세히 보면 정말 우리의 인생에 도움이 될 만한 말을 하는 선생님들도 계시거든. 그런 학교 선생님들을 강연은 지금까지 주제와 변주에서 보아왔던 유명인사들의 강연만큼 우리의 삶에 도움이 될 수 있어." 아람쌤, "그래, 너무 형식적이지 않은 방식으로, 우리가 도울 수 있는 잘 드러나지 않는 계층을 도울 수 있도록 하자. 이에 대한 토론도 계속 홈페이지에서 이어가자."

얼 쇼리스 선생님의 '클레멘트 코스'와 같이 내가 살고 있는 사회에서 소외계층을 위해 할 수 있는 인문학 프로젝트는 또 뭐가 있을까. 우리가 직접 하는 프로젝트라고 하니 가슴이 떨린다. 또 다른 일주일 동안 생각해야 할 문제가 추가됐다. 많은 사람들과 나누고, 결국에는 서로에게 도움이 될 수 있는 인문학 프로젝트를 잘 이끌어나갈 우리 **반**이 기대된다. **서민정**

나의 생각수첩papers

『오늘의 세계적 가치』를 읽고

기업경영의 가장 중요한 가치는 무엇일까? - 〈에런 퓨어스틴〉 **김민규**

에런 퓨어스틴은 매사추세츠 지역 기업 몰든 밀스의 사장이자 최고경영자였는데, 1995년 화재로 직물공장 대부분이 소실되었을 때 해외로 공장을 옮겨 생산을 재개하라는 엄청난 압력을 받았음에도 불구하고 본사 자리에 공장을 다시 짓겠다고 맹세하고 공장을 짓는 3개월 동안 직원들에게 임금을 지급하였다. 처음 이 이야기를 읽었을 때, 나는 "만약 에런 퓨어스틴이 해외에 공장을 지었다면 공장이 지어진 나라에는 그 공장 덕분에 많은 일자리가 창출될 것이고 그래서 거기서 일하는 노동자들이 많은 식구들을 먹여 살릴 수 있기에 개발도상국에 많은 도움이 될 수 있다고 생각했다. 그래서 에런 퓨어스틴의 결정이 미국 입장에서는 굉장히 멋진 일로 생각되지만 세계적 가치로 봤을 때는 너무 지역적이고 이기적인 결정이라고 생각했다.

하지만 에런 퓨어스틴의 인터뷰를 읽은 뒤 생각이 바뀌게 되었다. 만약 공장을 해외로 이전하게 되면 원래 공장에서 일하던 직원들은 다른 업종을 찾아보거나 실직하게 되는데 그러면 공장에서 일할 때보다 훨씬 더 안 좋은 환경에서 생활해야 한다. 그렇다면 해외공장 이전이 공장을 이전하는 나라 사람들에게는 기회를 주겠지만 그동안 함께 일해온 직원과, 기업과 함께 성장해온 지역사회에는 크나큰 해가 된다. 미국은 잘사는 나라니깐 먹고 살기 힘든 나라의 국민 한 명에게라도 더 기회제공을 해야 한다는 의견도 있을 수 있다. 하지만 공장이전으로 직장을 잃게 되는 그 사람들의 입장이 바로 내 입장이라면 그렇게 이야기할 순 없다. 그래서 내가 인상적이었던 것은 현지에서 팔 물건만 현지공장에서 생산한다는 것이다. 해외공장에서 생산한 물건을 다시 본국으로 돌아와 판다고 하면 운송비를 포함하더라도 해외공장에서 만든 물건이더 싸다. 하지만 그런 가격경쟁만으로 승부하기보단 오히려 국내 공장에서 제품의 품질을 엄청 향상시켜서 최고의 품질로 차별화하는 전략을 사용한 에런 퓨어스틴의 경영전략을 보면서 생각나는 것이 있었다.

요즘 샌드위치론이란 말이 많이 나온다. 한국이 일본에 밀리고 중국이 따라잡으니 그 사이에서 샌드위치 신세가 되었다는 위기론인데, 한국의 기업들도 이제 중국의 기업들과 가격경쟁하긴 힘들다고 생각한다. 그래서 이제는 품질향상을 통한 차별화가 필요하다. 이미 휴대전화나 TV같은 경우 많은 혁신적인 상품개발로 일본을 넘어 세계 최고의 자리에 올랐다. 다른 상품에서도 이런 것이 꼭 필요하고 경제뿐만 아니라 다른 분야에서도 이것은 마찬가지라고 생각한다.기업이 이런 품질향상을 이루기 위해서 꼭 필요한 것이 노동자들과 기업가들의 신뢰를 바탕으로 한 관계형성이다.

에런 퓨어스틴의 몰든 밀스의 경우 공장에 불이 나서 대부분의 기계가 못쓰게 되었을 때 노동자들이 그래도 자발적으로 나와서 남아 있는 기계들로 생산을 하였고 이런 행동들이 에런 퓨어스틴이 생산을 하지 않은 3개월 동안에도 임금을 지급한 바탕이 되었다. 하지만 우리나라의 현대자동차나 비행기조종사 노조의 파업을 보면서 과연 이런 경우에도 믿음을 바탕으로 한 노사관계가 실천가능한지 의문이 들었다. 앞에서 말한 노조들 같은 경우는 귀족노조라고 불릴 만큼 다른 기업들에 비해서 엄청나게 좋은 대우를 받고 있지만 기업에게 계속해서 무리한 요구를 하면서 그것이 받아들여지지 않게 되면 파업을 하면 기업발전에 심각한 악영향을 끼치고 있다. 그렇게 하여 국내경제까지 위축되고 더 나아가 그 노조가 있는 대기업이 노조의 요구를 들어주면서 얻게되는 손해를 채우기 위해서 그 부담을 하청업체들과 소비자에게 전가하여 그

피해가 아무 잘못 없는 사람들에게 돌아가게 되는 것이다. 이런 경우엔 도대체 어떤 대책이 필요할까? 미국의 포드 자동차 노조는 얼마 전 업무규정을 바꾸었다고 한다. 일본 자동차 기업들에 밀려 경영상태가 너무 어렵게 되자 노조가 기업과 협의한 것이다. 우리나라 노조들도 이제 사태의 심각성을 깨닫고 행동의 변화를 보여야 한다. 그렇게 해서 기업이 잘돼야 노조에게도 좋은 것이고 그러면 노동자들에게도 많은 이익이 돌아갈 것이고 궁극적으로는 국가 전체가 발전하는 것이다.

신문에서 최부자 이야기라는 것을 본 적이 있다. 옛날에 최부자라는 땅을 굉장히 많이 가지고 있는 사람이 살았는데 동네사람들은 모두가 최부자에게 소작을 하면서 살았다. 최부자는 아주 공정하게 열심히 일해서 수확량이 많은 사람들에게 더 많은 소작지를 주었는데 이에 불만을 가진 몇몇 사람들이 최부자에 대한 안 좋은 헛소문들을 동네에 퍼뜨리고 다녔다. 그렇게 일이 점점 커지자 최부자는 마음이 상해서 점점 소작을 줄이고 다른 마을시장을 이용했다. 그러자 마을사람들의 살림살이가 너무나 어려워지고 말았다. 이 이야기에서 기업과 노조들은 깨달아야 한다. 상호공생만이 무한 경쟁 세계화 시대에서 살길인 것이다. 품질향상과 더불어 기업가들과 노동자들의 무한한 신뢰는 아무리 세계화와 개방화가 일어나더라도 변하지 않을 기업경영의 가장 중요한 가치이다.

국가 안에 갇히지 말고 좀더 넓은 시야를 가지자 - 〈하워드 진〉 김민규

하워드 진 편을 읽으면서 문득 얼마 전 영어시간에 태극기에 관한 지문이 나왔다가 이야기가 이어져서 〈어느 독일인의 글〉이라는 글에 대해 이야기한 것이 생각났다. 많이들 알고 있는 이야기일텐데 어느 독일인이 우연히 사진을 하나 보는데 올림픽 시상식의 두 명의 일본인 수상자 표정이 이 세상 어느 누구보다 슬퍼보였다고 한다. 자세히 알아보니 1936년 베를린 올림픽에서 마라톤 금메달과 동메달을 차지한 손기정과 남승룡이었다.

이들은 조선의 젊은이들이었는데 조선이 일본에게 나라를 빼앗겨 어쩔 수 없이 일본국기를 달고 일본대표로 올림픽에서 달렸고, 메달을 땄지만 나라를 잃었기에 기뻐할 수 없었다. 그리고 많은 시간이 흘러 조선은 해방을 하고 사상 유례 없는 엄청난 경제발전을 한 뒤 1988년 서울에서 올림픽을 개최한다. 그리고 개막식 때 성화를 들고 세상 그 누구보다 기쁜 표정을 지으며 52년 전 비운의 금메달의 주인공이었던 손기정은 달렸다. 너무나 감동적이지만 이야기는 거기서 끝나지 않고 4년 뒤 바르셀로나 올림픽에서 황영조라는 한국청년이 가슴에 태극기를 달고 올림픽 마라톤 우승을 하며 월계관을 쓴다. 시상식장에서 애국가를 들으며 눈물을 흘린 뒤 관중석의 손기정 옹에게 달려가 금메달을 바쳤고, 손기정 옹은 아무말 없이 황영조를 안았다고 한다.

무척이나 감동적인 이야기이다. 그런데 도대체 왜 이야기가 감동적인 걸까? 손기정과 황영조는 국가와 민족이란 고리로 이어져 있다. 하지만 국가가 뭘까? 그저 인간이 만들어낸 틀일 뿐이다. 우리는 태어날 때부터 끊임없는 세뇌교육을 받으며 국가에 충성하고 나라를 사랑하며 민족애를 실천하며 살아야 한다고 배웠고 그래서 국가를 사랑해야 한다고 느끼는 것이 아닐까? 국가를 사랑하기에 우리나라가 일으킨 전쟁에도 인류 전체가 그 전쟁으로 인해 겪을 고통보다 국가의 운명이 더 긴박하게 느껴지고 오직 국가를 위해 이 한 몸 바쳐 봉사해야 한다는 생각이 먼저 떠오르는 것이다. 그런데 우리는 나라를 사랑하는 마음과 민족을 사랑하는 마음이 인간의 본성이라고 착각하고 있다.

국가와 민족이 나쁜 것만은 아니다. IMF 경제위기를 우리는 국가와 민족을 사랑하는 마음으로 온 국민이 하나로 뭉쳐서 극복했듯이 중문히 ㅅ성석 에너지를 낼 수 있는 멋진 것일 수도 있다. 하지만 반대로 옛날부터 우리와 일본이 끊임없이 논쟁하고 있는 것들, 즉 독도 문제나 과거사 문제 같은 것을 한국이나 일본이나 둘 다 너무나 민족주의적인 면으로만 해결하려 하기 때문에 결론이 안나고 몇십 년 동안 끝이 안 나는 논쟁만 이어지고 있는 것이다. 예를 들어 역사교과서 문제 같은 경우 일본 학생들이 그런 교과서로 배웠을 때 잘 못된 역사관이 생기기 때문에 그런 교과서를 발간해선 안 된다는 관점에서 이 야기가 이어져야지, 우리 즉 한국에서는 그런 교과서를 쓰면 잘못된 역사관이 생겨 그 애들이 성장한 뒤 군국주의적인 면을 갖추어 다시 한국에 해를 끼칠 것이라는 관점에서 이야기를 하는 것이니 서로 엇갈리기만 한다. 또한 위안부 할머니들 문제도 할머니들이 당하신 고통에 대한 사과를 중점으로 다루어야 하는데 일본은 위안부 제도로 인한 일본정부의 명예훼손 문제에만 초점을 맞 추니 도저히 결론이 날 수가 없는 것이다.

『가난한 사람들을 위한 은행가』에서 이런 문구가 있었다. 'B형 백인에게 수혈할 수 있는 사람은 A형 백인이 아니라 B형 흑인이라고'. B형 한국인에게 수혈할 수 있는 사람은 같은 A형 한민족이 아닌 B형 타민족이다. 그러니 국가 나 민족에 너무 사로잡혀 좁은 관점에서 세계를 대하지 말고 좀더 넓은 인류 애적인 모습이 우리에게 필요하다.

대화와 토론을 제대로 해내는 일은 참 어렵다 - 〈노암 촘스키〉 김지현

우리는 전 세계 모든 일이 나에게 영향을 미칠 수 있는 세계화 시대에 살고 있 다. 이런 시대에 우리가 추구해야 할 가치도 지엽적인 것에서 벗어나 세계적 인 것일 수 있어야 한다. 얼 쇼리스 선생님의 클레멘트 코스를 보면서, 무하마 드 유누스 선생님의 그라민 은행을 보면서, 한 개인은 충분히 그런 가치들을 추구할 수 있고 실현해 낼 수 있음을 알게 되었다. 다만 우리에게 필요한 것은 정의를 향한 굳은 신념과 행동할 수 있는 용기다. 사실 현실 속에서 정의를 향 한 개인의 신념을 지키기란 매우 힘들다. 그냥 편하게 주어진 대로 살면 되지 왜 괜히 나서서 문제를 만드냐는 주위의 유혹들이 끊이질 않는다.

하지만 그럼에도 불구하고 자기 자신을 진정으로 사랑하는 사람들은 자신 의 자유의지를 잠재우지 않는다. 끊임없이 불의에 항거하고 새롭게 대안을 찾아내며 희망을 만들어 나간다. 이러한 신념을 지키는 데 소통의 장만큼 중요한 것은 없다. 나도 현실 속에서 안일하게 주어진 대로만 사는 학생들 중 한 명에 지나지 않았다. 하지만 언제부턴가 아람샘과 친구들과 매주 한 번씩 만남을 통해 세상에 대해 비판적 목소리를 키우고 희망적인 대안들을 찾아나서면서 적어도 주어진 현실을 있는 그대로 바라보지만은 않는 학생이 되었다.

『오늘의 세계적 가치』라는 책은 유명한 지식인들과 하버드생들이 함께 소통의 장을 통해 오늘날 문제가 무엇인지, 우리가 추구해야 할 것들은 무엇인지에 대한 대화과정들을 보여주고 있다. 내가 이전에 참여했던 주제와 변주들 그리고 아람샘 수업에서 이야기하던 것과 유사해서 놀라기도 했고 기쁘기도 하였다. 내가 평소에 존경하던 지식인, 노암 촘스키와 학생들의 대화편을 주의 깊게 읽어보았다.

하지만 아쉬운 점은 그 소통이 인터뷰 형식으로 그친 점이다. 단지 노암 촘스키가 걸어온 길에 대해 자세히 알 수 있었을 뿐 구체적으로 학생들과 노암 촘스키가 어떻게 하면 함께 미국 중심의 패권주의에 대해 저항할 수 있을지, 어떻게 그런 행동들을 지속할 수 있고 사람들에게 널리 알릴 수 있을지에 대한 토론은 부재하였다. 대화와 토론을 한다는 것은 일방향적으로 대답을 듣는 것을 의미하지 않는다. 유명하고 훌륭한 사람과 대화를 나눈다고 해서 그 사람이 내세우는 대안들이 모두 옳다는 법은 없다. 그리고 진정한 소통은 그가 말하는 것에 문제를 제기할 수 있는, 그리하여 서로 영향을 주고받을 수 있는 것이어야 한다고 생각한다.

하지만 이 책 속에 노암 촘스키와 함께한 부분에서는 그런 점이 부족한 것이 아쉽다. 현실에 안주하여 충분히 자신의 편의만 생각할 수 있는 엘리트 계층의 학생들과 지식인들이 현실의 문제들을 회피하지 않고 문제의식을 갖고 살아가고 있다는 사실이 기쁘다. 하지만 현실의 문제에 관심을 갖고 깨어 있는 삶을 사는 것, 그리고 토론의 장을 갖는 것은 꼭 훌륭한 지식인들끼리만 할 수 있는 것은 아니다. 그런 마음을 지닌 개인들이 모인 곳이라면 어디든지 생산적인 토론이 이루어질 수 있고 희망적인 대안이 나올 수 있다. 아람샘과 함께 하는 수업도 그런 것이라 믿는다. 오히려 관조적으로 현실의 문제만 지적하는 것보다는 끊임없이 실천적인 대안들을 쏟아내고 행동하기 위해 노력하는 우리의 수업이 하버드생들의 토론보다 더 낫다는 생각도 든다.

어려운 사람들에게 가장 필요한 것은 무엇일까? - 〈로버트 라이시〉 **남지훈**

어느 하버드생의 질문이다. 해외로 이전하는 여러 기업들이 있다. 그 기업의 노동조건은 우리가 보기엔 열악하다. 하지만 이 기업이 그 지역주민들을 돕는 측면도 있을 것이고, 그 주민들이 그 기업에 일하기를 바라는 측면도 있을 것이다. 즉, 다른 나라에 비해 훨씬 저임금이고 노동조건도 나쁜 전 세계 수많은 지역들을 어떻게 해야 하는가, 이다.

그에 대한 답변을 로버트 라이시 선생님은 그 나라에 생활수준에 달려 있다고 했다. 그리고 모든 나라가 선진국의 수준을 기대할 수 없다고 했다. 그러나 국제통화기금이나 원조를 통해서 최소한의 생활조건을 형성하도록 압력은 가할 수 있다고 했다. 그리고 기업이 이주한 그 지역사람들에게 열악한 노동조건을 제공한다는 것으로 그 기업과 무역을 하지 않고 당장 생산을 중단하라고 한다면 그 일이라도 하고 있는 열네 살짜리 아이들은 더 열악한 노동착취를 해야 할 수도 있고 노예나 성매매 쪽으로 팔려 갈 수도 있다고 했다.

라이시 선생님은 이 문제에 대해서 명확한 답변을 해주지 못한 것 같다. 사실은 그렇다. 열악한 노동환경을 제공하는 기업을 생산중지시키면 그 일이라도 하는 노동자들은 더 열악한 환경에 버려질 것이다. 언뜻 보기에는 그 지역 사람들을 돕는 것 같지만 그렇다고 우리는 여러 연령층이 분포한 노동자들에게 열악한 환경에서 일하도록 지켜봐야 할까? 가만히 생각해보면 외국으로 이주하는 기업이 그 지역주민들에게 긍정적인 영향을 미치는 측면은 없는 것 같다. 단지 그 열악함의 강도를 조금 덜어준 것이지 여전히 열악함은 존재한다고 생각한다. 그리고 노동조건을 그 나라 생활수준으로 단정짓고 묵과한다는 것은 잘못 되었다고 생각한다. 이건 내가 보기엔 자본주의 승자의 통치방법으로밖에 보이지 않는다. 여러 세계기구들이 여러 나라들을 돕는다는 제목을 알리면서 매년 지원금이 올라가는 것도 공개하면서 어려운 사람들이 여전한 것은 분명 문제가 있는 것이다. 무하마드 유누스의 자서전을 보면서 생각해본 거지만 우리의 입장과 상황만으로 저들을 돕는다거나 다가갈 수는 없을 것이다. 그리고 저들에게 필요한 것이 그만큼 많은 돈도 아닐 것이다. 저들에게 자본을 제외하고 필요한 것은 저들을 진심으로 동정하는 것과 관심을 가져주는 것일 것이다. 친구처럼 같은 인간처럼 전혀 서로의 차이를 느낄 수 없을 만큼으로 말이다.

몇 달 후 우리는 하버드대생과 세계적 가치를 의논할 것이다. 이 문제에 대해서 우리들이 의논해야 하는 것은 여러 나라에 있는 아이들의 노동조건개선일 것이다. 그 노동조건의 심각성은 우리가 그들에게 다가갈수록 더 검은 빛으로 우리를 비출 것이다. 우리는 아직 학생이라서 직접 거기에 가서 활동할 수는 없을 것이다. 그래서 나는 여러 나라들을 지원한다는 기구들에게 압력을 가해야 한다고 생각한다. 아주 강하게, 노동착취에 시달린 아이들의 고통만큼 우리는 지원기구 직원이 우리들의 압력에 시달리도록 해야 한다. 그리고 법을 만드는 방법도 있지만 보통 법은 앉아서 공부만 한 사람들이 이론적으로 법을 만들 거라는 선입견이 남아 있다. 그래서 법을 만든다면 반드시 열악한 노동조건의 사람들을 많이 분석하고 가장 가까이 그들에게 다가가서 그들의 생활과 처지를 알 수 있는 그들과 친구가 된 사람이 법을 만들어야 할 것이다.

풍요로운 삶을 누리지 못하는 사람들- 〈줄리엣 쇼어〉 **박제준**

줄리엣 쇼어는 미국인들의 노동시간이 2차 세계대전 이후 가장 길다는 걸 밝혀내면서 길어진 노동시간에 대해서 이야기를 하고 있다. 미국인들은 길어진 노동시간 때문에, 여가생활을 제대로 할 수 없고, 그에 따라 삶의 질은 더 떨어지고 있다는 말을 하고 있다. 사실 개발하는 것은 사람들의 삶의 질을 높이고자 한 것이지만, 궁극적인 목표와는 다르게, 노동자들은 더 많은 노동시간으로 인해서 삶의 질이 떨어지고 있다. 줄리엣 쇼어는 이것에 주목하고 있다. 왜 노동자가 노동시간을 줄이지 않고, 삶의 질을 개선하려고 하지 않는가? 그것은 직장에서 맞춰진 틀에 의해서 노동자들을 억압하고 있기 때문이다.

기업에서는 더 많은 노동을 요구하여, 노동자들은 추가 노동까지 하면서, 계속해서 노동시간이 늘어난 것이다. 그러나 이 문제를 노동자들이 해결하지 못한 것은 직장에서는 노동시간을 줄어주는 제도도 마련되어 있지 않기 때문이다. 그래서 여성들은 피해를 입는데, 그 예로 여성이 아이를 가졌을 때, 그 여성은 노동시간을 줄여, 휴식을 많이 가져야 하지만 직장에서는 그러한 것을 대부분 인정해주지 못하기 때문에, 선택의 여지가 없이 직장을 그만둘 수밖에 없는 것이다.

한 예로 사촌누나가 학교 선생님인데, 아기가 태어나기 한두 달 전까지 학교에 계속 나가다가, 태어날 때 쯤 학교에 안 나갔었다. 그리고 누나는 아기를 낳고 몇 달 있다가, 학교에 다시 가려고 했는데, 학교에서는 아기를 낳은 후 3주 정도 있다가 바로 학교에 다시 오라고 했다고 한다. 아기 낳고 휴식기간이 겨우 3주라니 말이 되는 소리인가? 우리나라에도 이렇게 임신한 여성에 대해서 제도가 미흡하다는 것을 알게 되었다. 그리고 미국과 같이 우리나라도 노동시간이 엄청 많아서, 노동자들이 여가시간을 가질 여유가 없다. 즉 삶의 활력소, 삶의 질을 높일 만한 시간이 없다는 것이다.

이에 비해 유럽은 노동시간이 적다. 여기서 나오는 예로, 네덜란드가 있는데, 네덜란드는 몇 년 전에 노동시간을 줄이고 싶은 사람은 누구든지 원하는대로 할 수 있다고 규정하는 법률을 통과시켰다고 한다. 우리나라와 미국의 노동자들이 노동시간을 줄일 수 있는 방법은 직장을 그만둘 수 밖에 없는 것과는 아주 대조적이다. 우리나라도 하루 빨리 네덜란드와 같이 노동시간을 임의로 줄일 수 있는 제도를 마련해야 하지 않을까.

우리나라와 미국과 같이 잘 사는 나라는 이러한 문제점을 가지고 있다. 하지만 미국과 우리나라만 그런 것은 아니다. 전 세계적으로 이러한 문제가 심각한데, 특히 잘 못사는 아프리카 국가나 인도 같은 나라에서는 이 문제가 더 심각하다. 옛날에 EBS다큐멘터리 〈너의 작은 손〉이라는 프로그램이 있었는데 거기서 또래 친구들은 학교에 가는데, 한 아이는 일하러 가는 것을 보여주었다. 하루에 열두 시간을 일하고 버는 돈은 200원 가량. 아시아에는 이렇게 어렸을 때부터 노동을 하는 아이가 많이 있을 것이며 전 세계적으로도 이런 아이들이 많이 있을 것이다. 줄리엣 쇼어는 미국이란 나라를 기준으로 이야기를 하고, 대책을 세웠다. 하지만 이 이야기가 과연 우리의 세계적 가치가 될지는 의문이다. 적어도 그렇게 되려면 미국이라는 한정된 범위에서 이야기해야 할 것이 아니라, 방금 말한 아시아의 아이들에 대해서 그리고 그 아이들을 돕기 위해서 어떤 일을 해야할 지 이야기해봐야 하지 않을까? 사실 그 대책을 강구하기란 어려운 거지만, 적어도 그런 나라에 대해서 이야기해봐야 할 것이다.

폭력은 또다른 폭력을 불러일으킨다 - 〈마사 미노〉 송흥석

이 책을 읽으면서 새로운 것을 알게된 것도 있고 인상깊었던 것도 많았다. 그 중에는 특정한 집단을 경멸하거나 증오하는 내용의 발언을 금지하는 증오발언 규정에 대한 마사 미노의 견해도 있었는데, 특히 가장 인상깊었던 것은 용서에 대한 내용이었다. 마사 미노는 용서를 집단적 폭력에 대한 부적절한 대응으로 분류하였는데, 가해자가 피해자에게 용서를 기대하고 바라는 것은 피해자에 대한 모욕이라는 것이다.

물론 그러한 기대가 가해자에게 심리적 압박감이나 왠지 용서를 해야만 할 것 같은 그런 상황이 와서 가식적으로만 용서를 하면 근본적인 해결이 안되기 때문에 가슴에 더 깊은 증오가 새겨질 수도 있다.

하지만 가해자가 자신이 한 일에 대해 진실로 뼈저리게 고통을 받고 있고 그로 인해 용서를 직접 받아야만 죄책감에서 벗어나고 싶어한다면 그 가해자에게는 용서를 구하는 것 외에는 해결책이 별로 없을 것이다. 만약 여러분 중 한 명이 일제시대에 살았는데 친일파에 들어가 같은 동족을 착취하였고 괴롭혀서 지금 큰 죄책감과 고통을 받고 있다고 가정해보자. 그런 상황에서 여러분을 용서를 구하지 않고 용서를 받지 않고 아무렇지도 않게 살아갈 수 있을까.

용서를 하고 안 하고를 정하는 주체는 물론 가해자이지만 용서는 단순히 피해자의 생각에만 따라 행해지는 것이 아니라 약간이라도 가해자의 입장을 고려해보는 상호작용이 필요한 것이 아닐까 하는 생각이 든다.

마사 미노는 전쟁은 때에 따라 정당화될 수 있고 이 세상의 무기는 방어 목적에 필요하면 파괴되어서는 안 된다고 말을 하였다. 세계에서 제일 잘사는 나라에 속하는 중립국 스위스는 예전부터 계속되어 오던 사회적 이슈가 하나 있다. 그것은 중립국인데도 무기와 군사력을 갖춰야 하나 하지 말아야 하나이다. 과거부터 스위스가 중립국으로 존재할 수 있었던 이유는 강력한 힘과 지리적 이점이었다. 제2차 세계대전 때에도 스위스는 독일이 공격을 하려 하자 알프스 산맥의 이탈리아와 통하는 길을 다 파괴하겠다고 협박을 하여 전쟁을 피할 수 있었다. 당시 독일이 스위스를 공격하려 했던 이유가 이탈리아와 교류를 더욱 쉽게 하기 위해서였다. 따라서 보수적 입장을 가진 사람들은 군사력을 갖추어야 한다고 주장하고 신세대들은 진정한 중립국은 무기와 폭력이 가능성이 배제된 평화의 나라가 되어야 한다고 한다.

나도 평소에 때에 따라서 폭력이나 무기 같은 것들이 필요하다고 생각해 왔다. 하지만 무기나 군사력을 방어목적으로 가지고 있다고 해도 그것이 오히려 다른 폭력을 불러들이는 것 같다. 누가 공격을 해서 방어를 하였다 해도 그 본능적 방어에 의해서 폭력의 피해를 입는 상황이 벌어지면 어떻게든 악순환은 계속될 것 같다. 제일 좋은 방법은 모든 나라에 군사와 무기를 없애는 것이 좋겠지만 가장 시급한 점은 갈등과 분쟁 속에서의 타협점을 찾는 것일 것 같다.

자칫하면 전 지구적 윤리는 권력이 될 수 있다 - 〈피터 싱어〉 손주완

피터 싱어는 전 지구적 윤리와 모든 생명의 윤리의 정립을 주장하는 인물입니다. 그가 '가장 영향력 있는 철학자'로 꼽히는 이유는 그가 윤리의 범위를 그 전보다 훨씬 더 넓혀놓았기 때문입니다. "윤리적으로 산다는 것은 세계를 조금 더 총괄적으로 바라본다는 것이다"라는 그의 말에서도 알 수 있듯이 그는 윤리가 적용되는 범위를 확대함으로써 그 본질에 다가가고 있습니다. 사람의 가치를 쉽게 평가하고 비교할 수 없듯이, 동물 또한 그 가치를 인간의 것과 비교해 더 하등하다거나 덜 중요하다고 여겨서는 안 된다는 생명윤리나 모든 사람이 같은 환경 속에서 같은 대우를 받으며 살 수 있게 해준다는 전 지구적 윤리는 그러한 그의 성향을 잘 드러내주는 예입니다.

그런데 토론 도중 "어떤 정의로운 정부라도 전제적 성격을 띨 수밖에 없는데 그런 정부 속에서 모두가 만족할 수 있겠느냐?"는 질문에 그는 "모두가 만족할 수는 없다. 다만 모든 의사결정이 민주적으로 이루어지거나 결정의 결과 중 법에 어긋난 것이 없으면 모두가 따를 수 있을 것이다"라고 대답했습니다. 다수결 원칙의 근거가 되는 '최대 다수의 최대 행복'보다는 한 사람 한 사람에게 부여하는 비중을 모두 같게 해서 그들의 이익을 차등을 두지 않고 존중해야 한다고 말한 그가, 단지 결점 없는 절차에 따라 결정되었다고 해서 그것이 모든 사람들에게 적용되는 법이 돼도 된다고 주장하는 것은 분명히 앞뒤가 맞지 않습니다. 그가 말한 방식대로 전 지구적 윤리가 확립된다고 해도 그 윤리가 지금의 부당한 민주주의 사회의 윤리보다 나은 것이 있을까요?

모든 사람들의 생각과 가치관을 하나로 묶어 전 지구적 윤리를 정립하려고 하는 시도는 언제든 충돌과 갈등을 일으킬 가능성을 지니고 있습니다. 수

많은 종교가 존재하지만 그 중에는 특별히 잘못되었다고 할 만한 교리를 가진 것은 없습니다. 하지만 올바른 어느 하나를 편별하려는 시도는 지금도 많은 사람들이 전쟁의 아픔을 겪게 하고 있습니다. 모두를 한 방향으로 이끌어내려고 노력하기 보다는 모두에게 다가갈 수 있는 방법을 찾아야 합니다. 윤리는 모두가 따라야 하는 원칙이기 전에 서로를 존중하는 길입니다. 일부 사람에게만 부합하는 윤리는 절대 모두의 윤리가 될 수 없습니다. 피터 싱어는 진정한 세계화를 위해서 필요한 것이 전 지구적 윤리라고 하지만 그가 말하는 전 지구적 윤리는 모든 민족과 각기 다른 사람들을 하나의 통치이념 아래 묶어두기 위한 도구로밖에 보이지 않습니다. 전 지구적 윤리는 항상 모두를 포용할 수 있는 융통성을 가지고 있어야 합니다. 포용성과 융통성 없는 전 지구적 윤리는 다른 생각과 문화를 가진 소수 민족들에게 획일화를 강요하는 권력으로 전락하고 말 것입니다. 우리가 확립해야 할 전 지구적 윤리는 옳고 그름을 가늠하는 잣대가 되기보다는 모두가 한 자리에서 오해와 갈등 없이 이야기할 수 있는 배경이 되어야 합니다. 그때서야 서로서로를 존중한다는 전 지구적 윤리의 궁극적인 목표도 실현될 수 있을 것입니다.

일행, 인문학 프로젝트를 시작하다

주완 : 학생인 우리들이 어떻게 인문학을 실천할 수 있을지 고민했었는데 많은
　　　 친구들이 의견을 하나씩 내놓다보니 좋은 방법들이 나온 것 같아.

정원 : 처음에는 다들 너무 어려운 문제라 생각하고 선뜻 의견을 제시하는 친
　　　 구가 없었는데 한결이가 처음 방법을 낸 뒤부터는 조금씩 고쳐지고 더해져
　　　 서 마지막에는 우리의 실천방향과 구체적인 방법이 정해졌어.

주완 : 한결이가 제시한 방법은 모두 한 자리에 모여 EBS에서 방영하는 〈지식
　　　 채널e〉를 보고 나서 그것에 대해서 생각해보고 이야기를 나누는 방식이었
　　　 지?

정원 : 응. 글자로 빽빽하게 채워진 책보다는 우리들에게 익숙한 영상물이 함
　　　 께 이야기하기에는 더 좋을지도 모르겠다는 생각이 들었어. 혼자서 볼 때
　　　 는 더 깊게 생각하는 기회가 없으니 수동적이고 단편적일 수도 있겠지만
　　　 다 함께 보고 그 내용을 확장시키고 심화시킨다면 인문학을 배울 수 있는
　　　 더없이 좋은 방법이 될 거야.

주완 : 사실 '인문학'이라고 하면 다들 어려워하고 지루해서 어떻게 친구들
　　　 을 불러 모을 수 있을지 걱정이었는데 한설이가 말한 방식대로 진행된다면
　　　 많은 친구들이 흥미를 느낄 수 있을 거야.

정원 : 그 부분에 대해서는 추가적으로 의견이 나왔었지? 방영하는 영상물의
　　　 종류를 하나로 좁히지 말고 다큐멘터리나 영화를 상영하자는 의견도 있었
　　　 고 학교 선생님을 모시자는 의견도 나왔었어.

주완 : 친구들이 공감할 수 있을 만한 것이면 더 좋겠지. 청소년으로서 나아갈 방향이나 마땅히 한 번쯤은 생각해볼 문제들에 대해서 이야기하면 누군가 강요하지 않아도 스스로 자신을 문제의 중심에 놓고 찬찬히 생각해 볼 수 있을 거야. 스스로 열심히 해보겠다는 마음만 생긴다면 걱정할 게 없지!

정원 : 학교의 가만히 앉아서 듣기만 하는 수업에 비하면 훨씬 더 재미있을 거야. 모두가 선생님이 되어서 가르칠 수 있고 자신의 생각을 다른 친구들에게 털어놓을 수 있으니까 말이야.

주완 : 너무 딱딱한 자리라고 여기면 안 되겠지. 평소에 친구들과 나누는 이야기와 다를 게 없잖아? 자기 자신에 대해 알아가는 과정이니까 솔직하고 대담하게 자신을 털어놓아야 해. 그렇게만 된다면 모두가 다른 사람에게 도움을 줄 수 있을 거야.

정원 : '나를 알아가는 과정'이라……재미있으면서도 청소년인 우리들에게 인생을 바꿔놓을 만한 교훈을 줄 수 있을 것 같아. 우선 우리가 열심히 준비해야겠지?

주완 : 물론이지! 많은 친구들에게 특별하고 유익한 시간이 되어야 하니까 지금부터 하나하나씩 준비해나가야지. 일행이 더 늘어나겠구나! 열심히 하자!

정원 : 학기 초라 힘든 점도 많고, 학교생활에 적응하는 것도 힘들겠지만, 항상 내 가능성의 문을 열어놓고 열심히 노력하면 세상에 안 되는 건 없을 거야. 우리의 가능성의 문을 열고, 좀더 노력해보자.

8

모두의 세계적 가치

우리들의 삶은 매일이 거의 똑같다. 아침에 일어나 학교에 가 하루 종일 공부와 씨름하고 집에 돌아와서 텔레비전을 보거나 컴퓨터를 한다. 매일 매일이 치열한 경쟁인 삶에서 우리의 얼굴에 스며 있었던 순수했던 웃음도 슬며시 꽁무니를 감추기 시작한다. 서양 자본주의와 강대국들의 약소국을 향한 보이지 않는 수탈과 협박에 지구는 병들고 괴로워한다.『오늘의 세계적 가치』는 오늘날 잊혀진 소중한 가치를 되새김질하여 사람들의 눈을 다시금 뜨게 하지만 과연 이 책에 등장하는 가치들이 전 지구적 가치가 될 수 있을까. 우리는 이 가치들이 모든 이들을 위한 가치가 아닌 미국만의, 혹은 강대국들만의 가치는 아닌가 생각해본다. 이렇듯 세계가 서로에게 잘못된 소통을 향하고 있을 때 오늘도 우리는 어김없이 지하철을 타고 긴 시간을 거쳐 아람샘에 도착해 새로운 주제와 마음가짐을 가지고 나눔을 시작한다. 올해에도 벚꽃이 새로 피고 우리는 이 바람에 흩날리는 분홍색 요정들에게 푹 빠진 것을 본다. 그리곤 벚꽃이 지고 나면, 다시 내년 봄을 기약하고 지난봄을 추억하며 살아가겠지. 이렇듯 매년 계절은 새롭게 피고 뒤늦게 지지만 그 흐르는 시간 속에서도 변함없는 것은 우리들의 가치 있는 '진정한 가치'를 찾고자 하는 열정이다. 세상속의 아름답고 정의로운 가치들을 찾고자 하는 우리의 탐험은 지금까지 계속되었고 앞으로도 계속될 것이다. **송홍석**

우리가 소통한 책 『빈곤의 종말』

우리는 신문에서 극단적 빈곤으로 발생한 기아와 질병으로 수많은 사람들이 사망했다는 기사를 접할 수 있다. 대부분 사람들은 이런 사실을 흘려들을 뿐, 자신과 상관없는 일이라고 생각한다. 하지만 오랫동안 지구가 직면한 빈곤의 상황을 연구해온 제프리 삭스는 빈곤의 해결이 우리 모두가 함께 해야 할 절박한 일이라고 설명한다. 그리고 이 책에서 자신이 연구해온 세계 빈곤의 상황과 해결방안을 8장으로 나누어 설명했다.

길을 걷다보면 정말 무수히 많은 것들을 볼 수 있다. 그 중엔 사람이나 동물, 개미같이 아주 작지만 열심히 살아가고 있는 수많은 것들에서부터 작은 모래 알갱이나 나뭇가지의 초록 잎사귀들, 끝을 알 수 없는 드넓은 바다나 빽빽하게 들어선 도심가의 고층빌딩들도 있다. 여기 수많은 사물이나 동물들 중에서도 가장 자주 눈에 들어오고 인식되는 것은 우리 인간인 것 같다. 정확히는 인간이 자의적으로 닦아내 만든 길이기에 가장 많이 볼 수 있다는 것이 맞는 말일지도 모르겠다. 여기서 그 인간 안에서도 무수히 많은 종류의 인간들이 산재해 있는데, 그 하나하나마다 스스로의 고유한 생김새, 성격, 말투를 가지고 우리들 스스로가 만들어낸 구분으로 사상이나 국적, 가난뱅이나 부자, 군인이나 의사 같은 수많은 것들로 세분화된다.

　이처럼 인간은 구분짓기 좋아하는 동물이다. 그들은 마을을 형성하고 도시를 만들었다. 더 나아가서 땅에 선을 긋고는 그 선을 서로 인정하고 인정받아가며 국가란 사회조직을 만들었다. 그렇게 '우리나라'란 것이 만들어졌고, 그 옆엔 속속 '남의 나라'들이 세워졌다. 나라들은 마치 주인을 닮은 듯 서로 각자의 생김새나 성격이 달랐다. 개중엔 가난한 나라나 부자나라도 있고 군인나라나 의사나라도 있다. 난잡하기 이를 데가 없는 이런 생각들이 어쩌다 내 머릿속에 들어오게 되었을까? 그리고 내가 왜 타인과 나라에 대한 이야기를 늘어놓았을까? 이번 주제가 된 『빈곤의 종말』부터 그에 연관된 『오늘의 세계적 가치』를 풀어나갈 때 앞서 말한 것들을 먼저 떠올려보면 그것을 바라보는 시각이 사뭇 새로워진다.

우리들은 지난주 다 끝내지 못했던 『빈곤의 종말』을 수업의 주제로 삼았다. 시작을 재승이가 맡았다. "시대가 흐르고 의약이 점점 발전하면서 일찍이 치료해내지 못했던 많은 질병들을 치료할 수 있게 되었어." 재승이는 아프리카의 질병에 관한 이야기를 풀어나갔다. 적십자사에서 아프리카의 수많은 마을들을 돌며 에이즈 환자를 검사해본 적이 있었는데, 어느 마을은 마을 전체가 에이즈에 감염되어 큰 충격을 받았던 일이 있었다고 한다. 그 마을은 변변한 감기약 하나가 없어서 감기같이 사소한 질병에도 목숨을 잃는 열악한 곳이었다. 그래서 마을에 사람이 아프면 그 마을의 주술사와 성관계를 맺어 병을 몰아내는 관습 비슷한 것이 생겼는데 하필 그 주술사가 에이즈에 감염되어 있었던 것이다. 이처럼 아프리카에는 조금의 약도 구하기 힘들어 매일 수많은 사람들이 목숨을 잃어가고 있는 실정이었다. 더군다나 우리들 또한 익히 들어왔다시피 아프리카에선 온갖 독재체제가 만연하고 부정부패가 성행하고 있기 때문에 그야말로 혼돈의 도가니라고 한다. "우린 여기서 왜? Why?라는 질문을 던져봐야 해. 어째서 아프리카에 원조를 대주는 많은 나라들이 진정 굶주리고 있는 아이들을 돕기보다 자기 나라에 유리한 정권을 세우기 위한 일에 더 치중하고 있을까!"

재승이의 질문에 한결이가 입을 열었다. 한결이는 16장 자유주의에 관한 이야기를 읽었는데, 지금 이 문제와 많은 연결고리를 찾을 수 있다고 했다. 그 질문이 곧 아프리카에서 빈곤이 해결되지 않는 이유를 찾는 것과 같다고 한다. "진짜 문제는 부국의 빈곤해결에 대한 편견인 것 같아." 아프리카는 정치가 온갖 혼란의 도가니이며 부정부패가 만연한 그런 곳이 아니라고 한다. 실제로 아프리카에서 통치구조가 취약해서 그렇게 가난에 빠져 있는 것이 아니라는 것이다. 그런데도 책의 저자 제프리 삭스 선생님은 자신이 러시아나 슬로바키아에서 했던 민주주의의 부재이며 경제구조의 취약이라고 주장했다.

그는 한국의 경우처럼 경제구조의 변화가 우선적으로 이루어져야 가난에서 벗어날 수 있다고 주장한다고 했다. 대다수의 아이들이 삭스 선생님의 생각에는 반대를 표했다. 지금 당장 정말로 중요한 것은 경제구조의 변화가 아니라, 실질적으로 도움을 줄 수 있는 것들이었다. 실제로 지금도 아프리카의 마을마다 값싼 모기막이 하나씩만 보급하면 수십만 단위의 사람들이 목숨을 잃지 않아도 되지만 많은 것들이 실행에 옮겨지지 못하고 있다.

정원이가 이어서 말했다. 경제적 원조라는 것은 선진국에서 후진국으로 가는 것이라고 한다. 우리나라 역시 아프리카나 분쟁을 겪고 있는 나라들에 원조를 보내주고 있다고 했다. "제프리 삭스가 말하는 것은 강대국들의 부족한 원조를 보충해주기 위해 기부를 확실히 해야 할 필요가 있는데, 그것을 세계 법으로 정하고 일체화해야 한다고 주장하고 있어. 하지만 타율적으로 한다는 것은 자발적인 지원보다 더 열악한 상황을 만들어내는 것이 아닐까? 그렇게 된다면 원조를 해주는 쪽은 결국 원조를 해주며 얻을 수 있는 행복을 얻지 못할 거야." 정원이는 결국 그렇게 된다면 정신적 빈곤에까지 빠지게 될 거라고 했다. 사실 빈곤이라는 것이 모든 나라경제가 동등한 상태에 놓였을 때 사라지게 된다고 했다. 빈곤이란 것 자체가 상대적인 것이다. 가난한 나라는 결국 잘 사는 나라에 비해서 빈곤한 것이다.

주완이가 대안으로 부족한 인적, 사업, 쾌적한 환경, 제도, 과학적 자본의 문제를 들며 다발적 투자를 통한 종합적 대안을 내야 한다고 했다. 기술적인 지원으로, 원조국에서 각 분야에 대한 기술자들을 파견, 현지 주민들을 교육하고 다시 마을로 돌려 기술적인 발전을 이루어야 한다고 했다. 이러한 몇 가지 실행 가능한 대안들은 좀더 고민해야 할 문제로 남겨졌다.

이후 『오늘의 세계적 가치』에 대한 토론이 이어졌다. 한결이가 먼저 말했다. 하비 콕스의 말처럼 종교가 인간의 운명, 삶의 의미, 삶이 과연 무엇인지, 선과 악이나 이것들을 극복하는 방법에 대하여 질문을 제기하고 또 답을 주는 것이라면, 확실히 시장은 현대의 가장 강력한 종교이며 신이고, 우리들 대부분은 독실한 신자나 다름없을 것이라고 했다. 마치 자본주의 시장경제가 종교나 신의 말씀처럼 우리들에게 스며들어 있었던 것이다. "기독교에 구원의 약속이 있듯이 시장에도 어떤 절대적인 구원의 기능이 있다고 믿는 사람들이 많아. 시장이 온 세상에 퍼질 수만 있다면 배고픔은 사라지고, 온 땅에 민주주의가 정착되고, 모든 좋은 것들이 나타날 것이라고 믿고 있는 것과 같아. 우리가 읽은 『빈곤의 종말』도 이런 믿음에 뿌리를 둔 시장성서나 다름없어. 이를 위해서는 전 지구적인 신앙을 만들어 인간을 전제로 한 믿음이 바탕이 되어야 해."

민규가 말을 이었다. "그렇다면 지금 말하고 있는 시장의 가장 대표적인 매개체인 TV나 인터넷을 없애는 것은 어떨까?" 한결이와 지현이는 그 의견이 너무 극단적이며 더 좋은 방향으로 그런 매체들을 사용할 수 있어야 한다고 말했다.

토론은 다른 주제로 넘어갔다. 지현이가 상업주의는 그것을 견제하는 것이 없기 때문에 문제가 되고 있다고 말한다. "후진국과 선진국들의 대립구조가 정말 안타까워." 언론인인 에이미에 관해 말했는데 그녀는 정말 무대뽀 정신을 타고난 사람이라고 한다. 다른 사람들은 잘 하지 못하는 미국의 대통령과 같은 세계 고위급 정상의 잘못에 대해 신랄한 공격을 곧잘 펼치곤 한다는 것이다. 그녀는 언론인으로서 개인적 존재가 아니라 역사적, 사회적 존재로서 존재성을 잃지 말자고 했다. "우린 에이미처럼 자기 스스로가 맡을 수 있는 부분을 맡아서 노력해야 해."

그래, 우린 자신 스스로가 맡을 수 있는 부분에 관해 생각해봐야 한다. 지금 내가 할 수 있는 수많은 것들을 말이다. 지금 난 단지 조용한 아침의 나라의 평범한 고등학생이다. 내가 할 수 있는 건 뭘까? 난 당장 세계를 구원해야 해! 아프리카의 수천만의 굶주린 사람들을 어떻게 해야 하지? 아냐, 조급해 하지 말자. 아직 하늘은 푸르고 세상은 넓다. 난 내가 좋아하는 음악을 듣고 영화를 보며 열심히 공부한다. 자기 전 침대에 누워 미래를 계획하는 내가 좋다. 그리고, 그리고 인디고 서원에서 좋은 친구들을 만났고 꿈을 키워가는 삶을 사랑한다. 이런 내 평범한 삶이 나의 조그마한 인식의 변화로 세상을 바꿀 수 있는 큰 힘이 되는 그런 날을 꿈꿔본다. **조유정**

남녀 평등은 GT(Global Theme)가 될 수 있는가? 유진재

미국과 우리나라를 비롯해서 이미 많은 나라들에서 여성의 지위는 과거에 비해서 많이 상승했다. 물론 아직도 사회 곳곳에서 여성들이 차별받는 사례가 있긴 하지만, 꾸준히 나아지고 있으며, 여성이 남성을 압도하고 역차별하는 경우도 허다하다. 먼 옛날 원시시대에는 여성의 지위가 남성보다 높았으며, 청동기 시대를 거치면서 전쟁의 역사가 펼쳐짐에 따라 남성위주의 역사가 전개되었다. 그리고 현대사회에 들어오면서 그 지위는 이제 평행을 맞추고 있다. 하지만 여기까지의 이야기는 우리나라와 몇몇 선진국에 국한된 이야기이다. 보통 남녀차별을 이야기할 때 이슬람 국가들을 그 예로 많이 든다. 이슬람 국가에서 중에는 아직도 일부다처제를 실시하는 곳이 있기 때문이다. 그리고 이런 국가들은 서구에서 많은 비판을 받고 있다.

우리도 역시 지금 우리나라의 제도가 일부일처제라는 사실을 떠올리고, 서양의 합리적인 사고관으로 일부 이슬람 국가의 일부다처제를 본다면 못마땅하게 여길 수도 있다. 그러나 과거 고구려에도 형사수취제라는 일부다처제가 있었다는 사실을 알아야 한다. 형사수취제는 형이 죽었을 경우에 그 동생이 형수를 취할 수 있다는 제도이다. 고구려는 땅이 비옥하지도 않고 자국의 식량이 충분하지도 못해서 타국과 전쟁을 자주 할 수밖에 없었다. 전쟁에 나가는 것은 거의 다 남자들이었고, 전쟁에서는 필연적으로 사상자가 발생할 수

밖에 없었다.

　만약 전쟁에서 남자가 죽으면 남겨진 그 전사자의 처와 자식은 살길이 막막해지는 것이었다. 이러한 이유 때문에 형이 죽더라도 그 처와 자식의 생계를 위해 동생이 형수를 책임지게 한 것이었다. 만약에 고구려에서 남녀평등의 사상의 영향으로 여성인권 신장을 위해 형사수취제를 반대했다면, 수많은 사람들이 생계유지를 못해 죽을 수밖에 없었을 것이다. 이슬람 국가의 경우도 마찬가지다. 이슬람교는 여러 종교 중에서 거의 유일하게 장사를 강조한 종교인데, 이슬람교의 영향력에 있는 나라들이 사막지역이 많기 때문에 농경과 목축이 힘들고 그래서 자구책으로 나라를 벗어나서 돈을 버는 것이었다. 그래서 이슬람교의 남자들은 장사를 하러 해외를 많이 돌아다녔고, 먼 길을 장사를 하러 나갔다가 돌아오지 못하는 경우도 허다했을 뿐더러, 전쟁도 잦아서 남자의 생존율이 낮았다. 때문에 남은 처와 자식의 생계를 위해서 일부다처제를 허용한 것이었다. 이들 나라는 자신들의 역사 속에서 자연스레 일부다처제를 채택했으며 그것이 지금까지 이어져온 것이다. 또 이와 반대로 일처다부제를 시행하고 있는 나라 역시 있다.

　물론 위에서 예로 든 가치들은 식량 걱정이 어느 정도 줄어들고 남자들을 잃을 걱정이 예전보다 줄어든 지금 시대에는 맞지 않다고 할 수 있으며, 이 때문에 이슬람 국가들도 점점 일부일처제로 바꿔가고 있는 실정이다. 그렇지만 가장 중요한 것은 이런 제도들(일부다처제)을 시행하고 있는 나라에게 '지금 너희가 하고 있는 일부다처제 잘못됐으니까 빨리 고쳐, 여성들 차도르 여성의 인권 무시하는 거니까 빨리 벗게 해' 이런 식으로 강요할 수 있느냐는 것이다. 물론 지금의 일부다처제 같은 제도에 많은 폐단이 있고, 이슬람 국가들에서 행해지는 많은 제도가 인권을 무시하는 경향이 있다고 한들 그것을 비판할 수는 있어도 그들에게 서양의 문화를 강요하는 것은 문화상대주의에 위배되는 것이다.

　스와니 헌트는 보스니아 분쟁문제로 크로아티아계와 이슬람 세력의 협상에서 여성이 단 한 명도 없었다는 사실을 비판한다. 싸우는 이들끼리 모아놓고 협상은 말이 안 된다고 말하면서 다양성의 측면에서 여성의 의견이 들어가지 않은 것을 비판한다. 그렇지만 이 역시 잘못된 관점이 아닐까? 물론 여성의 의견은 고려하지 않은 것은 잘못된 것이며, 다양성의 측면에서도 부족하다. 그렇지만 그렇다고 해서 '너희 협상은 여자가 없으니 다양성이 부족하고 잘 안 될 게 분명해'라고 하는 것은 잘못되었다. 그들의 입장에서 일부로 여성들을 참여시키지 않은 것이 아니라 그 사건이라든지 거기에 관련된 일에 여성이 없었기 때문에 협상에 참여하지 못한 것일 수도 있는 것이 아닌가? 그들의 상황을 제대로 이해하지 못한 상태에서 무작정 거기에 여성이 없다고 비판하는 것은 틀림없이 잘못된 것이다.

진정한 의미에서 남녀평등의 실현은 그 자국의 문화에서 이뤄져야 한다. 우리가 배운 무하마드 유누스처럼 자본주의 사회에 소외되어 있는 여성들을 그 틀에 들어갈 수 있도록 도와주고, 이슬람 국가 등에서 일부다처제를 못마땅하게 여길 것이 아니라, 그로 인해서 가난한 많은 남성들이 짝이 없다는 사실에 주목해야 한다. 협상의 자리에 여성들과 남성들의 자리를 평등하게 분배하자는 것이 아니라 그 자리에 오를 수 있는 능력을 기를 수 있도록 하는 평등한 교육의 기회를 제공하는 데 초점을 두어야 한다. 이러한 관점과 문화상대주의에 대한 인식 없는 남녀평등 사상은 세계적 가치가 될 수 없다.

새로운 종교의 탄생 윤한결

하비 콕스의 말처럼 종교가 인간의 운명, 인간 삶의 의미, 삶은 과연 무엇인가, 선과 악, 이것들을 극복하는 방법, 인생에서 행할 가치가 있는 것과 없는 것들에 대하여 질문을 제기하고 답을 주는 것이라면 확실히 시장은 현대의 가장 강력한 종교이며, 신이고 우리들 대부분은 그 신자이다.

우리나라의 몇백 년 전 종교는 유교였다. 그때는 유교적 가치관이 사람들의 가족형태, 국가 정책, 관습, 교육 등 거의 모든 사람의 생활모습을 결정하였다. 그것은 현대의 시장종교도 마찬가지이다. 지금의 우리나라의 모습은 시장이라는 종교적 가치관에 따라 생산, 효율성, 경쟁 등의 복음을 중심으로 재편성되고 있다.

가족형태는 편하고 효율적인 생활에 적합한 핵가족 형태로 변하였고, 정부는 국익을 가장 중요시하며 그것을 위한 어떤 희생도 감수한다. 교육은 그러한 시장경쟁사회에서 살아남은 생산성 있는 인간을 효율적으로 가르친다. 하지만 시장이라는 종교에는 이때까지의 여느 다른 종교가 공통적으로 존중해왔던, 우리가 인류의 보편적 가치라고 여기는 것들이 결여되어 있다. 몇천년 동안 존중되어오던 이러한 가치들의 결여에 사람들은 당연히 거부반응을 보일 수밖에 없다. 하지만 시장은 그것들을 교묘히 물리쳐가며 사람들의 의식을 서서히 잠식해 가고 있다. '소중한 사람을 만나실 땐 잠시 꺼두셔도 좋습니다' 라는 휴대폰 광고나 '열심히 일한 자 떠나라!' 는 카드회사의 광고 카피는 언뜻 보면 사람과 사람간의 관계, 여유로운 삶을 말하는 것 같다. 하지만 그런 것들은 무엇인가를 사서 얻어지는 것이 아니라 자신의 마음을 다스릴 때 자연스레 가지게 되는 것이다. 적어도 다른 종교는 이렇게 말한다.

기독교에 구원의 약속이 있듯이 시장에도 어떤 절대적인 구원의 기능이 있다고 믿는 사람들이 많다. 즉, 시장이 온 세상에 퍼질 수만 있다면 배고픔은 사라지고, 온 땅에 민주주의가 정착되고, 모든 좋은 것들이 나타날 것이라고 믿고 있는 것이다. 우리가 읽은 『빈곤의 종말』도 이런 믿음에 뿌리를 둔 시장 성서이다. 하지만 기독교의 메시아가 아직 강림하지 않고 사람들이 그것에 의심을 품듯이 시장에 대한 의심도 점점 늘어나고 있다. 이미 이 세상의 재화는 모든 빈곤을 쫓아낼 수 있을 정도로 축적되어 있다고 하는데 여전히 세상에 빈곤이 활개치는 것은 그것을 인간적 가치가 결핍된 종교, 시장을 중심으로 그 문제를 해결하려고 하기 때문이 아닐까. 그보다는 오히려 유누스의 인간에 대한 믿음을 전제로 한 행동이 빈곤을 없애는 데 효과적이라고 생각한다.

종교의 가장 큰 적은 의심이라 했는가. 시장종교에 대한 의심과 반발이 세계각지에서 나타나고 있다. 하비 콕스는 시장이 이 세상에 존재하면 안 된다고 말하지는 않는다. 다만 그것이 우리들의 의식을 결정짓는 신으로서 존재해서는 안 된다고 하다. 그렇다면 우리 세대가 할 일은 시장을 신의 자리에서 끌어내리고 하버드생이 질문한 것과 같이 종교적 차이, 국가적 차이와 상관없이, 전 지구를 가로질러 사람들을 단결시킬 전 지구적인 시민종교를 탄생시키는 것이라고 생각한다. 어쩌면 그 종교에 신은 없을 수도 있다. 아니 그 종교의 신은 우리들 인간들이 되어야 할 것이다. 인간을 믿고 사랑하고 존경하는 종교 말이다. 어쩌면 그 종교에 구원은 없을 것이다. 아니 그 종교의 구원은 살아 있는 것 자체가 되어야 할 것이다. 어쩌면 그것은 종교가 아닐 수도 있다. 확실한 것은 이것이 바로 우리가 고민해야 하는 '오늘날의 세계적 가치' 라는 것이다.

내가 생각하는 역사적 가치 하성봉

개인적인 얘기지만, 난 역사, 특히 전쟁사에 대해 참으로 많은 관심을 가져왔고 지금도 이에 관련된 책이나 영화를 즐겨본다. 그런데 나는 이러한 역사물들을 접할 때마다 '과연 내가 보고 있는 이 역사가 진정한 역사일까?' 하고 혼동하곤 한다.

『오늘의 세계적 가치』에서 하워드 진은 과거의 역사를 이해함으로써 지금 잘못 흘러가고 있는 현재의 역사를 바른 방향으로 흘러갈 수 있게 해주고 이것이 역사의 세계적 가치라고 생각하였다. 테러와의 전쟁을 선포하고, 전 세계에서 전쟁을 일으키며, 군사대국화가 되는 길로 흘러가고 있는 현재의 미국 역사의 흐름을 멕시코 전쟁, 스페인-아메리카 전쟁, 한국전쟁, 걸프전쟁 등 미국이 참전한 전쟁의 역사를 앎으로써 바꿀 수 있다는 말이다.

과거의 역사를 통해 현재의 역사의 흐름을 바꿀 수 있다는 그의 생각에는 동감한다. 문제는 그가 생각하는 역사적 가치가 오인될 소지도 많다는 것이다. 어느 나라에서든 역사교육은 이루어지고 있다. 문제는 '어떠한 역사가 교육되고 있는가?' 이다. 하워드 진의 역사적 가치가 실현되기 위해선 객관적이고 공정한 입장의 역사가 교육되어야 한다. 즉, 역사적으로 잘한 것과 못한 것을 모두 배워야 한다는 것이다. 하지만 어디 이것이 이루어지고 있는가? 중국과 일본의 역사왜곡도 그렇지만, 당장 우리나라의 국사교과서를 펼쳐보아도 고조선 때부터 현대사까지 죄다 '잘한 것'만 적어놓았지 못한 것을 적어놓은 것이 있는가?

이러한 현상은 역사교육을 담당하는 교사, 연구원, 학자들의 대다수가 교육부, 즉 정부 소속이기에 그럴 수도 있겠다. 하지만 이보다 더 큰 요인으로 나는 역사가 기록적인 성격보다 민족적인 성격이 더욱 짙다는 사실을 들고 싶다. 역사가 수백 년에 지나지 않고 비교적 민족이나 문화에 대한 정체성이 뚜렷하지 않은 미국인들에게 역사는 단순히 과거의 사실을 적어놓은 기록물에 지나지 않을지도 모른다. 하지만 역사가 수천 년이고, 자기 민족과 문화에 대한 자부심이 남다른 한국, 중국, 일본 등과 같은 국가에서 역사는 단순히 과거의 기록물을 넘어 그 나라의 족보·신화와 같은 역할을 한다. (이는 이러한 나라들이 유달리 역사문제에 민감하고, 그 기원이나 사실도 불분명한 신화를 역사로 취급하는 데서 쉽게 알 수 있다) 때문에 이 나라들의 역사는 이전부터 과장되고 부풀려졌음은 말할 것도 없고, 이 나라들의 국민들도 과거 역사의 '잘못한 점'을 찾아들려고 애쓰지 않는다. 다른 나라에게 피해를 끼쳤어도 우리에게 번영을 가져다주면 잘한 것이고, 다른 나라에 득이 되어도 우리에게 피해를 준다면 이는 잘못한 것이라고 생각하기 마련이다. 예를 들어 몽골의 칭기즈칸은 우리나라에겐 잔학무도한 정복자지만 몽골에선 번영을 안겨준 위대한 성군이고, 일본의 이토 히로부미는 우리에겐 교활한 정치인이지만, 일본에선 근대화의 선구자로 평가받는다. 마찬가지로 이봉창·윤봉길 의사는 우리에겐 애국지사지만, 일본의 입장에선 극악무도한 테러리스트이다.

역사를 객관적으로 본다면 침략한 자가 언제나 잘못한 것이다. 이것이 합리적이고, 이렇게 되어야 과거의 잘못한 역사를 앎으로서 현재의 역사흐름을 바꿀 수 있을 것이다. 하지만 동시에 많은 국가·민족·사람들이 시간과 문화적 환경이 만들어낸 민족주의란 색안경을 쓰고 보고 있다. 과연 이 색안경이 나쁜 것인가? 또 그 색안경을 깨뜨릴 방법이라도 존재하는가? 이는 불과 수백 년의 역사를 가진, 색안경을 껴보지도 않은 미국인들 중 한 사람인 하워드 진에게 내가 묻고 싶은 역사적 가치다.

새로운 소비경향의 필요성 **김지현**

우리는 소비하는 것들을 통해 자신의 모습을 표출한다. 내면적인 가치보다는 외양이 그 사람을 평가하는 기준이 된다. 오랜 시간을 두고 한 사람을 알아가는 것은 빠르고 새로운 것을 원하며 급속하게 변화해가는 오늘날의 사회에서 진부한 일처럼 치부되고 있다. 과연 소비가 나의 모든 것을 말해줄 수 있을까?

자본주의 사회 속에서 소비하지 않으며 살아간다는 건 불가능하다. 나를 드러내는 것, 사람과의 관계 맺음 등도 모두 소비를 통해 이루어지고 있기 때문이다. 하지만 우리는 이러한 소비 중심의 사회에서 내가 주체가 되는 삶을 살아가고 있긴 한 걸까?

우리는 세상의 모든 정보를 대중매체를 통해 얻는다. 그때마다 우리는 무수한 정보들을 접한다. 단순한 사건들을 접하기도 하지만 우리들을 유혹하는 무수한 광고들도 접한다. 하지만 이 중에서도 마음에 드는 정보를 선택하고 소비를 한다는 측면에서 쉽게 나는 주체적인 삶을 살고 있다고 생각할 수도 있다. 하지만 결코 아니다. 우리의 선호도는 이미 시장에 주어진 물건들, 또는 이야기들 중에 선택하는 것으로 한정되어 있기 때문이다. 외모가 전부가 아니며, 비싼 자동차를 타고 다니고, 큰 집에서 산다고 해서 행복한 것이 아님에도 불구하고 계속 그런 것이 행복이라고 강요하는 광고나 정보들 때문에 잘못된 생각에 빠지기 쉽다는 것이다.

　책 속에 보면 이런 내용이 나온다. "노동자들에게 임금인상을 원하느냐, 아니면 더 많은 여가시간을 원하느냐고 물으면 아주 많은 이들이 여가시간을 원한다고 대답했다. 하지만 체제는 여가시간을 주지 않고 대신 돈을 주었다. 사람들은 돈을 쓰고 이런 지출에 길들여졌다……" 줄리엣 쇼어의 말처럼 덜 쓰자는 것이 아니라 이제는 다르게 소비해야 할 때이다. 남들보다 더 많이 소비한다고 해서 우월감에 빠질 필요도, 적게 소비한다고 해서 열등감에 빠질 필요가 전혀 없다. 소비란 남에게 나를 과시하기 위한 수단이 아니라 내가 살아가는 데 꼭 필요한 물질적인 것들을 사는 것이면 충분한 것이다.

　또 소비라고 해서 물질적인 소비만을 생각할 필요도 없다. 이제는 나에게 활력을 불어넣어주는 소비가 필요하다. 책에서 나온 예들, 즉 지역 내 연극 모임에 참여하거나 악기 연주법을 배우는 것, 목공예나 솜씨를 개발하는 것처럼 지속적인 여가생활을 위한 소비는 내가 행복을 느끼며 활동하는 삶을 살 수 있게 해준다. 또 이를 통해 개인주의적인 삶의 방식에서 벗어나 다른 사람과의 유대관계를 맺음을 통해 얻는 정신적 만족도 느낄 수 있을 것이다. 우리는 소비는 단지 생활의 한 방식일 뿐이란 것을 분명히 깨달을 필요가 있다. 소비 행위 그 자체에서 만족을 느끼는 것이 아니라 이를 통해 내 삶을 활동적이고 윤택하게 만들 때 소비는 우리에게 의미 있는 행동이 되는 것이다. 소비를 위해 가족, 친구도 잊고 노동에만 집착하는 비인간적인 오늘을 삶을 반성하며 주체와 객체가 전도되는 현상이 더는 없었으면 한다.

수업후기
우리들이 생각하는 '오늘의 세계적 가치'

주완 : 우리가 이야기한 세계적 가치에는 어떤 것들이 있었지? 하버드 대학에서 이루어진 강의와 주제는 같았지만 그들이 짚어낸 가치와 우리가 토론했던 가치는 분명히 달랐어. 각기 다른 환경 속에서 형성된 관점의 차이가 있었을 거야.

정원 : 정말 그랬어. 가장 먼저 토론의 주제가 되었던 역사만 해도 그래. 미국의 역사학자인 하워드 진은 역사를 보편적이고 객관적인 시각으로 봐야 된다고 했지만 어느 나라에도 그런 관점으로 기록된 역사는 찾아볼 수가 없잖아? 역사를 기술하는 과정에서 보편적이고 객관적인 시각이 정말 존재할 수는 있는 걸까?

주완 : 역사는 실제 사실을 그대로 기록하는 것이라지만 '사실' 그 자체도 인간의 일이기에 아무리 정확하게 기술한다고 해도 모든 사람이 타당하다고 인정할 수는 없을 거야. 오히려 성봉이는 각 나라가 자신의 역사를 기록할 때 나타나는 민족주의적 관점을 나쁘게만 봐서는 안 된다고 말했었지?

정원 : 응. 미국처럼 짧은 역사를 가진 나라는 역사가 기록되던 당시의 합리주의나 이성주의의 영향을 받아 객관성과 보편성을 고려할 수 있었지만 우리나라나 중국처럼 몇천 년의 긴 역사를 가진 나라에게서 그런 합리적인 관점을 요구하는 것은 억지일지도 몰라. 미국도 우리와 같이 오래 전부터 그 땅에서 자리를 잡고 살아왔더라면 그들도 분명 우리의 단군신화와 같은 자신들만의 역사가 형성되었을 거야.

주완 : 역사도 문화와 같은 게 아닐까? 한 나라가 독특한 문화를 가졌다고 해서 다른 나라들이 그걸 가지고 트집잡을 수는 없잖아? 역사가 정확한 사실이 아닌 '사실에 대한 인식'이라는 걸 알고 있는 이상, 계속해서 역사의 정확성과 진실성을 따지기보다는 역사를 통해 그 나라를 이해하려고 노력하는 게 더 바람직하다고 생각해.

정원 : 어느 역사가 바른 역사인가 하는 문제는 단번에 해결되지 않겠지만 한 나라의 문화와 특성을 이해한 뒤에 그 나라의 역사를 보면 조금 더 쉽게 그 의미와 가치를 읽어낼 수 있다는 말이지? 세계를 바라보는 새로운 시각이 될 수 있겠는걸!

주완 : 그렇지. 절대적인 기준이란 없어. 세계인은 좀더 열린 마음으로 각 나라의 역사와 문화를 평가해야 될 것 같아.

정원 : 그럼 이번엔 다른 내용으로 넘어가 보자. 인류가 생긴 이래로 전쟁은 계속되어 왔잖아. 그렇지만 모두가 평화를 바라고 있어. 그래서 일부는 그 해결책으로 '근원적 비폭력'을 주장하는데 과연 근원적 비폭력이 해결책이 될 수 있을까?

주완 : 난 먼저 간디와 달라이 라마가 떠오르는데? 두 분 모두 비폭력주의로 유명한 분이지. 우리는 그들의 방식에 찬사와 지지를 보내고 있어. 그들의 운동은 서서히 변화를 촉구하는 특징을 가지고 있고 그런 만큼 부작용도 적어. 완벽한 해결책이 아닐지는 몰라도 현대사회에서 필요한 운동 중 하나인 것 같아. 많은 것이 자본주의화되면서 폭력성도 비례하는 느낌이 드는 것은 내 착각일까?

정원 : 그런 점에서 본다면 비폭력을 꼭 해결책으로 제시하지 않아도 우리 모두 한 번쯤은 생각해봐야 할 마음가짐인 것 같네. 현대사회는 폭력으로 뒤덮여 있어. 이런 사회의 폭력성을 해소하기 위해 언론이 앞장서야 한다고 생각해. 대중매체들은 자신의 시청률 올리기에만 급급해 많은 것들을 놓치고 있어. 연예인들의 토크쇼보다 중요한 사건들이 얼마든지 있을 텐데 말이

야.

주완 : 그래. 세계의 비폭력을 외치기보다 국내에서부터 많은 것을 고쳐나가야 할 것 같아. 우리가 요즘 다루고 있는『희망의 인문학』이나『가난한 사람들을 위한 은행가』, 그리고 다음주에 할『flow』. 이 책들을 읽으며 감동을 받는 것도 좋지만 그것을 우리나라에 맞는 정책으로 고치는 것도 참 중요한 과제인 것 같아.

9

우리가 별이야

감동, 거꾸로 하면 동감. 우리는 어떤 순간에 감동을 느낄 수 있을까? 산모가 막 세상에 태어난 자신의 아이를 안고 미소를 지을 때, 아름다운 영화를 볼 때, 책을 읽을 때 등등, 감동의 순간은 늘 사소한 것으로부터 올 때가 많다. 값 비싼 보석이나 선물들로부터 받는 감동보다는 힘이 되는 말 한 마디, 눈웃음 한 번에 더욱 마음이 찌릿한 것이 사람이다.

히포크라테스의 선서를 외칠 때의 그 굳은 의지와 다짐으로 자신의 의술로 사람들에게 감동을 선사하겠다는 소망, 비록 고달프더라도 좁고 어두운 나의 무대 위에서 사람들에게 눈물과 웃음과 그리고 감동을 전해주겠다는 다짐을 매일 밤 하는 연극배우들, 아직은 미숙하지만 언젠간 자신의 아리아로 전 세계를 감동시키겠다는 오페라 가수. 그들이 진짜다.

우리들은 꿈을 먹고 살아가는 존재다. 꿈이 없고, 앞날에 대한 기대가 없다면 과연 살아갈 수 있을까? 밤하늘에 떠 있는 수많은 별들에게도 일생이 있다고 한다. 성운 속에서 수많은 가스와 우주물질들이 응집해 만들어진 원시별에서, 엄청난 빛을 내뿜는 초신성으로 성장하여, 이제 힘을 다 쓰고 희미한 빛만을 내고 있는 백색왜성이 되기까지, 별도 일생을 산다. 그럼에도 별은 아름답다. 눈부시나 희미하나 끊임없이 빛을 내기 때문이다. 우리들도 마찬가지라고 생각한다. 우리들이 아름다워지려면 눈부시나 희미하나 끊임없이 빛을 내야 한

공연명 | 19 그리고 80
공연장소 | 액터스 소극장 (남천동 KBS 정문 맞은편 마에스트로패션뷰)
공연일시 | 2007년 3월 29일 ~ 4월 29일 [평일] 6시 [토·일] 3시, 6시 (월요일 공연없음)
공연성격 | 희곡(원제 : 해롤드와 모드), 각색 : 장 후이 바로극단
번역 : 이성규
원작 : 콜린 히긴스

다. 그 빛은 바로 '열정'이다.

영화에 대한 열정, 연극에 대한 열정, 음악에 대한 열정, 문학에 대한 열
정……. 지금도 우리 주변에는 수많은 열정을 불태우며 빛을 내는 별들이 있
다. 우리들과 아름샘에게도 나름대로의 열정이 존재하고 있고, 우리들은 그
열정을 향해 한 걸음씩 내닫는다. 그렇기 때문에 우리들은 밤하늘에 떠 있는
그 어느 별보다도 가장 밝고 아름답게 빛난다. **김재승**

우리가 소통한 책 『스무살 너희가 별이야』

연봉과 같은 물질적인 것이 아닌 진심으로 자신이 사랑하는 일을 택하고 그 분야에서 최선의 삶
을 다하는 사진가, 영화스태프 등 젊은이 8명의 이야기를 소개하고 있다.

우리가 소통한 연극 〈19 그리고 80〉

우울증에 빠져 정상적인 생활을 하지 못하던 19세 소년이 항상 행복하고 긍정적으로 살아가는
80세 할머니를 만나면서 겪는 변화와 그 둘의 사랑을 다루고 있는 연극.

오늘 우리가 신나게 뛰어놀 장소는 『스무살, 너희가 별이야』이다. 우리는 3월 31일 우리 인디고 서원에서 후원하는 〈19 그리고 80〉이란 연극을 관람하였다. 그때 본 연극과 『스무살, 너희가 별이야』와 연관해서 다들 할 이야기가 많은 것 같아 연극과 책을 뛰어넘나들며 이야기가 시작되었다. 따뜻한 연극 때문일까 다른 날보다 분위기가 더욱 푸근하고 따뜻했다.

　이번 연극관람은 우리 수업의 한 부분이었다. 연극이 무슨 수업의 일부분이냐고 하겠지만, 우리 수업의 본질은 느끼고 사유하는 것을 나누는 것이므로 연극관람은 훌륭한 수업교재가 될 수 있었다. 오페라와 뮤지컬은 몇 차례 보았지만 대부분의 친구들에게 연극은 처음이었다. 관람후기를 들어보니 모두가 연극과는 등을 맞대고 살아온 듯하다. 사실 지금까지 화사하고 화려한 풍경들이 쏟아져 나오는 영화 스크린과는 달리 단순하고 뭔가 갑갑한 연극을 봐야 할 필요성을 못 느꼈다. 그런데 영화의 장면 장면이 다른 장르에 비해 멋있을 수밖에 없는 이유는 따로 있다. 물론 비용도 그렇지만 영화는 그 멋진 한 장면을 찍기 위해 수십 번 촬영하기 때문이다. 지금까지는 영화의 이러한 면을 수없는 노력의 결실이라고 생각하고 아주 높이 평가했는데, 이번 연극 관람 후 생각이 조금 바뀌었다. 어쩌면 영화 속 장면과 모습들은 너무 가식적인 것들인지도 모른다는 생각이 들었다.

　물론 영화 속 세계는 실제 상황이 아니고, 그 주인공들도 실제 영화 속의 어려움에 처한 사람들이 아니다. 하지만 적어도 그 사람들은 영화를 찍는 내내 직접 그 주인공의 인격과 심장을 가져야 한다고 생각한다. 그런데 실제 영화 촬영하는 것을 보면 1분 동안 가슴 찢어지고 1분 후에 춥다며 투덜댄다. 그리고 우리 관객들은 그들이 투덜대는 모습은 보지 못하고 가슴 찢어지게 슬퍼하는 모습만을 보고 흐느낀다. 반면에 연극의 경우는 다르다. 만약 한 시간 30분 자리 연극이라고 한다면 연기자들은 한 시간 30분 동안 한순간도 자신이 역할을 맡은 인물들의 뇌와 심장을 놓쳐서는 안 된다. 따라서 우리가 보는 만나서 사랑하고 헤어지는 그들은 우리가 보는 동안 정말 설레이고 서로를 사랑하고 안타까워하며 슬퍼하는 인간들이다.

연극에 대해 이런저런 생각을 하고 있는 동안 성봉이가 먼저 『스무살 너희가 별이야』에서 '소통'이라는 주제로 발표를 시작했다.

"요즘처럼 디지털 카메라가 많이 보급되고 인터넷상에 매일 수만 개의 이미지 파일이 올라옴에도, 감동을 주는 사진들이 점점 없어지고 있다는 것은 참으로 모순되고 이상한 일입니다. 생각해보니 이는 사람들이 좀더 완벽한 사진을 찍으려고, 사진 속에 더 많은 것을 담으려고 한 탓이 아닐까 생각했습니다. 제 친구 중 많은 아이들이 셀카를 찍고 포토샵으로 사진을 고칩니다. 그 아이들의 셀카에는 소통이 없다고 생각합니다. 오직 자신의 아름다운 모습만을 소통시키고 보이고 싶지 않은 모습들은 단절시켜버립니다."

정말 진정한 소통을 원한다면 있는 그대로의 모습을 보여주는 것이 중요하다. 이런 면에서 영화는 수도 없이 화면을 아름답게 보이기 위해 뜯어고치고 삭제하고 합성한다. 사실 이런 현상은 사진이나 영화에 국한되는 문제가 아니다. 남들 시선을 많이 의식하는 한국사회에서 이것은 정말 큰 문제인 것 같다. 남들에게 자신이 보여주고 싶은 면만 보여주기 위해 자신의 감정을 숨기고 자신이 정말 좋아하는 것을 숨기고, 남들이 좋아하는 것을 자신도 좋아하는 듯 자신도 그와 같은 느낌을 가지고 있는 듯 가식적으로 행동하는 것은 '나'와 '너' 사이의 진정한 소통을 방해하는 장애물밖에 되지 않는다.

　상철이는 『Friendship』의 사진들을 보며 그 속에서 진정 느낄 수 있는 그들의 삶에 대해서 생각해보자고 했다. 『Friendship』의 사진들은 우리가 말하는 얼짱, 몸짱 들의 사진이 아닌 지극히 평범한 사람들의 모습을 담아놓은 사진 책이다. 연출되지 않은 자연적인 사진들을 담아놓은 사진 책이기에 그 속에서 우리의 생생한 삶에 대해 생각해보는 것은 어렵지 않을 것이고 또 의미 있다고 생각한다.

　어제의 연극 때문일까, 아니면 미칠 것같이 하고 싶은 일을 하지 못하는 우리들의 감정이 표출된 것일까. 〈도전-이하영〉이라는 주제에 관한 글이 가장 많았다. 아이들은 지금까지 보지 못했던 '스태프'의 존재를 발견한 것 같았다. 이하영은 연봉이 백만 원이 될 때도 있는 스태프로, 요즘의 우리들이 말하는 '최악의 직업'을 가진 사람이다. 그런데 이하영은 지금 6년째 이 일을 해오고 있다.

　은혜가 말했다. "단 백만 원의 연봉, 그것보다 더한 것은 스태프라는 이유로, 여자라는 이유로 당했던 수많은 상대적 박탈감. 하지만 자신이 사랑하는 일이기 때문에 견딜 수 있다는 이하영 선생님의 말이 참 와닿았습니다. 저는 성공이나 돈이 껍데기뿐이라고는 생각하지 않지만 그런 것에 전혀 연연해하지 않고 자신이 좋아하는 일을 위해서 사는 사람들 눈에는 그런 것들이 더 가치 있는 것으로 보일 수 있다고 생각했습니다."

이어 진재가 말했다. "영화를 본 후에 끝까지 앉아서 나오는 크레디트를 다 보는 사람이 과연 몇 명이나 될까요? 스태프는 배우들이나 다른 사람들에게 멸시를 받는 등 그들의 삶은 이루 말할 수 없이 고달픕니다. 하지만 이들 하나하나의 피와 땀이 없이는 한 편의 영화가 나올 수 없습니다. 이번 연극에서 주인공 '헤롤드'와 '모드'만큼이나 중요하지만 드러나지 않은 사람들이 있었습니다. 뒤편에서 배우들의 최고의 연기를 위해, 연극의 완성도를 위해 부지런히 움직이는 조명 스태프가 그랬습니다. 사실 한편으로는 부럽기도 합니다. 적어도 그들은 자신이 하고 싶은 일에 자기 자신을 열정적으로 불태울 수 있는 사람들이니까요. 뭔가 하나에 미친다는 것 해볼 만한 일 같습니다."

우리는 이하영과 같은 사람을 정말 부러워한다. 특히 요즘 우리와 같은 세대의 친구들은 더욱 그렇다. 수능, 내신, 논술을 준비하다가 한번씩 '내가 지금 뭘 하고 있지' 하는 생각이 든다. 우리는 우리가 어디로 향하고 있는지도 모른 채 공부족쇄에 채여 질질 끌려다닌다. 과연 내가 향하고 있는 곳이 내가 정말 원하는 곳인지도 모른 채 말이다. 우리들에게는 이하영과 같은 터질 듯한 열정이 없다. 설사 그 열정을 가졌다 해도 우리에게는 돈을 비롯한 모든 문제들을 뿌리치고 과감히 내 열정을 실천할 수 있는 의지도 없다. 내가 미칠 듯이 좋아하는 일을 발견하고, 자신이 있다면 과감히 '실천' 할 수 있는 용기가 우리에게 필요하다. 연극을 관람하는 동안 우리 안에 녹아내렸던 뜨거운 열정과도 같은, 그런 용기가. **정연주**

나의 생각수첩 papers

『스무살, 너희가 별이야』를 읽고
〈19 그리고 80〉 연극을 보고

소통의 길, 타인과 소통하기, 천천히, 느리게, 깊게 하성봉

어제 〈19 그리고 80〉이란 연극을 보았다. 난생 처음 본 연극이었지만, 배우 분들의 재치 있는 연기와 매력적인 스토리 덕분에 두 시간 가까이 이어진 공연이었음에도 정말 재미있게 볼 수 있었다. 연극이 끝난 뒤에 이루어진 주제와 변주에서도 좋은 이야기들이 오고 갔는데, 가장 가슴 깊이 와닿았던 말이 있었다. 극중 썬샤인 양을 맡으신 배우가 한 말이다.

'극에서 중요하지 않은 역할은 없어요. 대사도 행동도 거의 없는 인물들이 더 소화해내기 어려운지도 몰라요. 얼마 안 되는 시간 속에서 그 인물이 살아온 20~30년의 세월을 표현해야 하거든요.'

난 모든 것이 설명되어 있는 자세한 것보단 2% 부족한, 무언가가 아쉬운 듯한 것들을 더 좋아한다. 때문에 몇 시간짜리의 영화나 다큐멘터리를 볼 때보단 우연히 보게 된 사진이나 문구에서 감동받을 때가 더 많다. 2% 부족한 것이 나와 작가 혹은 사진의 인물들 간의 의사소통을 할 수 있게 해주기 때문이다. 그런데 요즘은 2% 부족하고 내게 감동을 주는 사진을 보기가 참 힘들다. 요즘처럼 디지털카메라가 많이 보급되고 인터넷 상에 매일 수만 개의 이미지 파일이 올라옴에도 불구하고 그런 사진들은 점점 없어지고 있다는 것은 참으로 모순되고 이상한 일이다. 이 책을 읽고 곰곰이 생각해보니 이는 사람들이 좀더 완벽한 사진을 찍으려고, 사진 속에 좀더 많은 것을 담으려고 한 탓이 아닐까 하는 생각이 났다.

난 싸이월드에 미니홈피가 없다. 아니 있기는 한데 아직 한 번도 들어가 본 적은 없다. 진짜 자신이 아닌 다른 모습의 자신을 보여주는 것 같아 꺼림칙하기 때문이다. 내 친구 중 많은 아이들이 셀카를 찍고 또 올린다. 심지어 포토샵으로 막 고친 사진을 올리곤 한다. 그 아이들은 각도와 명도를 적절히 조합해 만든 자신들의 사진을 보고 내심 즐거워하지만, 난 그 사진들을 보면 내가 아는 친구들의 모습이 아닌 것 같아 씁쓸한 마음이 들곤 한다. 책에서 소개되고 있는 임종진 선생님은 사진에는 우리에게 감동을 줄 수 있는 소통이 필요하다고 말한다. 하지만 아이들의 셀카에는 그런 소통이 없다. 오직 자신의 아름다운 모습만을 소통시키고 추하고 보이고 싶지 않은 모습들은 단절시킨다. 때문에 우리들은 그 수많은 얼짱사진들을 보지만 별다른 감흥을 느끼지 못한다.

내 친구 중 흔히 말하는 '포토제닉'이 있다. 하지만 난 그 아이가 찍은 사진보다 아버지가 내가 어릴 때 찍어준 사진들이 더 아름다워 보인다. 아버지의 사랑이 묻어 있는 것만 같아서이다. 물론 손이 서툰 아버지의 사진은 명도도 색상도 각도도 최악이지만 그 사진에서 나와 아버지간의 소통이 이뤄지고 있는 것 같아 더 많은 감흥을 느낀다.

요즘 따라 글이 잘 써지지 않았다. 예전엔 불쑥불쑥 잘 나오던 생각도 요즘엔 잘 나오지 않는다. 곱씹어보니 '더 완벽하고 더 많은 것을 담으려 해서가 아니었을까?' 하는 생각이 든다. 난 셀카를 찍어 포토샵으로 '뽀사시'를 하는 것처럼 아름다운 모습만, 타인에게 보여주고 싶은 모습만을 글에 담고 나 혼자만 말함으로써 다른 사람들과의 소통을 단절해왔던 것이다. 그래서 나는 이제부터라도 2% 부족하고 소통의 길이 열린 글을 쓰기로 마음먹었다. 이전에는 책과 인터넷을 뒤져가며, 워드프로세서를 이용해 더욱 완벽한 글을 쓰려 했지만, 이제 이 글을 시작으로 하여 2% 부족한 글을 직접 연필로 써 내려가기로 했다. 이것이 별이 되기 위해 노력하는 18세의 나에게 소통의 길을 열어

주는 발걸음이기에.

연극, 미칠 것 같은 내 사랑 이은혜

어제 우리는 〈19 그리고 80〉이라는 연극을 봤다. 연극이 시작하기 전에 신부님 역할을 하신 분께서 이렇게 말씀하셨다. "관객석이 더 늘어나서 저희가 원래 하던 연극보다는 동선에 영향을 많이 받습니다. 조명도 역시 영향을 받는데 이로 인해 저희가 조명을 받지 못할 수도 있습니다. 하지만 조명을 받지 못하더라도 저희는 최선을 다해서 열심히 해보겠습니다." 하지만 어제의 연극에서는 조명에는 아무런 문제가 없었다. 연극이 끝난 후 여학생들은 남자 주인공인 헤럴드와 사진을 찍는다고 정신이 없는 와중에 나는 그에 비해 주목받지 못하는 여자배우들을 찾고 있었다. 그러는 도중에 나는 있는지도 몰랐던 관객석 제일 뒤에 쪼그려 앉아 있다가 기지개를 켜며 일어서는 스태프를 보았다. 기억할지는 모르겠지만 스태프는 두 명이었는데 한 명은 여자고 한 명은 남자였다. 그제야 이런 생각이 들었다. 똑같은 고생을 했지만, 어떤 조명도 받지 못한 사람은 그 두 스태프였다는 사실을.

사실 나는 이 연극을 보기 전에 이 책을 먼저 읽었다. 특히 영화에 관심이

많은 나로서는 도전 파트의 시네마제니스 제작팀에서 일하고 있는 이하영이
라는 사람에 대한 글을 좀더 관심 있게 읽었다. 단 백만 원의 연봉. 그것보다
스태프라는 이유로, 여자라는 이유로 당했던 수많은 상대적 박탈감. 하지만
자신이 사랑하는 일이기 때문에 견딜 수 있다는 이하영 선생님의 말이 참 많
이 와닿았다. 특히 "영화 스태프 일이라는 거 힘든 일은 맞아요. 하지만 자기
인생의 목표가 껍데기뿐인 성공이나 돈이 아니라면 한번 해볼 만한 일이에
요." 이하영 씨가 말하는 '껍데기뿐'인 성공이나 돈을 위해서 꿈을 설계하고
그 꿈에 맞춰 나가는 사람들이 많다. 물론 현재 자본주의 사회에서 성공이나
돈은 결코 무시할 만한 것이 못된다. 나는 성공이나 돈이 껍데기뿐이라고는
생각하지 않지만 그런 것에 전혀 연연해하지 않고 자신이 좋아하는 일을 위
해서 사는 사람들 눈에는 그런 것들이 덜 가치 있는 것으로 보일 수도 있다고
생각했다. 무엇보다도 중요한 것은 자신이 좋아하는 일인데 말이다. 그것이
비록 보수가 적다고 무시하는 영화 스태프라도 말이다. 이하영 선생님의 말에
서는 자신이 하고 싶은 일을 한다는 행복도 묻어났지만, 동시에 그 일에 대한
지침, 힘듦, 고생도 묻어났다.

그래서 이번에는 비록 "트로피의 여자 발가락 몇 개만 떼어가도 좋을 것 같다."라는 멋있는 말로 스태프들을 위로하는 배우 황정민은 될 수 없지만 연극 뒤에서 아무 조명을 받지 못한 스태프에게 "수고하셨습니다"라는 말을 웃으면서 하는 관객이 되고 싶었다. 여자는 어디를 갔는지 없고 남자 스태프만 남아있었다. 솔직히 말하면 부끄러운 얘기지만 아무 말도 못했다. 눈은 계속 마주쳤는데 그때마다 너무 무서워서 피하고 말았다. 연극을 다시 보고 와서 이 파트의 페이퍼를 계속 쓰려고 한 번 더 읽었는데 계속 그 스태프가 마음에 걸렸다. 괜히 미안한 마음까지 들었다. 다음부터는 그들의 수고를 한 번 더 생각하며 좀더 용기를 내야겠다!

영화, 연극을 만드는 사람들 유진재

극장에서 영화를 본 후에, 끝까지 앉아서 나오는 크레디트를 다 보는 사람이 과연 몇이나 있으며, 거기에 나오는 이름 하나하나에 관심을 기울이는 사람이 얼마나 될까? 평소 영화를 좋아해서 즐겨보는 나도 영화의 마지막에 나오는 크레디트에 관심이 별로 없었다. 보통 영화를 볼 경우 마지막에 나오는 크레디트를 끝까지 보는 편이지만, 그 이름 하나하나에 주의를 기울인 적은 없었던 것 같다. 그저 영화음악이 좋아서 계속 듣고 있거나, 아니면 영화의 내용을 다시 한 번 상기하면서 감동을 되살려보는 정도가 고작이었다. 그런데 여기에 영화의 마지막 크레디트를 보고 눈물을 흘리는 한 여인이 있었다.

"자꾸 멈칫하게 되고 포기하고 싶을 때면 그 생각해요. 처음 내가 참여했던 영화 마지막 크레디트에 박혀 있던 제 이름이요. '이 하 영' 제가 그 영화에 참여하면서 밤잠 못자고 땀 흘리고 눈물 흘린 거 아무데서도 찾을 수 없지만 오직 크레디트 한 줄에 남거든요. 그걸 보는 게 얼마나 큰 기쁨인데요."

영화 제작팀의 스태프 이하영 선생님의 말이다. 연봉 100만 원이라는 말까지 있을 정도의 직업이 영화 스태프다. 스크린의 뒤편에서 모든 작업을 해오는 이들. 몇날 며칠 제대로 자지도 못하고, 고생을 하는가 하면 배우들이나 다른 사람들에게 멸시를 받는 등 그들의 삶은 이루 말할 수 없이 고달프다. 그래서 사람들에게는 사양직종으로 꼽힌다. 하지만 이들 하나하나의 피와 땀이 없이는 한 편의 영화가 나올 수 없다.

3월의 마지막 날 연극을 한 편 봤다. 관람 후, 연극에 출연한 배우들과 함께 주제와 변주를 하기로 되어 있었다. 평소에 연극을 잘 볼 기회도 없었고, 연극이 볼 기회가 생겼다고 해도 '연극을 볼 바에는 차라리 영화를 보지'는 생각을 하고 있었다. 그러다가 주제와 변주가 겹쳐지게 되고, 호기심도 생겨서 보게 된 것이다. 〈19 그리고 80〉이라는 연극이었다. 19세의 청년과 80세의 할머니의 사랑을 다뤘는데, 처음에는 그 내용 속에서 감동을 받았고, 마치 앞에서 숨쉬는 듯, 실감나게 연기하는 것에 또 다시 가슴이 떨렸다. 그렇지만 이 연극에서 주인공 헤롤드와 모드만큼이나 중요하지만 드러나지 않은 사람들이 있었다. 말 한마디 없이 물개역으로 나와서 '앙,앙' 밖에 하지 못한 물개 먹시가 그렇고, 우리의 뒤편에서 배우들의 최고의 연기를 위해, 연극의 완성도를 위해 부지런히 움직이는 조명 스태프가 그랬다.

"60여 명의 스태프들이 차려놓은 밥상에서 먹기만 했다"고 영화배우 황정민 씨가 말했다. 하지만 이 말은 오히려 우리가 해야 되는 것이 아닐까? 한 편의 영화를 위해 연극을 위해 그들의 피땀 흘리는 사람들을 생각하지 않고는 결코 그 영화를 제대로 봤다고 볼 수 없을 것이다. 사실 한편으로는 부럽기도 하다. 경제적 사정이 여유롭지 못하고, 그들의 삶을 다른 사람의 시선으로 봤을 때는 매우 힘들고 사양직업처럼 보이지만 적어도 그들은 자신이 하고 싶은 일에 자기 자신을 열정적으로 불태울 수 있는 사람들이니까, 누가 뭐라고 해도 자신들의 길을 거침없이 헤쳐가는 이들이 아름다워 보인다. '그러게 우린 미친년들이야. 영화에 미친년들.' 영화에 미치지 않고, 연극에 미치지 않고서 그들은 살 수 없는 이들이다. 뭔가 하나에 미친다는 것, 어찌 보면 진짜 미련하고 바보 같을지는 몰라도 해볼 만한 거 같다. 도전은 하라고 있는 거니까.

꿈과 열정을 품에 안고 달려 나가야 할 우리

한결 : 우리에겐 삶이라는 오직 단 한 번의 소중한 기회가 주어져. 난 아직 내가
누구인지 모르겠어. 또 어떤 삶을 살아갈지, 내가 어떤 사람이 될지. 그런
것들을 떠올리면 머릿속이 언제나 하얀 백지상태가 돼버리고 말아.

지현 : 나도 그래. 아마 아직 우린 성장하는 중이니까 그럴 거야. 하지만 그런
불확실성으로부터 오는 불안은 꼭 슬픈 일만은 아닌 것 같아. 아무것도 그
려지지 않은 도화지는 동시에 더 아름답고, 멋진 것들로 채워질 가능성을
충분히 갖고 있는 것이기도 하니까.

한결 : 맞아. 그 도화지를 무엇으로 채울지는 모두 다 다르겠지. 우린 모두 저마
다 소중한 꿈을 갖고 있어. 공부 때문에 혹은 인간관계 때문에 때론 현실의
벽에 부딪히기도 하지만 그 어떠한 어려움 속에서도 항상 나를 이끌어주던
건 나의 꿈이었어. 어둠 속의 등불처럼 내 꿈은 그렇게 내 길을 밝혀왔어.
하지만 시간이 지날수록, 고등학생이 되고 또 현실에서 살아남기 위해서는
치열한 경쟁의 장에 적응해야만 한다는 사실을 깨닫게 되면서 나는 조금씩
현실과 타협하는 쪽으로 변해가는 거 같아. 내가 하고 싶은 것보다는 내가
해야 하는 일들만이 내 삶을 가득 메우는 듯해. 남에게 보이기 위한 결과,
돈, 명예 등의 희소가치들을 우선적으로 생각하게 되고 그런 과정에서 난
내 꿈을 조금씩 잊어가는 것 같아 서글퍼.

지현 : 나도 평소에 늘 그런 고민에 빠져 있었어. 하지만 오늘에서야 난 비로소
다시 내 꿈을, 희미한 기억 저편에 멀어졌던 그것을 다시 상기할 수 있게

된 거 같아. 아 맞아, 나에겐 큰 꿈이 있었지, 숫자와 성적표들이 나를 대변해주는 것이 아니라 나의 열정과 큰마음들이 나를 이끌어주는 그런 시간들이 있었음을 다시 깨닫게 되었어.

한결 : 꿈……그래, 우리가 무기력하게 살 수밖에 없었던 이유는 우리가 진정으로 하고 싶은 것, 우리의 꿈을 잊고 살기 때문이야. 『스무살 너희가 별이야』를 읽으면서, 〈19 그리고 80〉이란 연극을 보면서 내내 감동할 수 있었던 꿈에 대한 그들의 열정 때문이었어. 우린 그들의 삶이 경제적으로 여유롭지 못하기 때문에 불행할 것이라고 쉽게 생각해버리지만 실제로는 그렇지 않았어. 오히려 정반대였지. 그들은 자신이 하고 싶은 일에 스스로를 열정적으로 불태울 수 있는 사람들이었어. 누가 뭐라고 해도 자신의 길을 거침없이 헤쳐 나가는 이들이 내겐 너무나도 행복해보였어.

지현 : 맞아. 그들의 삶은 예술처럼 감동이었지. 우리도 그들처럼 우리의 삶을 우리가 꿈꾸는 대로, 원하는 것을 하며 살아갈 수 있어. 세상이 우리에게 요구하는 성공의 기준에 우리의 삶을 맞춰갈 필요는 없다고 생각해.

한결 : 맞아. 내 삶은 내가 만들어가는 거니까. 난 오늘에서야 결심했어. 내가 정말로 사랑하는 일을 꼭 찾겠다고. 그리고 그것에 내 열정을 불태울 수 있는 소중하고 후회 없는 삶을 살겠다고 말야.

지현 : 좋아. 우리 모두 자신의 소중한 꿈을 마음속에 품고 열정적으로, 멋지게 한번 인생을 살아보는 거야!

10

공자, 맹자와 만나다

만약 누군가가 '동양고전을 왜 공부하나?' 라는 질문을 한다면, '동양고전을 공부함으로써 서양의 가치 때문에 발생한 현대사회의 수많은 문제점을 진지하게 성찰할 수 있고 해결책을 찾을 수 있기 때문이다' 라고 대답할 것이다. 그러나 이것이 동양고전을 공부하는 수많은 이유들 중 하나가 될지는 모르지만, 동양고전에 접근하는 본질적인 목적은 아니다. 동양이란 개념이 서양에 대비되어 생성된 조어이긴 하지만 우리가 공부하는 이유까지 서양과 비교해서 찾는다면 그것은 반쪽짜리에 불과할 것이다.

그렇다면 우리는 왜 동양고전을 공부해야 되는가? 서양철학에서 추구했던 길은 바로 개개인의 합리적인 이성을 추구하고, 인간실존에 관해 진지하게 다가간 존재론이었다. 그러나 동양철학은 어떤가? 그 출발점을 잠시만 살펴보면 쉽게 알 수 있다. 동양철학의 근원을 살펴보면 중국의 춘추전국시대로 거슬러올라간다. 그 시대는 극도로 혼란한 때였고, 백성들의 생활은 궁핍했다. 이런 시대에 제자백가들은 저마다 시대를 해결할 해결책을 제시했고, 이런 해결책은 인간 개개인보다는 인간 사이의 관계를 살피는 데 치중했고, 이런 관계가 모여 이루는 국가에 주목했다. 때문에 동양철학은 이런 관계론을 바탕으로 한다.

이런 상황은 지금도 마찬가지이다. 인간은 개개인이 각각 떨어져서 살아가는 것이 아니라 끊임없는 상호작용을 통해 관계를 맺으며 살아간다. 그리고

현대사회는 자본주의와 신자유주의에 의해 인간적인 가치가 많이 훼손당하고 있다. 이런 총체적인 흐름에서 우리는 과거 춘추전국시대를 발견할 수 있으며, 인간사회의 본질적인 측면을 볼 수 있다. 자 이제 분명해졌다. 우리가 동양철학의 원류인 동양고전을 공부하는 까닭은 '관계론'이라는 실천적인 입장을 배우고, 그런 입장에서 현대사회에 대한 진지한 성찰과 우리의 삶을 재조명하는 것이다. 그리고 나아가 '나'를 둘러싼 수많은 관계 속에서 진정한 나를 찾아서 확립하는 것이다.

자 그럼 동양고전의 세계로 들어가볼까? 고고! **김지현**

우리가 소통한 책 『강의』-〈공자〉, 〈맹자〉
성공회대학교에서 '고전 강독'이란 강좌명으로 진행되었던 신영복 교수의 강의 내용을 정리한 책이다. 동양의 고전들을 관계론의 관점으로 살펴보고 다양한 예시 문장을 통해 관계론적 사고를 재조명할 수 있도록 구성되어 있다.

"古人(고인)도 날 몯 보고 나도 古人(고인) 몯 뵈"

퇴계 이황의 『도산십이곡』 중 제9곡의 첫 부분인 이 말은 '옛 어른도 나를 보지 못하고 나도 그분들을 보지 못하네' 라는 뜻이다. 여기에서 옛 어른은 공자나 맹자 같은 성현을 일컫는데, 이황의 말처럼 우리는 이미 죽은 공자나 맹자를 만날 순 없다. 그러나 바로 오늘 우리는 2,000년을 뛰어넘어 옛 성현인 공자와 맹자를 만난다.

오늘은 신영복의 『강의』에서 공자와 맹자 부분을 강독하기로 한 날이다. "『강의』수업은 공자, 맹자, 묵자, ……이렇게 한 사람씩 맡아서 집중적으로 공부를 해오는 게 어때? 매주 두 사람씩 친구들 앞에서 각자가 맡은 사람에 관해 풀이하는 식으로 수업하는 게 효율적인 것 같아." 지난주에 아람쌤께서 새로운 방식으로 『강의』 수업을 할 것을 제안하셨다. 또 "나머지 사람들도 이 책을 읽으면서 중간중간 보이는 소제목에다가 자신의 생각이나 내용을 정리하면서 공부해 오렴"이라고 덧붙여 말하셨다. 이렇게 우리는 아람쌤의 말씀대로 『강의』 강독을 시작했고, 지난주에는 서론과 시경에 대해 강독을 했다. 그리고 오늘은 공자와 맹자에 대한 부분의 강독을 한다. 공자는 민규가, 맹자는 진재가 맡았다. 공자와 맹자, 둘 모두 유가를 대표하는 사상가이면서, 평소 우리가 자주 들었던 이름이다. 그래도 다시 생각해보면 그들에 대해서 아는 것이 별로 없는 것 같고, 그래서 지금부터 이어질 강독이 더욱 기대된다. 이윽고 민규가 앞으로 나가서 공자강독을 시작한다.

"모두들 『논어』가 어떤 책인지는 알고 있죠? 『논어』는 공자가 죽은 뒤 공자와 공자의 제자들이 나눈 이야기들을 엮어 책으로 만든 것입니다. 본론으로 들어가기 전에 공자가 살았던 시대부터 살펴보면 공자가 활약했던 춘추전국시대는 철기의 발명으로 인해 제2의 농업혁명기라고 불릴 만큼 광범위하고 혁명적인 변화가 일어났던 때입니다. 그리고 토지 생산력이 높아지면서 농업 생산물도 늘어나고 이 결과로 수공업, 상업의 발달이 이뤄집니다. 뿐만 아니라 전쟁방식도 변화하였는데 몇몇 귀족들이 말이 이끄는 전차를 타고 싸우던 차전에서 평민 병사들의 보병전 중심으로 변화했습니다. 이런 변화들이 모여 부국강병에 의한 패권경쟁이 국가경영의 목표가 되고 침략과 병합이 반복되며, 지금까지의 모든 사회적 가치가 붕괴되고 오직 부국강병이란 하나의 가치로 획일화되는 시기입니다. 춘추전국시대는 구사회의 질서가 붕괴되고 위계질서가 재편되어 제후와 대부의 세력이 강성해져서 중앙 정부로부터 독립하여 나라를 세우게 된 시기입니다. 여기서 주 왕실이 무너지며 왕실 관학을 담당하던 관료들이 민간으로 분산되어 지식인 계층을 형성하게 되는데, 패권을 잡기 위한 정치기구의 확충과 전문적 지식에 대한 요구가 커짐에 따라 정신노동의 상품화가 이루어지는 시기입니다."

어떤 사상을 공부하든 그 사상이 만들어진 시대 속으로 들어가서 사상을 공부해야 한다. 그렇지 않고서 지금의 가치로만 그 사상을 바라본다면 그것만큼 커다란 실수가 없을 것이다. 철저한 역사인식을 바탕으로 그 시대와 사상의 관계를 살펴야지 그 관계를 끌어와서 지금 현실에도 적용할 수 있기 때문이다. 그런 의미에서, 민규는 우선 제자백가가 살았던 춘추전국시대가 어떤 시대인가를 정리한 것이다.

"學而時習之 不亦悅乎 有朋自遠方來 不亦樂乎(배우고 때때로 익히니 어찌 기쁘지 않으랴. 먼 곳에서 벗이 찾아오니 어찌 즐겁지 않으랴.) 이 구절은 『논어』의 첫부분에 나오는 말입니다. 학습은 배우면서 즐거움을 얻기 위해

하는 것이기도 하지만 여전히 많은 사람들은 사회적 신분상승을 위해서 배운다고도 할 수 있습니다. 현대 사회에서도 학생들이 공부를 하는 주된 이유는 상위 학교에 진학해서 더 좋은 직장을 가짐으로써 신분을 상승하려는 욕구 때문이라고 해도 과언이 아닐 것입니다. 공자의 사상 또한 춘추전국시대라는 시대적 배경을 생각하면서 읽는다면 격변기의 사회에서 빈번히 일어나는 신분 변화들로 사회가 재편되고 있는 모습을 볼 수 있습니다.

하지만 여기서는 단순히 배우는 것이 아닌, 여러 조건이 성숙한 적절한 시기에 배운 것을 실천하는 것이라고 이해해야 합니다. 배운 것과 자기가 옳다고 생각하는 것을 실천할 때 진정으로 그 기쁨을 느낄 수 있기 때문입니다. 또한 다음 부분에 朋에 대해서 나오는데, 여기서 친구라는 것은 계급사회에는 없는 수평적인 인간관계입니다. 멀리서 벗이 온다는 것은 신분제를 뛰어넘는 새로운 인간관계가 사회적 현상으로 나타나고 있는 것을 보여줍니다. 이 한 구절을 통해 우리는 논어라는 책의 성격을 볼 수 있습니다. 논어의 핵심은 사회 변동기에 광범위하게 제기되는 인간관계에 대한 담론입니다. 사회의 본질이 인간관계라는 거죠. 사회라는 것은 개인의 집합이기도 하고 정치제도, 생산관계, 소통구조 등 여러 가지로 이해할 수 있는데 결국 이 모든 개념들은 제도와 인간으로 요약할 수 있습니다.

그리고 이 제도와 인간은 인간관계라는 하나의 개념으로 통합할 수 있는 것이고 이러한 개념으로 우리는 사회를 단순히 겉모습만 따져보는 것이 아니라 인간관계라는 사회의 본질을 따져 사회문제에 장기적이고 본질적으로 접근합니다. 이것은 비단 춘추전국시대나 과거의 어느 시대에 국한되는 것이 아니라 우리가 지금 살고 있는 자본주의시대에도 적용할 수 있는 것이고 우리가 미래에 살아갈 또 다른 새로운 시대에도 적용할 수 있는 것입니다. 또 이것은 국가를 다스리는 데뿐만 아니라 개인이 처신하는 데도 적용할 수 있는 글들이죠. 그래서 우리는 지금 논어에 나타나는 인간관계 중 여섯 가지에 대해서 살펴보고 우리 현실에서 일어나는 문제들도 제기해보겠습니다.……"

이렇게 본격적으로 우리는 민규가 준비해온 『논어』 속으로 들어갔다. 덕에 의한 통치, 차이를 인정함, 덕을 바탕으로 한 인간관계, 신뢰, 愛가 동반된 참된 知, 겸손 등을 풀어내고, 그와 관련된 우리 시대의 문제를 제시했다. 2000년 전의 공자의 가르침이지만, 현실의 문제를 해결하는 열쇠로 작용하고 있는 것이었다.

민규의 강독이 끝나고, 이어서 진재가 앞으로 나왔다.

"앞의 민규가 너무 잘해줘서, 부담이 되지만, 그래도 최선을 다하겠습니다. 지금부터 맹자강독을 시작할게요. 맹자는 그 인물 자체보다 '맹모삼천지교'와 같은 고사성어로 더 유명한데요, 사실 맹자를 바라보는 많은 관점이 있지만 그 중에서 이 책을 관통하고 있고, 동양철학에서 서양철학과 가장 두드러지는 차이점인 '관계론'을 중심으로 맹자를 바라보겠습니다."

"공자가 춘추시대 사람이라면 맹자는 전국시대 사람입니다. 춘추시대의 군주는 지배영역도 협소하고 전통의 규제에서 자유롭지 못했습니다. 특히 군주권력이 귀족세력에게 제한받는 제한군주였습니다. 이에 비하여 전국시대에는 군주의 힘이 강력한 절대군주였습니다. 춘추시대보다 국가 간의 경쟁이 치열해졌음은 당연한 것입니다. 수많은 나라가 전국칠웅으로 압축되고, 다시 진나라에 의해 통일됩니다. 음모와 하극상, 배신과 야합이 그치지 않는, 한마디로 난세라고 할 수 있습니다. 이런 때 각국의 군주들은 정치이론에 통달한 학자를 초빙하여 국가경영에 관한 고견을 들었습니다. 맹자를 비롯해서 이런 학자들을 총칭해서 제자백가라고 부릅니다. 이러한 시대의 특성에서 여러 사상들이 꽃피우게 됩니다. 그리고 지금부터 함께 공부할 맹자 역시도 이러한 시대의 영향을 받았습니다.

맹자에서 눈여겨봐야 하는 것은 공자 시대의 유가사상이 맹자 시대에 와서 어떻게 변하는가입니다. 요약하자면 공자의 인(仁)사상이 맹자에 의해서 의(義)로 계승되었다고 보는 견해가 대부분이며, 의란 인의 사회화라고도 할 수 있습니다."

이렇게 시작한 진재의 맹자 강독은 仁의 확장적인 개념인 義, 함께하는 즐거움인 與民樂(여민락), 성선설의 윤리성, 실천적인 의, 관계를 통한 불인인지심의 발현 등을 말했다. 그리고 진재의 강독이 끝나고 아람샘의 말씀이 이어졌다.

"애들아, 오늘 동양에서 가장 큰 흐름인 유교의 뿌리인 두 성현들을 같이 공부했잖아. 그런데 그 성현들이 그냥 그 시대에 사라진 것으로 모든 것이 끝났다고 할 수 있을까. 현대사회는 그 자체로 과거보다 더욱 크고 복잡한 춘추전국시대라고 할 수 있어. 그렇기 때문에 수많은 문제점들이 발생하고 있지. 이제 대답은 뻔하지? 그래. 결국 이런 문제들을 해결하기 위해서 우리는 동양사상을 공부할 필요가 있는거야. 공자와 맹자의 길은 아직도 우리에게 살아 있는, 그리고 걸어가야 할 길이야."

문득 앞에서 말한 『도산십이곡』 중 제9곡의 남은 부분이 떠올랐다.

"古人(고인)을 몯 뵈도 녀던 길 알피 잇늬?

녀던 길 알피 잇거든 아니 녀고 엇뎔고."

'하지만 그분들이 행하던 길은 지금도 가르침으로 남아 있네. 이렇듯 올바른 길이 우리 앞에 있는데 따르지 않고 어쩌겠는가? 는 뜻이다.

　공자와 맹자를 공부하기에 강독시간은 너무나도 짧았지만, 그렇게라도 만날 수 있었던 공자와 맹자는 머릿속에서 그 자체적으로 형상을 갖추었다. 좁게는 仁과 義라는 공자와 맹자의 사상을 공부한 것뿐이지만, 넓게는 인간관계의 총체적인 모습과 방향을 조금이나마 볼 수 있었다. 하지만 진정으로 공자와 맹자가 되살아나는 길은 그들의 사상을 알고, 이해하는 것을 넘어서 실천하는 것일 것이다. 우리 모두는 그렇게 마음속에 공자와 맹자를 그렸다. 오늘은 공자와 맹자가 우리와 인사한 날이다. **유진재**

올바른 인간관계로 좀더 나은 세상을 꿈꾸다 〈『논어』의 인간관계론〉 김민규

모두들 『논어』가 어떤 책인지는 알고 있을 것이다. 『논어』는 공자가 죽은 뒤 공자와 공자의 제자들이 나눈 이야기들을 엮어 책으로 만든 것이다. 나는 지금 논어에 나타나는 인간관계 중 여섯 가지에 대해서 살펴보고 우리 현실에서 일어나는 문제들도 제기해보고자 한다.

첫째로 153쪽을 보면 나라를 다스리는 데는 여러 가지 방법이 있겠지만 크게 보아 덕을 통한 통치와 형벌을 통한 통치로 나눌 수 있다. 형벌로서 사회의 질서를 유지하려고 한다면 백성들은 그저 규제를 간섭과 외압으로 인식하고 진심으로 따르지 않으며 처벌받지 않으려고 할 뿐이고 법을 어기더라도 부끄러움이 없게 된다. 하지만 예와 덕으로 나라를 다스리려 한다면 스스로 부끄러움을 알고 질서가 바로 서게 된다. 이것은 인간관계를 인간적으로 만듦으로써 사회적 질서를 세우려는 우회적 접근이다. 사회의 본질은 부끄러움이다. 그리고 부끄러움은 인간관계의 지속성에서 온다. 하지만 지금 우리 현실 속엔 부끄러움을 모른 채 살아가고 있는 사람들이 너무나 많다. 지속적인 인간관계가 존재하지 않는 사회이기 때문에 그런 것일까? 우리의 사회는 벌써 사회성 자체가 붕괴된 것일까? 생각해볼 필요가 있다.

두 번째로 160쪽을 보면, 우리가 어떤 대상에 대해 인식할 때 그 인식은 근본적으로 다른 것과의 차이에 대한 인식이다. 하지만 사람들은 그 차이를 인정하지 않으려고 한다. 소인은 타자를 용납하지 않으며 지배하고 흡수하여 동화시킨다. 반면 군자는 자기와 타자의 차이를 인정한다. 타자를 지배하거나 자기와 동일한 것으로 흡수하려 하지 않는다. 세계화가 일어나면서 글로벌 스탠더드라는 것이 생겼다. 세계의 기준이라는 것이다. 그런데 항상 이 글로벌 스탠더드는 선진국의 기준이다. 자본을 통해서 개발도상국에 선진국과 동일한 가치관을 전파하여 지배해 나간다. 자본주의의 논리가 바로 지배, 흡수, 합병이라는 同의 논리이다. 和의 논리는 자기와 다른 가치를 존중한다. 지금의 세계화와 신자유주의가 과연 옳은 방향으로 나아가고 있는 것일까? 타자를 지배, 흡수하여 동화시키는 소인과 같은 태도를 가지고 있는 것은 아닐까 생각해보아야 할 것이다.

셋째로 169쪽 아홉째 줄을 보면 민중과의 접촉 국면을 확대하고 그 과정을 민주적으로 이끌어나가고 주민과의 정치목적에 대한 합의를 모든 실천의 바탕으로 삼으라고 나온다. 즉, 덕으로써 인간관계를 맺어가라는 말이다. 하지만 요즘 덕으로 인간관계를 맺어가는 사람이 얼마나 있을까? 각자의 이해관계를 바쁘게 계산하며 행동한다. 이해관계를 따져 인간관계를 맺기보다는, 서로의 입장에서 생각하며 덕으로써 인간관계를 맺는 것이 필요할 것이다. .

네 번째는 신뢰이다. 169쪽에서 신뢰를 얻지 못하면 나라가 서지 못한다고 나온다. 정치란 그 사회의 잠재적 역량을 극대화하는 것이다. 잠재력을 극대화한다는 말은 다시 말해 인간적 잠재력을 극대화하는 것이다. 그 인간적 잠재력의 극대화란 인간성의 최대한의 실현이다. 인간적 잠재력과 인간성이 바로 인간관계의 소산인 것이다. 정치란 신뢰이며 신뢰를 중심으로 한 역량의 결집이다. 이것은 개인의 경우에도 마찬가지이다. 개인의 능력은 그가 맺고 있는 인간관계에 있으며 이 인간관계는 신뢰에 의하여 지탱되는 것이다. 많은 사람들이 능력 있는 사람이 되고 싶어하고 다른 사람으로부터 신뢰받고 싶어한다. 하지만 스스로는 다른 사람을 얼마나 신뢰하고 있을까? 내가 다른 사람을 믿지 못하는데 다른 사람이 나를 믿을 수 있을지 의문이다. 그리고 그런 사람들이 모인 사회에 믿음과 신뢰가 있을까? 제대로 된 정치가 이루어지려면 나부터 다른 사람들을 신뢰해야 한다.

다섯 번째로 172쪽에 참된 지(知)는 사람을 아는 것이라고 한다. 대부분의 사람들이 지식이 많은 것이 지의 수준이 높은 것이라고 생각한다. 하지만 知란 사람을 알아보는 것, 즉 인재를 판단하는 능력을 의미한다고 할 수 있다. 아무리 자기가 아는 것이 많고 뛰어나다고 해도 혼자서는 많은 것을 할 수 없다. 자기와 함께할 다른 사람을 알아보아야 하는데 지적인 사람은 사람을 잘 알아보고 그 사람들과 좋은 관계를 맺는다. 왜냐하면 지인이란 타인에 대한 이해일 뿐 아니라 인간에 대한 이해이기 때문이다. 인간에게 가장 중요한 것은 바로 '인간'이다. 인간을 아는 것이 知라는 대단히 근본적인 담론을 공자는 제기하는 것이다. 모든 지식은 사람과 관계되지 않은 것이 없다. 그래서 知를 알려면 다른 사람을 알아야 하고 서로 관계가 있어야 한다. 내가 알려고 하는 그 사람이 나를 알고 있어야 한다는 것이다. 그러려면 知에는 愛가 동반되어야 하는 것이다. 애정이 있는 대상에 대해서만 진정한 그 모습을 알 수 있는 것이다. 하지만 자본주의 사회는 그런 愛가 배제된 오로지 상품을 팔기 위한 사회이다. 팔리지 않는 것은 폐기되고 모든 사람이 팔리는 것에만 몰두한다. 상품가치와 자본논리가 사회를 지배한다. 이런 환경에서의 지식은 인간에 대한 이해와는 전혀 무관하다. 물건을 파는 데 인간이란 요소는 그저 물건을 팔 대상일 뿐이다. 인간에 대한 이해와 사랑이 없는 사회는 無知한 사회이다.

여섯 번째는 187쪽에 '모든 사람들이 모든 것을 알고 있습니다'라는 부분에서 볼 수 있는데 명석한 판단은 무사에서 오는 것이라고 한다. 즉, 사사로운 욕심이 없다는 것이다. 이처럼 무사하기 때문에 공평할 수 있고 공평하기 때문에 이치가 밝아질 수 있는 법이다. 여기에서의 핵심은 자기의 공을 숨기고 겸손함을 뒷받침하는 무욕과 무사이다. 아무리 거짓으로 치장하더라도 결국엔 다른 사람들은 모두 알게 된다. 역사에서 더 높은 곳에 오르기 위해서 다른 사람을 속이고 거짓으로 현혹했던 사람들은 항상 존재해왔고 지금도 있다. 하

지만 결국엔 다른 사람들에게 신뢰를 잃어버릴 뿐이다. 그래서 우리에겐 항상 겸손하게 자신을 낮추고 솔직한 모습으로 다른 사람과 뜻 깊은 관계를 맺어가는 것이 필요하다.

마지막으로 다시 말하자면 논어는 춘추전국시대에 백가들이 벌였던 고대국가 건설이라는 사회학 중심의 담론 중에 사회의 본질을 인간관계에 두고 있는 그야말로 인간관계론의 보고이다. 사회는 사람과 사람이 맺는 관계가 근본이다. 하지만 우리는 지금 속사람을 만나지 못하고 그저 거죽만을 스치면서 표면만을 상대하면서 살아가고 있다. 그야말로 짧은 만남 그리고 한 점에서의 만남이다. 199쪽에 보면 '아는 것은 좋아하는 것만 못하고 좋아하는 것은 즐기는 것만 못하다'는 구절이 나온다. 아는 것은 대상에 대한 인식이다. 좋아하는 것은 대상과 주체 간의 관계에 대한 이해이다. 즐기는 것은 대상과 주체가 혼연히 일체화된 상태이다. 이것은 주체와 대상이 함께 어우러진 상태이다. 그러니 어떤 판단형식이라기보다는 질서 그 자체를 의미한다고 할 수 있다. 바로 주체와 대상, 제체와 부분이 혼연한 일체를 이룬 어떤 질서와 장이다. 이것은 바로 우리가 지금까지 이야기해왔던 관계의 최고 형태이다. 이 경지에 이르러 비로소 어떤 터득이 가능한 것이다. 우리가 다른 사람들과 만나며 관계를 맺을 때 그것을 단순히 수동적으로 맺어가는 것이 아닌 그 관계를 즐기고 그 사람과 내가 하나가 되는 벽을 무너뜨린 관계를 맺을 때 비로소 진정한 인간관계를 맺을 수 있는 것이고 그러기 위해선 그 관계를 즐겨야 하는 것이다.

모든 문제는 내부에 있으며, 이에 대한 대책은 의(義)이다 『맹자』 유진재

'맹모삼천지교' 라는 고사성어 등을 통해서 이미 친숙한 이름인 맹자를 함께 보겠는데요, 여러분도 서론을 읽어서 알겠지만 이 책을 크게 관통하고 있는 주제는 바로 '관계론' 입니다. 그렇기 때문에 맹자도 여기에 맞춰서 구절 하나 하나에 뜻풀이 보다는 위의 관계론과 관련해서 맹자의 사상을 공부할게요.

맹자에서 눈여겨봐야 하는 것은 공자 시대의 유가사상이 맹자 시대에 와서 어떻게 변하는가입니다. 요약하자면 공자의 인(仁)사상이 맹자에 의해서 의(義)로 계승되었다고 보는 견해가 대부분이며, 의란 인의 사회화라고도 할 수 있습니다. 212쪽을 봐주세요.

맹자가 양혜왕을 만나뵈었을 때 왕이 말했다. "선생께서 천리길을 멀다 않고 찾아주셨으니 장차 이 나라를 이롭게 할 방도를 가져오셨겠지요?" 맹자가 대답했다. "왕께서는 어찌 이(利)를 말씀하십니까? 오직 인과 의가 있을 따름입니다." 라고 하면서 인과 의를 강조합니다. 그리고 그 근거를 서술했습니다. 간단하게 말하자면 '위 아래가 서로 다투어 이를 추구하게 되며 나라가 위태로워질 것입니다. ……만약 의를 경시하고, 이를 중시한다면 남의 것을 모두 빼앗지 않고서는 만족할 수 없을 것입니다. 어진 자로서 자기의 부모를 버린 자가 없고, 의로운 자로서 그 임금을 무시한 자가 없습니다. 왕께서는 오직 인과 의를 말씀하실 일이지 어찌 이를 말씀하십니까? 라는 것이죠.

맹자는 공자의 인 사상과 거기서 확장된 의 사상을 함께 말했습니다. 이것은 앞에서 말한 시대적 배경과도 관련이 깊은데요, 인은 보통 부드러운 느낌을 주고, 그 자체로는 구속력이 약해 보이지만, 의는 인에 비해서 딱딱한 개념이고, 의를 행하기 위해서는 때로는 과격함이 가미되기도 합니다. 이 부분은 조금 있다가 할게요. 어쨌든 전국시대는 공자의 춘추시대보다 더욱 복잡한 난세입니다. 온정주의인 인만 가지고는 모범이 되기 어렵습니다. 그렇기 때문에 여기에 맹자는 의를 강조했던 것입니다. 하지만 그 당시 군주들의 목표는 사회적 정의를 바로 세우는 것이 아니라 바로 부국강병이었습니다. 그래서 맹자의 사상은 군주들에게 채용되지 못합니다. 하지만 인간은 사회적 인간이라는 말도 있듯이 사회적 정의는 중요한 것이죠.

217쪽을 봐주세요.

(한 국가에 있어서) 가장 귀한 것은 백성이다. 그 다음이 사직이며 임금이 가장 가벼운 존재이다. 그러므로 많은 사람들의 마음을 얻게 되면 천자가 되고 천자의 마음에 들게 되면 제후가 되고 제후의 마음에 들게 되면 대부가 되는 것이다. 제후가 (무도하여) 사직을 위태롭게 하면 그를 몰아내고 현군을 세운다. 그리고 좋은 재물로 정해진 시기에 제사를 올렸는데도 한발이나 홍수의 재해가 발생한다면 사직단과 담을 헐어버리고 다시 세운다.

이 부분이 바로 맹자의 혁명적 민본주의 사상이며, 위에서 과격하다고까지 말한 부분입니다. 백성이 가장 소중하며, 만약 제후가 일을 제대로 안 하면 갈아치우라는 내용까지 담고 있습니다. 즉 제후들은 백성에게 잘 보여야 된다는 말입니다. 여기서 이어지는 것이 바로 백성들과 함께 즐긴다는 여민락 사상입니다. 생각해보십시오. 혼자만 잘 놀면 그건 백성들의 눈밖에 나는 행동이고, 곧 갈아치움을 당할 수 있기 때문에 당연히 혼자 놀 수 없는 것이죠. 여민락 장에는 현자라야 즐길 수 있다는 말이 있는데요, 현자는 여민동락하는 사람이 라는 뜻이죠. 그 위치에서 잘리지 않는 사람을 뜻하겠죠. 우리가 여기서 봐야 되는 것은 즐긴다는 여민락의 관점입니다. 오늘날 보통 즐거움, 행복의 조건 은 독락입니다. 다른 사람과 닮는 것을 피하고 다른 사람들과의 차별성에 가 치를 두죠. 그리고 개인적 정서가 낙의 기준이 됩니다. 여민락과 같이 여러 사 람이 함께 나누는 편안함이나 연대 의식은 물론 즐거울 수도 있겠지만 보통의 경우 즐거운 것이 못됩니다. 그저 평범함이죠. 그리고 현대사회에서 평범함은 주목받을 수 없습니다. 222쪽 연한 글씨 맨 마지막을 봅시다.

만약 왕께서 죄를 흉년 탓으로 돌리지 않으신다면 천하의 모든 백성들은 왕에게로 귀의해올 것입니다.

왕이 미리 준비해놓고 백성들과 함께 하라, 즉 여민동락을 실천하라는 말입니 다. 앞에서 '의'란 '인'의 사회화라는 말을 했습니다. 여기서 그 이유를 설명 할게요. 맹자는 성선설을 주장했습니다. 말 그대로라면 인간은 선한 본성을 가지고 있다는 것이죠. 그런데 사실 성선설을 주장한 맹자의 글을 보면 그 근 거가 빈약합니다. 224쪽에서 225쪽에 걸쳐 있는 연한 글자의 내용을 보면 어 린아이가 물에 빠지려고 하는 것을 보면 누구나 측은한 마음이 생긴다는 근거 로 측은지심, 수오지심, 사양지심, 시비지심이 생긴다고 합니다. 사실 논리의 비약이라고도 볼 수 있는데요, 맹자가 이 내용을 이렇게 말한 까닭은 바로 성 선설이라는 이 부분이 다분히 윤리적이고, 이데올로기적이라고 책에는 쓰여 있습니다. 다시 말하면 행위에 대한 당위성 정도가 적당할 것 같은데요, 사단 을 사덕(인, 의, 예, 지)로 실천하는데 명분이 되는 것이 성선설이라는 말입니 다. 인간이 인, 의, 예, 지를 실천해야 되는 이유는 인간의 본성이 그렇기 때문이라는 거죠. 공손추 상에서 제일 중요한 부분은 바로 이런 사단의 확충입니다. 인과 비교를 해보면 당위성과 확충의 개념까지 포괄하는 이런 맹자의 사상이 사회화되었다고 말할 수 있는 것입니다. 또한 우리가 중요하게 봐야 되는 것은 이런 사단의 마음을 가지는 것과 사덕으로 실천되는 것은 바로 관계 속에서 가능하다는 것입니다. 이 말은 곧 인간의 본성은 관계 속에서 정의된다고 볼 수도 있죠. 즉 여러분의 본성에는 측은지심, 수오지심, 사양지심, 시비지심이 다 있다는 것입니다.

229쪽 연한 글씨를 보죠.

화살 만드는 사람이라고 하여 어찌 갑옷 만드는 사람보다 불인하다고 할 수 있겠느냐만 화살 만드는 사람은 (자기가 만든 화살이) 사람을 상하게 하지 못할까봐 걱정하고, 갑옷 만드는 사람은 (자기가 만든 갑옷이 화살에 뚫려서) 사람이 상할까봐 걱정한다. 그러므로 기술의 선택은 신중하지 않으면 안된다.

즉 인을 마음에만 둘 것이 아니라 삶 속에서 실천한다는 말입니다. 하지만 보통은 대장간에서 화살을 만드는 사람이 갑옷도 만들고 하잖아요? 이걸 떠나서 위 구절은 그 사람의 사상은 물론이고 본성도 사회적 입장에 따라서 재구성된다는 것을 말하고 있다고 할 수 있습니다. 즉 본성은 선하더라도 하는 일에 따라서 선하지 않은 일을 한다면, 그 사람은 선하지 않은 게 됩니다. 즉 본성으로서의 인을 사회적으로 확장해서 실천하는 부분까지 생각해야 한다는 것입니다. 이런 사회적 실천으로서의 인이 곧 맹자가 주장하는 의인데요, 사실 이런 의를 실천하는 것 역시 관계 속에서 비롯됩니다. 235쪽 연한 글씨 곡속장의 내용을 보겠습니다.

언젠가. 왕께서 대전에 앉아 계실 때 어떤 사람이 대전 아래로 소를 끌고 지나갔는데 왕께서 그것을 보시고 "그 소를 어디로 끌고 가느냐?"고 물으시자 그 사람은 "흔종에 쓰려고 합니다"라고 대답했습니다. 그러자 왕께서 "그 소를 놓아주어라. 부들부들 떨면서 죄 없이 도살장으로 끌려가는 모습을 나는 차마 보지 못하겠다" 하셨습니다. 그러자 그 사람이 대답했습니다. "그러면 흔종 의식을 폐지할까요?" 그러자 왕께서는 "흔종을 어찌 폐지할 수 있겠느냐. 소 대신 양으로 바꾸어라"고 하셨는데 그런 일이 정말로 있었는지 모르겠습니다.

이에 왕은 그런 일이 있었다고 말합니다. 뭐 사실 소나 양이나 둘다 소중한 생명이라는 관점에서 본다면 왕의 행동은 충분히 비판받을 수 있습니다. 또 소가 아까워 양을 대신 죽인다는 점으로 해석한다고 해도 비판받을 만하죠. 그렇지만 맹자는 이 내용을 물은 것이 왕에게 불인인지심이 있는지 알아보려 한 것이었고, 이 내용을 봐야 하는 관점은 바로 관계론입니다. '본다' 는 것은 곧 '만난다' 는 것이고 '만난다' 는 것은 곧 관계가 있다는 것을 말합니다. 즉 왕은 소와는 관계를 맺었지만 양과는 관계를 맺지 않았기 때문에 그렇게 말 할 수 있었다는 거지요. 우리 사회 역시 마찬가지입니다. 사실 사회에서 일어나는 많은 문제들은 관계의 부재에서 일어나는 경우가 많습니다. 우리 학교의 경우도 최근에 급식문제 때문에 한바탕 논란이 일었었는데요, 그런 문제를 학생, 교사, 학부모, 영양사 및 급식 관계자가 함께 만나서 이야기를 하면서 해결하고 있습니다. 또 책에는 '차마 있을 수 없는 일' 인 식품에 유해 색소를 넣을 수 있는 생산자와 소비자의 만남이 없기 때문이라고 말합니다. 우리 사회는 얼굴 없는 생산과 소비의 구조가 되는 것입니다. 자본주의 사회는 상품사회입니다. 인간관계 역시도 상품교환의 틀에 담기게 됩니다. 즉 인간관계가 상품교환의 형식으로 존재할 수밖에 없는 제도입니다. 서로 보지 못하고, 만나지 못하고, 알지 못하기 때문에 모든 사람이 타자화되어 불인인지심이 원천적으로 봉쇄됩니다.

우리 사회에서 가장 절망적인 것이 인간관계의 황폐화라고 저자는 말합니다. 사회라는 것의 뼈대는 인간관계인데 말이죠. 앞에서 잠시 빼먹었던 부분을 여기서 지적하겠습니다. 231쪽을 연한 글씨 마지막 부분을 보겠습니다.

인이라는 것은 활 쏘는 것과 같다. 활을 쏠 때는 자세를 바르게 한 후에 쏘는 법이다. 화살이 과녁에 맞지 않으면 자기를 이긴 자를 원망할 것이 아니라 (과녁에 맞지 않은 까닭을)도리어 자기 자신에게서 찾는다

문제의 원인을 내부에서 찾으라는 말입니다. 세계는 끊임없는 운동의 실체이며, 그 운동의 원이니 내부에 있다는 것은 세계에 대한 철학적 인식 문제입니다. 반대로 원인을 외부에서 찾는 것은 결국 초월적 존재를 필요로 합니다. 우리의 삶의 자세와 관련해서도 중요한 문제입니다. 저자는 자신의 붓글씨 경험에서 잘못은 전화벨이 아니라 자신의 마음에 달려 있음을 말합니다. IMF 문제 역시 내부에 있다고 말합니다. 사실 우리가 살아가는 이 사회에 대한 문제조차 우리 내부에서 찾아야 되는게 아닌가 싶습니다. 분명 우리가 살고 있는 이 자본주의 사회는 인간관계가 끊어지고, 사람이 상품화되는, 기준이 되는 가치가 자본이 되는 이런 모순적인 사회를 살고 있습니다. 물론 이걸 뛰어넘는 초월적인 존재인 새로운 사회모습을 찾는 것도 필요하지만, 모든 사회에는 문제점이 있기 마련이고 이런 것을 해결하는 것은 그 사회 내부에서 찾아야 된다고 생각합니다.

250쪽 연한 글씨를 보죠.

하늘이 내린 재앙은 피할 수 있지만, 스스로 불러들인 재앙은 피할 길이 없구나. 스스로 먼저 모욕한 연후에 남이 모욕하는 법이며, 한 집안의 경우도 안이 망한다.

이는 자기 발로 실천하는 것 내실을 다지는 것이 가장 중요하다고 말하는 것과 같습니다. 사실 이런 맹자의 사상은 2,000년 이상 지난 현실사회 역시 재조명하고 있습니다. 당시에 맹자의 사상이 수용되지 않은 것은 그 사상이 우원하고 도움이 되지 않는다고 판단해서가 아니라 매우 급진적이고 진보적이어서 수용되지 않은 것입니다. 자본주의가 끊어놓은 관계를 회복하고, 가장 큰 가치가 자본이 아니라 인간관계를 맺는 것이 되도록 하는 것이 맹자의 사상을 수용하여 인간관계가 황폐화된 우리의 현실사회를 조금이나마 바꿀 수 있는 방안이 아닐까 합니다.

인간다움, 사람과의 관계 찾기

지훈 : 수민아 오늘 수업 재밌지 않았니? 민규, 진재 정말 선생님 같았어. 넌 오늘 수업 듣고 무슨 고민이 생긴 것 같은데?

수민 : 오늘 수업에서 관계론을 다루었잖아? 민규랑 진재가 현실을 관계의 부제로 계속 말하니깐 현실을 다시 돌아보게 되었는데 마음이 편치 않아.

지훈 : 그건 나도 그래. 오늘 수업에서 말했던 것처럼 자본주의라는 틀에서 모든 것이 상품화되고 그것들로 인간들의 관계가 만들어진다고 하니 제대로 된 관계를 생각하기 힘들어.

수민 : 그래도 이대로만 있을 순 없잖아. 수업시간에 진재가 어떤 말을 했냐 하면 문제에 접근할 때 그 문제의 외부보다는 내부를 잘 살펴보라고 했어.

지훈 : 그럼 자본주의 사회에서 상품화가 외부적인 것이라고 한다면 내부적인 것에는 무엇이 있을까?

수민 : 내가 생각하기엔 그건 바로 우리라고 생각해. 우리는 어느 시점부터 자본주의라는 틀에 가려 인간관계에 어두웠고 이제는 그런 우리를 우리가 너무 당연하게 보거나 어쩔 수 없는 것으로 인식하는 것이 아닐까?

지훈 : 네 말이 맞는 것 같아. 나도 어느 순간 나를 보았을 때 자본주의라는 것으로 소중한 것들을 많이 잃어버렸다고 안타까워하면서 점점 그것에 순응하는 나를 보게 되었어.

수민 : 나는 우리의 관계에서 나오는 행복, 순수, 믿음, 열정, 사랑, 비판, 증오 같은 것이 아무리 그 관계가 상품으로 되었든 아니든 그건 중요하다고 생

각하지 않아.

지훈: 그래 바로 그거야! 내가 얼마 전에 겪은 일인데 문구점에 준비물을 사러 갔는데 아주머니께서 나보고 인사를 잘 한다고 하시면서 샤프심 한 통을 주셨어, 난 그때 느꼈지. 아무리 돈과 상품으로 이루어진 관계지만 인간의 아름다움은 존재한다고……

난 그런 의미에서 인간의 본성에 대해 생각하게 되었어. 나는 성선설이니 성악설을 떠나 인간은 태어날 때부터 절대적이지는 않지만 착하고 순수하다고 생각해. 그리고 성악설을 주장하는 사람들이 말하는 사람의 태생적 악함을 나는 순수함에서 비롯된 사회성의 이탈이라고 생각해. 그건 사회적 교육으로 맞추어갈 수 있어. 문제는 사회의 구조라고 생각해. 그 구조의 결점은 순수함에서 비롯된 사회적 이탈을 이탈의 관점에서만 본다는 것이지. 근본은 순수한데 말이야. 그래서 그들은 심지어 순수함을 감추거나 순수함과 점점 멀어지는 거지. 그리고 두 번째는 기존의 순수함을 자극해주지 못하는 사회적 구조야. 그런 사람들은 자기 내면의 순수를 잃어버릴 수도 있고 자기 순수의 존재를 망각하는 경우도 있어.

수민: 이렇게 말하고 나니 희망이 보이는 것 같아! 민규의 강의에서처럼 중요한 것은 실천이겠지? 우리 한번 이 자본주의 사회에서 인간의 아름다움이 통한다는 것을 여러 사람들에게 보여주자.

11

실천 없는 생각
=죽어버린 생각

토론(討論). 마땅함을 찾아내려고 여러 사람이 서로 비판적으로 의논하거나 문제를 내어 따져가며 의논함.

우리는 열정적으로 토론해, 마땅함을 찾으려고 했다. 그 마땅함으로, 실천적 방안을 찾아냈어야 했지만, 뭔가 그 마땅함을 증명하고, 알아내려는 데만 급급했던 것 같다. 그래서 사실 토론의 궁극적 목적에 대해서 중요하게 여기기보다는 토론하는 것에만, 문제에 대해서 이야기하는 것에만 초점을 두고 있었다.

그리고 오늘. 우리는 작은 실천적 방안을 실천하지 않음에 대해서 반성했다. 사실 작은 실천이 더 중요하지만, 그것보다 토론에만, 그리고 문제에 대해서 이야기하는 것에만 의미를 둔 우리들. 사실 토론이 정말 좋은 것일 수 있다. 하지만 그저 이야기하는 것에만 그친다면, 그것은 '진정한 토론'이라고 할 수 없다.

우리는 한 달 동안 『희망의 인문학』, 『가난한 사람들을 위한 은행가』 그리고 『빈곤의 종말』 등 여러 가지 빈곤과 가난에 대한 책들을 읽었다. 그리고 그 책을 네트워킹하며 빈곤과 가난에 대한 지식을 쌓아왔고, 또 많은 생각을 나누었다. 그리고 우리가 할 수 있는 것에 대해서도 생각해보고, 어떻게 할 것인가 실천적 방안까지 내놓았다. 하지만 우리는 작은 실천의 의미를 과소평가하고, 실천하지 않았다. 실천하지 않은 우리가 아무리 가난과 빈곤에 대해서 공부했다고 해도, 다 소용없는 지식일 뿐이다. 중요한 것은 자신의 지식과 생각을 통한 작은 실천이다. 그것은 고작일지 모른다. 하지만 그 '고작' 은 자기 자신을 변화시키고, 또 다른 사람을 변화시키고, 그리고 현실을 변화시킨다는 사실. 우리는 그 사실을 알고 실천하는, 행동하는 사람이 되어야 한다. 세상은 우리 스스로의 변화와 실천이 모여 바뀌는 것이다. **박제준**

우리가 소통한 책 『Flow-미치도록 행복한 나를 만난다』

'Flow' 란 어떤 행위에 깊게 몰입하여 시간의 흐름이나 공간, 더 나아가서는 자신에 대한 생각까지도 잊어버리게 될 때를 일컫는 심리적 상태다. 이 책은 행복하게 살 수 있는 요령을 가르쳐주지는 않는다. 딱딱하고 무의미한 우리의 삶을 보다 풍요롭고, 행복과 기쁨으로 충만한 삶으로 만들기 위한 원리들과 이러한 원리들을 삶에 접목시킨 구체적인 예들을 담고 있다. 이 책은 우리가 잃어버린 삶을 되찾도록 해준다.

"나는 너희들에게 진심으로 말하는데 너희들은 왜 진심으로 듣지 않는 거니?"

선생님이 우셨다.

"너희들이 주위에서 《INDIGO +ing》을 나눠줄 친구를 찾는 거 누가 모으기로 했었지? 몇 명이나 모았니?" 이것이 발단이었다. 이런 아람샘의 질문에 우리는 대답하지 못했다. 우리들은 『가난한 사람들을 위한 은행가』, 『빈곤의 종말』, 『희망의 인문학』 등의 책을 통해서 빈곤에 대해서 이야기했고, 그리고 그것을 실천으로 옮기려는 계획도 세우고, 그것을 박원순 변호사님과 함께한 주제와 변주에서 나눔에 대한 이야기를 하기도 했었다. 우리들의 나눔 프로젝트 중 하나가 바로 《INDIGO +ing》 잡지를 친구들을 찾아서 나눠주는 것이었다. 그래서 아람샘은 지난번에 주위에 친구를 찾아보라고 하셨다. 하지만 단한 명도 찾아오지 않은 것이 문제였던 것이다. 모두 고개를 들지 못했다. 속으로는 그런 친구를 찾는 것이 어렵다고 말하고 싶기도 했다. 그러나 우리 앞에서 울고 있는 선생님을 보자 그 생각이 쏙 들어가 버렸다. 왜냐하면 아람샘은 우리가 나태했던 시간 동안 열정적으로 시간을 보내셨고 거기에 비하면 속으로 한 우리의 변명은 그저 자기 합리화에 지나지 않기 때문이다.

이 일이 있기 전 아람샘 수업을 2주나 쉬었다. 수업을 쉬는 2주 동안 아람샘과 선배들은 『오늘의 세계적 가치』의 저자인 브라이언 파머와 10월의 만남을 위해서 미리 그를 만나러 유럽을 다녀오셨다. 그리고 또 우리가 감명 깊게 읽었던 『세상을 바꾸는 대안기업가 80인』의 저자인 실벵 다르니와 마튜 르 루도 만나고 왔다. 수업을 시작하면서 용준 선배가 틀어준 동영상으로 우린 이들을 만나볼 수 있었다. 용준 선배와 슬아 선배는 이제부터 브라이언 파머 교수를 '브람샘'이라고 부르기로 했다는 말에 아직 만나보지도 못한 브라이언 파머 교수에게 친근감이 느껴졌다. 두 선배가 해준 브라이언 파머 교수가 있던 그곳, 스웨덴의 이야기는 우리의 호기심에 불을 질렀다.

"얘들아, 스웨덴에서 연봉 1위 직업이 뭔지 아니?"

뜬금없이 무슨 말인가 했다. 연봉 1위라니. 이렇게 갑작스럽게 말하는 것으로 봐서 절대 평범한 것은 아닌 거 같은데 뭘까? 친구들은 여기에 여러 가지 이름을 불렀지만 모두 아니었다. 그중에서

"버스 기사."

라고 누군가가 말했는데, 이게 가장 비슷하다고 했다.

"배관공이야."

배관공이라니. 확실히 상식을 뛰어넘는 이야기였다. 또 놀라운 한 가지는 보통 법대생이면 우리나라의 경우 거의 다 검사, 변호사를 꿈꾸지만 스웨덴에서는 거의 법학자를 꿈꾼다고 한다. 물론 이 나라에도 단점이 있겠지만, 꿈마저 자본주의의 논리를 따라가는 우리와 비교했을 때 스웨덴은 참으로 새롭게 다가왔다. 그리고 곧 이어서 브람샘에 대해서 말하기 시작했다. 그곳에 갔던 일행 모두를 하나하나 챙기는 그런 섬세함부터 시작해서, 그가 보여준 모습은 우리가 상상했던 '교수' 브라이언 파머보다는 친근한 '브람샘'이었다. 선배들의 말에 의하면 얼마 후에 그가 한국에 오는데 그때는 한국어까지 공부하고 올 사람, 이라고까지 말했다. 그리고 선배들의 마무리 이야기 역시 우리가 다시 한 번 생각하게 했다. 웁살라 대학 도서관에 붙어 있던 말이라고 한다.

"자유롭게 사고함은 고귀하다. 그러나 올바르게 사고함은 더 고귀하다."

우리는 자유롭게 사고하고 있는가? 그리고 그 사고는 올바른가? 그런가?

이런 선배들의 이야기를 들으면서 과연 이런 일들이 정말 내 앞에서 일어나고 있단 말인가 하는 생각과 정말 가슴속에서 뭔가 끓어오르는 듯한 느낌이 전신을 휘감았다. 아람샘과 선배들의 일정 속에 녹아 있는 창조적 열정의 정신을 보면서 나태하게 살아온 나를 반성했다. 아람샘 수업을 듣는 것은 수업을 듣는 게 아니라 삶을 듣는 것이고 삶을 듣는 게 아니라 삶을 체험한다는 생각을 또 한 번 하게 되었다.

이런 이야기를 하고 우리들의 상기된 얼굴이 채 가시지도 않았을 때, 아람샘은 자신의 일을 완벽 그 이상으로 마친 후에 우리에게 맡겨진 작은 일을 물었지만 우리는 아무도 대답하지 못했다. 예전에 잠시 그 이야기가 나왔을 때 확실하게 해뒀어야 한다는 후회보다도, 내 주위에서 일어나는 일에도 관심이 없는 나를 보니 부끄러움에 얼굴을 들 수 없었다.

"책임자를 정하지 않았다고 해도, 너희들 중에 한 명도 그걸 생각하지 못했다는 게 말이나 되니?"

"……"

"죄송합니다."

"뭐가 죄송한데? 지금부터 너희들이 뭘 해야 될지 빨리 생각해봐."

이 말을 끝으로 아람샘은 우리가 함께 이야기하던 그 공간을 나가셨다.

우리는 하나둘 눈치를 살폈지만, 처음에는 무거운 침묵만이 흘렀다. 그리고 곧

"우리가 잘못한 거는 맞지만 이렇게만 있으면 더 잘못하는 거잖아. 모두들 힘내자."

"그래 축 처지지 말고, 이야기해보자."

"빨리 우리 뭘 해야 될지 의논하자."

"나눔 프로젝트 명단 모으는 거 누가 할래?"

"그거 그냥 모으는 거야? 내가 할게."

이어서 간단한 이야기를 하고는 모두들 더 열심히 치열하게 살 것임을 각

자 가슴속에 품었다. 이런 작은 실천도 하지 못하는 우리가 어떻게 세상에 나가서 더 큰 실천을 할 수 있을까?

어쩌면 우리가 실천을 하지 못한 것은 우리가 진심으로 나눔에 대해 느끼지 못했기 때문이 아닐까? 우리의 열정이 부족했던 것은 아닐까?

『데미안』에서 봤던 말이 생각났다.

"네가 생각하는 사람이라는 건 알고 있어, 싱클레어. 그리고 네가 그처럼 깊이 생각한 것을 모두 살리는 의지적인 생활을 하지 않았다는 것도 알고 있어. 물론 나보다도 너 자신이 더 잘 알고 있겠지만 말이야. 그래선 안 돼. 실천으로 옮기지 않는 생각은 차라리 하지 않는 것만 못해. 우리의 생각은 그것을 살리는 데서 비로소 가치를 발견할 수 있는 거야."

그렇다. 우리는 생각한 것을 모두 살리는 의지적인 생활을 하지 않은 것이다. 배우고 느끼는 것도 중요하지만 내가 가슴에 품은 생각과 감동을 실천하는 것은 더 중요할 것이다. 우리에게 가장 필요한 것은 실천하는 힘. 그리고 내가 생각한 것을 실천할 수 있는 용기다. **유진재**

내 모든 것을 현재의 시간 속에 올인한다 **김민규**

과유불급이라는 말이 있다. 지나친 것은 미치지 못함과 같다는 뜻이다. 내가 살아가면서 정말 과유불급을 느낀 것이 있다면 바로 생각이다. 인간은 생각하는 동물이라고 했던 것처럼, 생각하는 것은 인간이 가진 가장 큰 능력중 하나이다. 하지만 너무 많은 생각은 좋은 점이 없는 것 같다.

이 책을 보면 이런 말이 나온다. '목표가 얼마나 중요한가에 따라서, 그리고 그 갈등이 목표수행에 얼마나 위협을 주는가에 따라서 우리의 주의는 그 부조화를 없애기 위해서 동원된다. 그 결과 다른 문제를 다루기 위한 자유로운 주의의 여분은 그만큼 줄어드는 것이다.' 정보가 우리의 의식을 방해할 때마다 우리는 심리적 엔트로피라고 불리는 내적 무질서 상태, 즉 자아기능의 효율성을 손상시키는 상태를 맞게 된다. 이런 상태가 지속되면 우리의 자아는 주의를 집중하여 목표를 수행하는 능력을 상실한다.' '스스로의 모습에 대해서 생각하지 않는다는 것은 지금 현재 잘 지내고 있다는 증거라고 할 수 있다. 이런 긍정적인 피드백은 우리의 자아를 강화시킨다. 그 결과 더 많은 주의를 내면과 외면의 세계에 집중할 수 있다.'

나는 혼자서 머릿속으로 생각을 굉장히 많이 하는 편이다. 그러다 보면 괜한 걱정들도 생기게 되고 지금으로서는 알 수 없는 며칠 뒤의 일이나 몇 주 뒤 혹은 몇 년 뒤의 일까지 생각할 때가 많다. 그럴 때는 대부분의 경우 기분이 좋아지기보다는 앞선 걱정들로 우울해질 때가 많다. 그리고 막상 걱정했던 일들이 현실로 다가오게 될 때는 상상과 실상이 다른 경우가 대부분이다. 그래서 대부분의 앞선 생각들은 별다른 효용을 발휘하지 못한다. 그래서 생각을 하는 것은 좋은 점도 많지만 그저 적당한 정도로 그쳐야 한다.

플로우의 상태는 마음가짐에 달려 있다. 어렵지만 가치 있는 일을 이루기 위해 최대한도로 스스로의 마음과 육체를 바쳐 자발적으로 전력투구할 때 플로우는 일어난다. 이런 경험은 거저 생기는 것이 아니라 우리가 노력해서 만드는 것이다. 그렇기에 단순히 도전해보자. 복잡한 생각 따윈 다 잊어버리고 그냥 내가 지금 도전할 수 있는 것에 내 몸과 마음을 던져버리자. 아무리 걱정한다고 해서 달라지는 것은 하나도 없다. 그저 현재에 나에게 일어나고 있는 것들, 지금 지나가버리면 다시는 돌아오지 않을 이 순간에 나를 바치자. 나의 인생은 내가 살아가는 것이다. 내가 불행할 때 슬퍼해줄 사람은 있을 것이다. 하지만 결국엔 다 나의 몫이다. 내가 불행한 것이지 다른 사람들은 각자의 삶들을 알아서 다들 살아간다. 그러니 행복하지 못하다면 다 나의 손해다. 행복과 불행은 다 내 손에서 이루어지는 것이다. 나에게 주어진 이 상황에서 내가할 수 있는 모든 것과 내가 보여줄 수 있는 모든 것들을 다 쏟아붓는 것이다. 걱정 따윈 필요없다. 두려움도 필요없다. 지금 실패한다면 다시 또 일어서면 되니깐. 그때 다시 도전하면 되니깐. 그러니 그저 난 지금 내 모든 것을 이 현재의 시간 속에 올인한다.

행복은 흐르는 것 **김재승**

나는 행복이란 것에 관해 두 단계로 나누어서 생각을 해보았다. 그것은 일차적 행복과 이차적 행복이라는 것이다. 처음에 나는 행복은 칙센트 미하이가 의미한 'Flow'가 아닌, 다른 의미의 flow로 해석해보았다. 그냥 흘러가는 것, 그리고 아쉬움을 느끼는 것을 행복이라고 생각한다. 즉, 행복의 존재는 항상 과거형이어야 한다는 것이다. 사람의 본능은 더욱 많은 것을 바라고 열망한다. 자신이 원하는 것을 달성한 뒤에는 그 다음 단계에서 갈망하는 것이 존재하고, 또 존재하고 이러한 나선이 뫼비우스의 띠처럼 반복된다. 그리곤 자신의 심리적, 물질적인 위치나 상황이 과거보다 더 낮아지게 된다면 과거를 회상하며 그때의 행복을 다시 갈구하려고 하겠지.

그러나 과거에서 가져온 현재의 행복은 지금 어려운 삶을 살아가게 하는 원동력으로 작용할 수도 있고, 자신의 상황을 부끄럽게 여기고 현실에 주저앉게 만들어버리는 마찰력이 되어 작용할 수도 있다. 칙센트 미하이가 제시한 플로우적인 행복의 야누스적 얼굴을 볼 수 있는 사례이다. 물론, 나는 지금 현재가 행복하다고 느낀다고 반박하는 사람이 있을 수도 있다. 하지만 자신에게 물어보자. 자신이 현재 행복하다고 느끼는 것이 진짜 어느 것에도 구애받지 않고 느끼는 행복인가 아니면 자신을 행복한 자라고 표현하는 타인의 혀에서 나온 행복인가를 말이다. 자신이 눈에 보이는 타인보다 더욱 가진 것이 많기에 느끼는 감정이 행복이라고 생각된다면 그것은 오산이다. 지금 당신이 느끼고 있는 감정은 우월감이고 오만함이다. 그리고 이것은 일차적 행복의 한계이다.

또한, 행복은 과거 기억의 소용돌이 속에서 존재하는 것이기 때문에 사라지지 않는 영원성을 지닌다. 늘 현 상황보다 더 나은 상황을 꿈꾸게 되는 인간의 특성 때문에 그들은 현실의 벽 앞에서 자신을 합리화하면서도 그 벽이 존재치 않았던 것 같던 과거의 행복을 자연스레 떠올리게 된다. 지금까지 내가 언급한 것은 일차적 행복에 관한 것이다. 생애 처음 다가온 과거의 행복이란 것에 대한 열망, 그리고 그것을 다시 얻고자 하는 바람 등을 얻는 계기가 되는 것이 행복의 소실이고, 그것이 일차적 행복에 속한다.그리고 진짜로 시작되는 것이 이차적 행복이다. (지금 내가 언급하는 일차, 이차의 개념은 한 번, 두 번의 횟수적인 의미가 아니라 어느 수준에 달한다는 질적 의미라는 것을 염두해 두자.) 일차적 행복에서의 소실을 통하여 행복이라는 것이 자신의 주위에 있음을 알고 그것을 놓치지 않으려고 노력하는 것이다. 하지만 그 노력은 열망이나 바람이기 보다는 오히려 타인에 대한 관용에 가깝다. 늘 감사하는 마음을 지니고 어떠한 상황이라도 감사할 줄 아는 그러한 관용의 자세. 그것이 이차적인 행복이다. 어느 날, 이차적 행복을 타의에 의해서 소실하게 된다 해도 괜찮다. 이미 그의 마음속엔 진짜 행복의 씨앗이 자라날 환경이 갖추어져 있으니까. 마지막으로 행복은 홀로 존재할 수 없다. 특정한 사물이나, 감정이나, 영혼에 깃들어서 함께 다가온다. 모래판에 글을 쓰는 듯한 미미한 아픔이 아닌, 동판에 끌로 새기는 듯한 아픔과 고통 또한, 행복을 맞아들이기 위한 준비라고 생각하자. flow, 강의 물이 흐르듯이 때로는 잔잔하게 때로는 휘몰아칠 행복을 기다리며 인내하자.

수업후기

실전 없는 생각 = 죽어버린 생각

수민 : 지훈아, 수업 어땠어? 난 선생님께서 그렇게 화내시는 모습 처음 봤어.

지훈: 나도 그래. 아직도 후회와 자책감으로 가슴이 아프다.

수민: 어떻게 선생님 말씀을 단 한 명도 기억 못 했던 걸까. 『희망의 인문학』을 읽고 도움을 필요로 하는 아이들과 함께 나누자고 의견을 내고 토론했던 우리의 시간은 결국 그때 그 자리에만 머물고 있었나봐.

지훈: 더 좋은 가치를 우리와 함께 나누기 위해 애쓰시는 선생님을 너무나도 잘 알면서 무심했던 우리가 너무 한심하게 느껴진다.

수민: 우리와 늘 함께하시겠다던, 혼자가 아니라던 선생님의 말씀이 떠올라서 더 가슴 아팠어.

지훈: 예전에 우리 수업 때 성숙과 순수에 대해 이야기 나눈 거 기억나? 데미안에서 나온 알의 개념과 알바트로스까지 많은 이야기를 했었잖아.

수민: 응, 기억나. 나도 그 생각했었어. 그때는 토론으로 끝났지만 이젠 우리 눈앞에 놓인 알을 깨고 한 단계 더 성숙해야 할 때인 것 같아.

지훈: 우리한테 가장 필요한 게 뭘까? 난 이 공간에서 아람샘과 너희랑 함께할 때면 늘 의욕과 희망에 부풀어 있다가도 다시 일상으로 돌아가면 바람 빠진 풍선같이 되어버리는 것 같아.

수민: 응, 나도 그래. 우리에게 정말 절실한 건 지속성과 능동성인 것 같아. 수업에서뿐만 아니라 일상에서도 수업이 연장 되어 내 삶에 스며들길 원해.

지훈: 그래, 우리가 수업 때 책에서 읽고 함께 나누는 소중한 가치들을 아람샘,

이 공간에서 토론만으로 끝낸다면 결국 쓸모없는 지식들을 머리에 집어넣고 있는 것밖에 되지 않아.

수민: 동감이야. 우리의 궁극적인 목적은 실천과 그 실천에 따른 변화라고 생각해. 우리의 조그만 떨림들이 퍼져 나가 언젠가는 세상을 바꿀 수도 있겠지?

지훈: 응, 우리가 추구하는 가치가 세계에서 필요로 하는 가치잖아. 우리가 지금은 세상을 변화시킬 원대한 꿈을 꾸고 노력하는 청소년들이지만 곧 그 꿈을 실현시키는 청년들이 되어 있을 거라고 믿어.

수민: 응, 그러니까 지금부터 조금씩 작은 일이라도 해내자. 그리고 다신 이렇게 선생님 가슴 아프게 하는 일 만들지 말자.

지훈: 그래. 열정만으로는 아무것도 할 수 없어. 책임감과 의지가 반드시 필요하다는 사실 잊지 말아야 해.

수민: 처음 그때 그 마음으로 돌아가서 다시 시작하자. 잘 할 수 있을 거야.

노자와 장자는 중국 고대사상인 도가의 두 축을 이루는 사상들이다. 나는 이번에 그 중에서도 '장자' 편을 맡아 친구들에게 강독할 예정이다. 강독을 준비하면서 가장 절실하게 느낀 것은 2,000년도 더 된 말들이 지금의 우리에게도 큰 가르침을 준다는 것이다. 이는 한편으론 뿌듯하였고 한편으론 실망스러웠다. 뿌듯했던 이유는 여러 가지로 혼란스러운 지금 우리들의 사회문제들을 해결할 수 있는 열쇠를 그곳에서 찾을 수 있다는 희망에서였다. 하지만 그것은 동시에 실망스러운 일이기도 했다. 노자와 장자는 그것들이 쓰인 당시의 사회를 바로잡기 위한 사상이었다. 하지만 그것이 현재에도 유효하다는 것은 2,000년이 지난 지금도 여전히 많은 문제들이 해결되지 않았음을 뜻한다. 물질적으로만 풍요해졌을 뿐 다른 방향으로는 더 나아진 것이 없다고 생각한다. 우리 시대에 많은 변화가 일어나서 후손들에게는 오늘 우리가 배운 사상들이 당연하고 시시한 것들이 되기를 바란다. 우리가 그렇게 만들 수 있을 것이다. **윤한결**

우리가 소통한 책 『강의』─〈노자〉, 〈장자〉 편

어느 것에도 얽매이지 않는 자연스러운 삶을 추구한 노자와 장자의 사상은 현대를 사는 우리들에게 분명 큰 의미를 가진다. 『강의』의 〈노자〉, 〈장자〉 편에서는 무위자연의 삶을 추구한 노자와 장자의 사상을 우리들에게 말해준다.

아람쌤과 함께한 일요일 Sunday with Aram

지난주 꾸중을 들은 후 모두들 각자의 일주일을 보내고 다시 만나게 되었다. 우리의 잘못을 각자 뉘우치고, 각자 다짐을 했는지, 모두들 숙제를 잘 해왔고, 수업할 준비도 잘 되어 있었다. 그리고 모두, 열정적으로 소통할 준비 또한 되어 있었다.

수업을 시작하기 전에 반장인 민규가 한 가지 이야기를 했다. 내용은 바로 우리 반이 맡은 프로젝트에 관해서였다. 우리 프로젝트의 제목은 '정의로운 세상을 꿈꾸는 청소년, 세계와 소통하다'이다. 우리의 프로젝트에 대해서 간략하게 소개하자면, 우리가 『희망의 인문학』이라는 책을 읽고, 이 책에 나오는 클래멘트 코스라는 가난한 사람들에게 경제적인 도움이 아닌 정신적 도움, 즉 인문학을 가르치는 것과 비슷한 목적을 지닌, 우리가 할 수 있는 일에 대해서 써오는 것이 숙제였다. EBS에서 방영하는 〈지식채널e〉라는 프로그램은 5분 정도 짧게 방영되는, 세계의 우리가 모르는 여러 가지 문제에 대해 다룬 것인데, 한결이는 이것이 정말 좋은 자료라고 생각하고, 다른 청소년들과도 나누기 위해 이 행사를 제시했다.

준비과정에서 많은 어려움이 있었지만 결국 부산 시립미술관 강당을 빌려 마침내 5월 24일에 첫회 행사를 하게 된 것이다. 순서를 어떻게 정할 것인지, 조를 어떻게 짤 것인지, 어떤 주제로 수업할 것인지, 어떻게 하면 자발적인 발표를 이끌어 낼 수 있을 것인지에 대해서 이야기를 나눴다. 사실 3월 고등학교

2학년 생활을 하면서, 반 분위기가 별로 안 좋은데다가, 또 중간고사 때문에 흐름이 끊겼던 터라, 별로 분위기가 좋지 못했던 것이 사실이다. 하지만 이번에 우리가 하는 프로젝트에 대해서 이야기할 때는 달랐다. 차려준 밥상에 먹기만 하는 우리가 아니라 우리가 처음으로 직접 밥상을 차리는 거라 모두 들떠서, 정말 열띤 대화의 장을 형성할 수 있었고, 또 자발적인 참여로, 아주 다양하고 좋은 생각들이 많이 나왔다. 학교에서의 수동적으로 받아들이기만 하는 수업이 아닌, 자발적 참여로 우리들이 하는 프로젝트, 그말이 모두의 마음을 설레게 만든 것이 아닐까?

"처음에 이 행사에 대해서 설명할 때 뭘 말해야 하지?"

"먼저 관련된 동영상들을 묶어서 보고, 그것들의 공통된 주제에 대해서 설명하고……"

프로젝트 전체를 주관하는 한결이와 반장인 민규의 시작으로 대화가 시작되었다.

"아니, 그것보다는 나중에 토론할 때 각 조에서 그 주제를 찾아보는 게 좋을 것 같은데?"

지현이가 말했다.

"그래! 만약에 주제를 먼저 말하고 영상을 보게 되면, 그 주제 안에서만 찾게 되는 틀에 박힌 생각만 할 것 같아."

민규는 꼭 자신이라면 그럴 것 같다는 식으로 말했다. 우리반은 5월 24일 날을 상상하며, 그 날에 우리가 해야 할 일에 대해서 이야기를 나눴다.

아람샘이 들어오셔도 우리는 계속 대화를 했고, 그에 아람샘은

"아니 너희는 나 없이도 수업을 잘 하고 있네?"

라고 아람샘이 웃으시며 말하셨다. 아람샘과 좀더 이야기를 나눈 후, 우리는 그 이야기를 다음으로 잠시 미루고, 책 수업에 들어갔다.

이번주는 『강의』의 〈노자〉와 〈장자〉에 대해서였다.

노자 강독은 수민이가, 장자 강독은 한결이가 맡았다.

도교하면 떠오르는 두 인물이 바로 노자와 장자이다. 흔히 노장사상이라고 함께 부르고, 세부적으로 따져보면 공통점도 있지만, 차이점이 더 많은 인물들이다.

수민이는 언어로 붙은 이름을 참된 이름일 수 없다고 했다. 모든 문화는 언어로 시작되었고 우리는 그런 문화 속에 살고 있다. 그렇다면 우리는 우리를 둘러싼 모든 것들의 의미를 모른 채 살아가고 있고 그렇게 살아야 하는가? 나는 심각한 고민에 빠진다. "내가 살아갈 이 세상은 불명확한 미지의 세계라고.." 하지만 난 어떤 생각이 뇌리에 스쳤다. '세상에는 언어 말고도 표현할 수 있는 것들이 있고 우리는 그것을 언어가 아닌 다른 것으로 표현할 수 있다.' 마음으로 말이다. 그 마음의 결정이 극에 달하면 우리는 '눈물'로 그것을 드러낼 수 있다. 어느 작가가 말했던 것처럼 그래서 눈물은 짠 모양이다. 언어로는 알 수 없는 감정의 조미료들이 뒤섞여 있으니 말이다. 점점 궁금해진다. 마음

으로 느낀다는 건 어떤 느낌이고 정말 눈물은 짠맛일까? 언젠가 그 맛을 보게 될 날이 올 것이다. 그때 난 말하겠지 "눈물은 짜구나. 짜야만 하구나……"

노자의 사상의 핵심은 '무위자연'이라 하겠다. 수민이는 노자가 말하는 '자연'은 자연환경만이 아니라 독립적 의미의 '자연'이라고 했다. 아직 이에 대한 언어가 없어 표현은 못하겠지만 이것은 '인위적인 것'과 반대로서 가장 안정된 상태임은 수민이의 강독에서 알 수 있었다. 시대의 위인이 말하는 '자연' 혼란은 늘 이름을 바꾸어 우리 인식의 한켠을 메우고 있다.

서양 사람들이 노자사상을 배웠다면 자연을 인간의 침범할 수 있는 대상으로 생각할 수 있었을까? (이것은 내가 동양인이라는 것을 떠나서 말이다. 이것도 인위적 차이일 뿐이지만 말이다. 우린 모두 이 땅의 생명이고 유기적 관계를 갖는 유기체이기 때문이다.) 노자 사상이 그들의 욕망을 멈추게 할 수 있었을까? 이미 편리의 단맛을 본 그들에게 노자사상을 들이미는 것이 미친 것인 줄은 알지만 나에겐 조금의 안타까움은 있다.

하지만 현실은 자본주의와 미국의 제국주의임은 부정할 수 없는 현실이다. 그럼 누군가 혁명가라고 말한다면 그는 분명히 현실에 만연한 이데올로기와 맞서는 사람일 것이다. 그리고 이제 막 그 길의 존재를 알아가고 있는 자들이 있으니 그것은 바로 '우리'다. 지금은 인디고 아이들이지만 언젠가는 그 아이들이 이 땅의 모든 꿈을 가진 아이들이기를 바란다. 그런 의미에서 이번 활동이 그것과 맞닿는 작은 발걸음임을 나는 확신하고 언젠가 그것이 그렇게 되도록 '우리'는 힘찬 날갯짓을 할 것이다.

그리고 수민이는 노자의 철학을 '물의 철학'이라고 했다. 나는 수민이가 말한 물의 여러 속성 중 연대에 관심이 간다. 작고, 소외되고, 억압받는 낮은 존재지만 물은 수많은 개인 간의 연대를 맺는 큰 하나가 된다는 것에 말이다. 노자의 바람이 이런 연대가 아닐까? 눈앞에 놓인 현실에 대해 깊은 고민을 했던 그의 생각에서 비롯됨을 보면 말이다. 지금도 그와 다르지 않다. 연대가 필요하다. 작은 것들이 모여서 서로의 아픔에 관심을 기울이고 서로 힘이 되는

하나의 공동체가 그것이라 생각된다. 지금은 그것이 나의 작은 이상으로만 느껴지지만 당장 인디고 아이들만 보더라도 그것은 작은 한 걸음이라고 생각해 보면 나의 이상이 현실에 될 날이 멀지 않았다고 생각된다.

예나 지금이나 세상 사람들 모두, 나 역시도 선입견과 편견의 틀 안에서 헤어나오지 못하고 있다. 이러한 사소한 편견이나 아집들로 인하여 질투나 다툼이 생겨나게 되는 것은 아무도 부정할 수 없는 사실이다. 장자는 오리 다리와 학 다리를 예로 들어 이러한 사람들의 모습을 비판하였다. 오리 다리가 짧다고 하는 것, 학 다리가 길다는 것으로 보는 시각조차 어쩌면 우리들의 편견에서부터 비롯된 것인지도 모른다. 오리의 다리가 짧다고 늘인다거나, 학의 다리가 길다고 자른다면 오리와 학 모두의 우환이 되는 것이다. 이처럼 인간 역시도 자신만의 굴레를 만들어서 자신 스스로 그 고통을 만들어나가거나 혹은 타인을 괴롭히며, 적을 만들고 또한 동지를 만들게 된다.

편견의 틀에서 벗어나지 못하는 것은 인간뿐만이 아니다. 바로 사회이다. 인간이 법을 만듦으로써 법을 지키지 않는 사람이 생겨났고, 효라는 인위적인 예를 만들어냈기 때문에 효자가 생긴다고 장자는 말하였다. 모순적으로 들리지만 맞는 말이다. 사회는 인간이 만들어낸 인위적인 편견에 쌓여 있다. 사회 사상은 전체 사회 구조로서의 사회체제 내지 사회제도의 바람직한 모습에 관한 체계적인 틀이다. 그러나 장자의 입장에서 보면 이런 사회사상도 인간이 옳다고 믿는 한 선입견에 지나지 않는다.

장자는 선입견과 편견을 버리고 세상을 더 넓게 보라고 한다. 그러나 이미 자신만의 색안경에 익숙해진 나로서는 색안경을 벗은 새로운 모습을 접하는 것이 힘들다. 색안경으로 보면 사물의 진실된 모습을 볼 수 없다는 것을 알면서도 가끔 그 색안경이 벗겨지지 않게 붙잡고 있다. 그런 모습에 화가 났었다. 특히나 학교에서 반 친구들에게 관대해야 하며 포용할 줄 알아야 하는 위치에서 아직도 친구들의 외적인 것만 바라보는 내 자신이 참 답답했었다.

그러던 중 시각장애인들을 위한 봉사활동을 하게 되었다. 한 번도 시각장애인들을 보지 못한 나는 처음에는 그들을 어떻게 대해야 할지 몰랐다. 내가 보인다고 해서 그들도 볼 수 있는 것이 아니기 때문에 조심스러웠고, 마치 연극을 하듯 무슨 말을 건넬지 종이에 적어보기도 했다. 그들과 매주 만나면서 이야기를 하면서 나는 정말 부끄러워졌다. 그들은 나보다 훨씬 아이같이 순수한 마음의 눈으로 세상을 바라보고 있었던 것이다. 어떤 분께서는 오히려 세상을 안 보는 것이 편하다고 말씀하셨다. 그에게 어둠은 두려움의 대상이 아닌 오히려 고요 속의 편안함의 공간이라고 하셨다. 또한 그는 눈으로 직접 보면 그 사물의 외관에만 집중하게 되지 그 사물의 속까지는 볼 수 없고, 볼 수 있다 해도 이미 그 사물의 편견이 지어지기 때문에 왜곡된 시선을 가질 수밖에 없다고, 힘든 일이 있으면 눈을 한번 감고 생활해보라고 말씀하셨다. 그러고는 자신이 안내해줄 테니 한번 눈을 감고 걸어보라고 하셨다. 무심코 지나쳤던 새의 지저귐이 그렇게 청아하고 맑게 들리고 파도의 향기가 그렇게 시원할 줄은 몰랐다. 매주 토요일마다 그들과 만나, 보이지 않는 자들이 보는 세상을 느끼면서 이미 나의 색안경에 금이 가있는 것을 느낄 수 있었다.

그래서 괴롭고 힘든 일이 있을 때마다 그 장애우분께서 가르쳐주신 방법으로 대상을 보려고 하였고 내 스스로 만든 고통에서 아주 조금씩 멀어짐을 느꼈다. 장자는 이미 이러한 방법을 알고 있었을지도 모른다는 우스운 생각을 하면서 아마도 내가 커가면서 천천히 색안경을 벗은 것에 익숙해질 것 같다는 확신을 갖기도 했다. 목이 아픈데도 열심히 강독을 준비해온 수민이도, 장자에 대해 인상깊게 강독해준 한결이도, 나에게 좀더 사유를 확장할 기회를 준 것 같아 고맙게 생각한다. 이렇게 한 시간, 두 시간, 수업시간이 늘어갈수록, 나는 조금더 깊은 사유를 할 수 있게 되고, 언젠가는 세상에 대한, 이미 조금 금이 가 있는 내 색안경을 완전히 벗어버릴 수 있지 않을까 하는 생각이 들었다. **김지현**

자연스레 흐르는 물이 최고의 미(美)이자 선(善)입니다 『노자』 윤수민

노자 사상의 핵심은 도(道)라는 것은 누구나 다 아는 사실입니다. 하지만 그 '도'가 무엇인가에 대해서는 잘 알지 못합니다. 노자의 체계에서 도라는 것은 자연의 생성변화입니다. 자연은 계속 순환하기에 그는 나아감(進)을 말하기보다는 되돌아옴(歸)을 말하려 합니다. 노자의 사상을 현대로 끌어와 의미를 조명해본다면 모순투성이인 현대 자본주의의 모순구조를 밝히고 자본주의의 문화의 허구와 총체적 낭비체계를 드러내는 것입니다. 257쪽부터는 『노자』에 관한 설명입니다. 여기선 제가 따로 설명드릴 게 없을 것 같아서 1장으로 바로 넘어가겠습니다.

262쪽 1장의 핵심적 내용은 무(無)와 유(有)의 개념입니다. 해석본을 읽다 보면 이 둘은 하나에서 나왔으되 이름이 다르다는 구절이 있습니다. 무(無)와 유(有)는 같은 것의 두 측면이라는 말입니다. 무(無)는 천지의 시작을 일컫는 것이고 유(有)는 만물의 어미이기에 모든 것의 시작의 두 측면입니다. 노자 철학에서 무(無)는 없음을 의미하는 것이 아니라 인식을 초월한다는 것을 의미합니다. 이름을 짓고 개념을 규정하여 한계를 만들어내는 인간의 인식을 초월한다는 것입니다. 이름을 붙인다는 것은 인간의 인식 안으로 들어왔다는 것을 의미합니다. 따라서 의미가 상통하기에 무(無)와 명(名)을 붙이고 유(有)와 명(名)을 붙여서 읽고 해석해도 크게 달라지진 않습니다. 하지만 붙여서 읽는다면 마지막 구절의 차양자동 출이이명(此兩者同 出而異名)에서 양자란 무명(無名)와 유명(有名)을 의미하게 되기에 그럼에도 불구하고 그 이름이 다르다는 출이이명(出而異名)이란 말은 모순이 됩니다. 무명(無名), 즉 이름이 없고 유명(有名), 이름이 있다는 것인데 이름이 다르다는 것은 말이 되지 않기 때문입니다.

267쪽에는 여태까지의 내용이 간략하게 요약되어 있습니다. 마지막으로 동위지현 현지우현(同謂之玄 玄之又玄)이라는 구절이 있습니다. 여기서 현(玄)은 아는 바와 같이 검을 현(玄)입니다. 단순한 검은색이 아니라 무(無)를 상징하는 검은색과 유를 의미하는 붉은색을 혼합한 색이 바로 현이라는 것입니다. 따라서 현을 근원적인 도의 본체라고 볼 수 있습니다. 마지막으로 여기서 정리할 것은 우리의 언어로 붙인 이름은 참된 이름일 수 없다는 것입니다. 개념이란 그릇은 너무나 작기에 실체를 옳게 드러내지 못합니다. 개념이 없으면 존재가 없다는 서양의 사유와는 다르죠. 인간의 인식은 천지 만물의 생성과 변화 그 자체를 의미하는 도를 인간의 인식이 담아낼 수는 없고 도리어 인간의 인식이 그것의 일부를 구성한다는 것이 노자의 철학적 체계입니다.

2장은 상대주의와 무위에 대해 이야기하고 있습니다. 미(美)와 선(善)의 개념을 예로 들며 이 둘을 상대적인 것이라고 말합니다. 특히 미와 선은 시대에 갇혀 있는 사회적 개념입니다. 이러한 인위적 특성을 반성하자는 것이 이 장의 핵심입니다. 세상 만물을 상대적인 것이며 상호전환하는 것입니다. 최고의 미와 최고의 선은 자연에 있다는 것이 노자의 인식입니다.

'유무상생(有無相生) 난이상성(難易相成) 장단상교(長短相較) 고하상경(高下相傾) 음성상화(音聲相和) 전후상수(前後相隨)'

이 구절에서도 유무(有無), 난이(難易) 등의 구분 자체를 부정하며 인위적인 개입이 결국 불필요한 차이를 생산한다는 것을 말합니다.

'성인은 무위의 방식으로 일하고 무언으로 가르쳐야 한다. 만물은 (스스로) 자라나는 법이며 간섭할 필요가 없다. 생육했더라도 자기 것으로 소유해서는 안 되며 자기가 했더라도 뽐내지 않으며 공(功)을 세웠더라도 그 공로를 차지하지 않아야 한다. 무릇 공로를 차지하지 않음으로 해서 그 공이 사라지지 않는다.'

이 구절에서는 위정자의 올바른 자세에 대해 말합니다. 인식에 있어서의 잘못된 인위적 관념을 분명하게 지적하면서 올바른 실천방법을 제시하는 것입니다. 무위의 방식으로 일하고 무언으로 가르치는 것을 가장 바람직하게 여기고 있습니다. 결국 이 장에서는 잘못된 인식의 반성 후에 올바른 방식의 실천을 요구하는 것입니다.

3장에서도 결국 노자가 하고자 하는 말은 그가 무위자연의 정치론입니다. 인위로 둘러싸인 현을 숭상하지 말아야 하고 자연과 가장 가까운 농부만이 일찍 도를 따르게 된다고 말합니다. 현이 자연의 2차적 재구성인 것처럼 화(貨)도 자연산이나 농산물이 아닌 공산품입니다.

오늘날의 문제로 끌어와 본다면 자본주의 사회 비판으로 해석할 수 있습니다. 욕망 그 자체를 생산해내는 이 체제 속에서는 모든 것이 상품화되고 있습니다. 상품만이 소통방식으로 존재하고 지식조차도 생산되고 유통되는 세상 속에서는 도무지 무욕할 수도 없고 부지할 수도 없는 것이 우리의 현실입니다. 이러한 자본주의의 구조와 현실을 깨닫는 것이 노자의 현대적 재조명이라고 생각할 수 있습니다. 노자는 또 지자들이 작위적인 일들을 벌이지 못하도록 해야 한다고 합니다. 자연의 법칙을 존중하고 무위의 방식으로 일을 행해야 한다는 것입니다.

그리고 노자는 나라를 다스리는 일을 생선 굽는 것에 비유합니다. 생선이 익을 때까지 기다리지 못하고 이리저리 뒤집다가 부스러뜨리는 것이 우리들의 고쳐지지 않는 버릇입니다. 한 정책을 정할 때 신중하게 생각해서 계속 바꾸지 않고 일관되게 유지해 나가야 한다는 의미를 담고 있지 않나 생각해봅니다. 제3장에서는 특히 세계에 대한 적극의지가 드러납니다. 무위는 목적이나 가치가 아니라 실천의 방식입니다. 무위가 곧 무행을 의미하는 게 아니라는 것은 특히 이 장에서 잘 알 수 있습니다. 다만 방식이 유원하고 근본을 경영하는 것이란 점이 다른 사상과 다를 뿐입니다.

다음은 제8장입니다. 노자 철학을 한마디로 '물의 철학'이라고 합니다. 노자가 물을 최고의 선과 같다고 하는 까닭은 세 가지입니다. 첫째는 만물을 이롭게 한다는 것이고 둘째는 다투지 않는다는 것 그리고 셋째는 사람들이 싫어하는 곳에 처한다는 것이지요. 다투지 않는다는 말은 소극적 의미로 해석해서는 안 되고 물 흐르듯이 자연스럽게 하는 것이라고 생각해야 합니다. 과도한 목표 추구나 순조롭지 못한 진행과정에서는 융통성이 필요하기 마련입니다. 그리고 사람들이 싫어하는 곳에 처한다는 것은 낮은 곳에 처한다는 뜻이며 약한 존재라는 것입니다. 낮은 곳은 비천한 곳, 소외된 곳, 억압받는 곳 등으로 해석할 수 있습니다. 가장 약하지만 많은 가능성을 가지고 있는 것이 바로 물입니다. 바로 민초가 그렇습니다. 약자가 강자를 이기는 이유는 무엇보다도 약자 편이 다수라는 사실에 있습니다.

강자의 힘은 그 개인에게 있는 것이 아니라 다수의 약자들에게서 나오는 것이지요. 다수는 곧 힘이자 정의라고 말하지만 반드시 다수가 정의와 힘을 의미하진 않습니다. 다수가 힘을 지니고 정의를 지니고 있을 때 곧 진정한 의미의 다수가 된다고 생각합니다. 그러기 위해서는 분산된 역량이 결합되어 연대를 이루어야 합니다. 진정한 연대란 곧 노자의 물입니다. 낮은 곳으로 지향해야 한다는 것이지요. 약자들이 연대해 나가는 하방 연대방식이 진정한 결집 방법이라고 합니다. 다음 구절에서는 거선지(居善地);현실에 토대를 두고, 심선연(心善淵);사사로운 목표를 경계해야 하며, 여선인(與善仁);동지적 애정으로 결속해야 한다고 합니다. 그리고 언선신(言善信);주장이 신뢰를 받을 수 있어야 하고, 정선치(正善治);평화로운 방식으로 최대의 자발성과 창조성을 이끌어내야 하며, 사선능(事善能);전문적인 능력으로 일을 처리해야 하고 동선시(動善時);때가 무르익었을 때 움직이는 것을 의미합니다. 그리고 마지막 구절, 유부쟁(唯不爭) 고무우(故無尤);오직 다투지 않음으로써 허물이 없다.

제11장에서도 역시 무와 유의 관계에 대해 이야기합니다. 해석본의 마지막 문장을 보면 잘 알 수 있습니다. '유가 이로운 것은 무가 용이 되기 때문이다.' 노자는 눈에 보이는 유를 말하기보다는 그 배후에 있는 무를 드러내려 합니다. 모든 현상의 숨겨진 구조를 주목해야 한다는 것이지요. 한 잔의 커피 뒤에는 많은 이들의 고된 노동과 착취가 존재하고 있음을, 햄버거용 소고기 100g에 물 2000L와 숲 1.5평이 사라진다는 사실을 알아야 한다는 것입니다.

제17장에서는 바람직한 군주에 관해 설명합니다. 가장 이상적인 정치는 백성들이 임금이 있다는 사실을 모르는 것입니다. 임금의 권력이 백성들의 삶에 영향을 미치지 않는 것이지요. 그리고 지도자의 가장 중요한 품성을 민중에 대한 신뢰와 민중의 신뢰를 받는 것이라고 말합니다. 이런 상호신뢰 구축을 위해서는 다음 구절을 봐야 합니다.

'유혜(悠兮) 기귀언(其貴言) 공성사수(功成事遂) 백성개위(百姓皆謂) 아자연(我自然)'

유혜(悠兮)는 변함없는 진리성을 이야기하고 기귀언(其貴言) 공성사수(功成事遂)에 대해서는 두 가지로 해석할 수 있습니다. 자기가 이룩한 일을 생색내지 않는 것으로 해석할 수도 있고 간섭하지 않는 상태에서 일이 성취되는 것으로 해석하기도 합니다. 더욱 중요한 것은 다음 구절인 백성개위(百姓皆謂) 아자연(我自然)입니다. 백성들이 스스로에 대한 신뢰를 갖도록 해야 합니다. 공을 세우더라도 모든 성취는 백성들이 스스로 한 것이라고 믿게끔 해야 한다는 것입니다. 그래야 진정한 믿음이 존재할 수 있다고 합니다.

제45장의 핵심적 개념은 대(大)입니다. 그리고 최고의 개념인 대의 기준은 역시 자연이지요. 자연스러움이 최고의 형식이 되고 있습니다. 대성약결(大成若缺) 대영약충(大盈若沖) 대직약굴(大直若屈) 대교약졸(大巧若拙) 대변약눌(大辯若訥) 모두 일정한 형식에 얽매이지 않으며 상대적인 인식과 융통성을 지녀야 한다고 말합니다. 마지막 대변약눌(大辯若訥)에 대해서 좀더 얘기해보자면, 언어는 단지 소통의 수단일 뿐이기에 정확한 의미소통을 위해서는 말을

더듬고 느리게 해야 한다는 것입니다. 그렇게 해야 말과 의미의 불일치를 조정할 수 있는 여유가 생긴다는 것이지요. 마지막 구절에서 천하의 올바름은 곧 자연의 질서를 의미하는 것으로 너무나도 당연한 노자의 사상이 담겨 있습니다.

마지막 제80장에는 노자의 이상국가가 담겨 있습니다. 해석본에 모든 내용이 있기에 따로 설명드리진 않겠습니다.

『노자』의 5장을 통해 노자의 사상에 대해 알아보았습니다. 마지막으로 노자 사상을 간략하게 정리해보겠습니다. 노자의 자연은 자연환경만을 의미하는 것이 아니라 그 자체로 독립적 존재입니다. 최초의 존재이며 동시에 최후의 존재이기에 가장 안정적인 질서가 바로 노자의 자연입니다. 도는 곧 자연의 순환을 의미합니다. 따라서 노자의 철학을 귀본 철학이라고도 합니다. 마지막 이 구절로 강의를 끝내겠습니다. 이 구절은 노자 사상의 핵심이라고 볼 수 있습니다. 인법지(人法地) 지법천(地法天) 천법도(天法道) 도법자연(道法自然); 사람은 땅을 본 받고 땅은 하늘을 본받고 하늘을 도를 본받고 도는 자연을 본받는다.

9만 리 장공을 나는 붕새의 눈으로 세상을 바라보다
-다름을 인정하되 분류하진 말자-〈장자〉 윤한결

맹자와 같은 전국시대 사람인 장자는 전국시대를 통하여 가장 많은 전란의 피해를 입었다고 하는 약소국 송나라의 몽이라는 곳에서 태어났습니다. 전쟁과 영토 확장이 국가의 목적이었던 이때, 강대국의 틈바구니 속에서 힘없는 약소국 백성으로 살아간다는 것은 어땠을까요?

저는 전쟁을 잘 모르지만 목욕탕에서 만났던 아저씨께 들은 바로는 전쟁은 사람의 목숨을 가볍게 만드는 것이었습니다. 그 아저씨는 우리 주위에서 흔히 볼 수 있는 착한 아저씨였는데 젊었을 때 베트남전에 참전하신 이야기를 해주셨습니다. 시골에서 무작정 상경해 돈을 벌어야겠다는 생각에 참전한 베트남전에서 처음에 자기가 쏜 총에 사람이 죽은 것을 확인했을 때는 하루 종일 밥도 못 먹고 밤에 잠도 안 오고 했답니다. 그런데 나중에는 사람 한 명을 죽이는 것이 파리 한 마리 잡는 것처럼 쉬워졌고 결국 한국으로 돌아올 때쯤에는 사람 목숨으로 장난도 치고 내기도 할 정도가 되었다고 했습니다.

장자가 살았던 시대는 사람들의 생각이 이보다 더하면 더했지 덜하진 않았을 것입니다. 그렇다면 바로 옆의 사람들이 전쟁 때문에 창칼에 찔려 죽고, 굶어 죽고, 집을 잃고 떠도는 것을 보며 장자는 어떤 생각을 했을까요? 장자가 가장 먼저 생각한 것은 도대체 사람들은 왜 싸우는 걸까라는 물음이 아닐까요? 싸우려면 싸우려는 적이 있어야 됩니다. 하지만 우리가 태어나면서 누군가와 싸워야 된다는 운명을 가지고 태어나는 것은 아닙니다. 싸우는 대상은 하늘이 정해주는 것이 아니라 인간이 만드는 것입니다. 321쪽을 보면 이것과 저것, 저것과 이것이라는 글이 나옵니다.

> 사물은 어느 것이나 저것 아닌 것이 없고 동시에 이것 아닌 것이 없다. (그럼에도 불구하고 우리는)상대적 관점에 서면 보지 못하고 주관적 관점에서만 본다. 그래서 저것은 이것에서 나오고 이것은 저것으로부터 말미암는다고 하여 이것을 '저것과 이것의 모순 이론'이라고 하는 것이다. 생과 사, 사와 생 그리고 가와 불가, 불가와 가는 (서로가 서로의 존재 조건이 되는) 모순관계에 있다. 가가 있기에 불가가 있고 불가가 있기에 가가 있는 법이다. 그러기에 성인은 특정한 입장에 서지 않고 하늘에 비추어 본다고 하는 것도 역시 이 때문이다.

적이 있어야지 동지가 있을 수 있는 것입니다. 만약 적이 없고 모두가 동지라면 동지라는 말이 필요할까요? 지옥이 없다면 천국은 있을까요? 히틀러가 장자를 공부했다면 과연 세계 2차 대전이 일어났을까요? 같은 인간도 성별에 따라 남자, 여자 피부색에 따라 백인, 흑인, 황인, 혈통에 따라 게르만족, 한족, 몽고족, 유대족 등으로 나뉘고 이 나뉜 집단끼리 싸움이 일어납니다.

그리고 인간이 분류하는 것은 인간뿐만이 아닙니다. 인간은 자연도 분류해서 싸워야 할 대상으로 만듭니다. 그것이 결국 지금 가장 위험한 세계적 문제로 떠오르는 환경파괴의 원인입니다. 즉 모든 갈등과 분쟁은 '넌 나와 달라'라고 하는 구분에서 생겨난다는 것이죠.

그렇다고 장자가 우리 모두가 똑같다고 주장하는 것은 아닙니다. 오히려 우리는 모두 다르고 그것을 인정해야 한다고 주장합니다.

325쪽에 '학의 다리가 길다고 자르지 마라' 라는 글을 보시죠.

> 그렇기 때문에 오리의 다리가 비록 짧다고 하더라도 늘여주면 우환이 되고, 학의 다리가 비록 길다고 하더라도 자르면 아픔이 된다. 그러므로 본래 긴 것은 잘라서는 안 되며 본래 짧은 것은 늘여서도 안 된다. 그런다고 해서 우환이 없어질 까닭이 없다. 생각건대 인의가 사람의 본성일리 있겠는가! 저 인을 갖춘 자들이 얼마나 근심이 많겠는가.

인간이 자신의 잣대로 자기가 옳다고 생각하는 틀을 만들어 인간을 평가하고 자연을 평가해서 그 틀에 맞지 않으면 그에 맞게끔 구겨 넣으면 안 된다는 말입니다. 그게 아무리 훌륭한 성인군자, 즉 공자, 맹자의 '인', '의' 라고 할지라도 말이죠. 349쪽을 보면 그에 관한 혼돈과 일곱 구멍의 이야기가 나옵니다. 남해 임금 숙, 북해 임금 홀, 중앙의 임금 혼돈이 있었는데 혼돈이 두 임금을 잘 대접하자 숙과 홀이 다른 사람에게는 다 있는데 혼돈의 얼굴에만 없는 일곱 개의 구멍을 일주일 동안 하루에 하나씩 뚫어주었더니 7일 만에 혼돈이 죽어버렸다는 것입니다. 여기서 혼돈은 자연이고 구멍을 뚫는 행위가 바로 자연을 인위적으로 분별하는 것입니다.

결국 장자가 주장하는 것은 세상을 좀더 넓게 보자는 것입니다. 좁게 보면 세상은 무한히 구분할 수 있습니다. 우리 사람의 몸은 수십억 개의 세포로 구성되어 있습니다. 하지만 우리는 사람을 하나의 개체로 인식합니다. 그리고 지구에 사는 몇십억 명의 인간은 남자, 여자, 황인종, 흑인종, 백인종, 이렇게 여러 가지로 구분되지만 외계인의 눈으로 보면 모두 같은 인간입니다. 그렇다면 나비와 인간은 어떨까요? 장자에 의하면 나비와 인간도 구분될 것이 없는 존재입니다. 344쪽에 유명한 나비 꿈 이야기가 나옵니다.

> 어느 날 장주가 나비가 된 꿈을 꾸었다. 훨훨 날아다니는 나비가 되어 유유자적 재미있게 지내면서도 자신이 장주임을 알지 못했다. 문득 깨어보니 다시 장주가 되었다. (조금 전에는)장주가 나비가 된 꿈을 꾸었고 (꿈에서 깬 지금은) 나비가 장주가 된 꿈을 꾸고 있는지 알 수가 없었다. 장주와 나비 사이에 무슨 구분이 있기는 있을 것이다. 이를 일컬어 물화라 한다.

책에서는 여기서 나오는 두 개의 꿈이 나비와 장자의 실재가 서로 침투하고 있을 수 있다는 사실을 선언하는 것이라고 합니다. 저는 위에서 외계인의 눈이라고 했습니다만, 책에서는 9만 리 장공을 날고 있는 붕새의 눈으로 보면 장주와 나비는 하나라고 하고 있습니다. 우리는 수십억 개의 세포로 이루어 져 있는 우리들의 몸을 하나라고 합니다. 현미경으로 보면 우리 몸의 세포도 인간과 나비의 다름만큼이나 다른 각각의 세포로 이루어져 있는데도 말이죠. 장주와 나비뿐만 아니라 우리가 인식하는 개별적 사물은 다만 우리의 눈으로 보면 확연하게 구분되는 것일 뿐, 9만 리 장공을 나는 붕새의 눈으로 보면 모두 하나라는 것입니다. 하지만 나비꿈 이야기의 끝에 나오는 "장주와 나비 사이에 무슨 구분이 있기는 있을 것이다. 이를 일컬어 물화라 한다."라는 구절처럼, 이는 결코 모든 것이 같다는 말이 아닙니다. 오히려 위에서 말했듯이 모든 사물은 다르다는 것을 알아야 합니다. 모든 사물은 운동합니다. 정지도 운동의 한 형태입니다. 모든 사물은 변화하고 발전합니다. 그렇기 때문에 모든 사물은 원인이며 동시에 결과입니다. 직접적이든 간접적이든 모든 사물은 서로 영향을 주고 있는 것이죠. 이는 우리가 알고 있는 과학상식으로도 확인 할 수 있습니다. 만유인력의 법칙은 우주상의 모든 물체 사이에 작용하는 서로 끌어당기는 힘을 설명하는 법칙입니다.

장자 사상을 가장 상징적으로 표현하고 있는 것은 바로 우물 안 개구리의 비유라고 합니다.

"우물 안 개구리에게는 바다를 이야기할 수 없다. 한곳에 매여 살기 때문이다. 메뚜기에게는 얼음을 이야기할 수 없다. 한 철에 매여 살기 때문이다."

우물은 그 시대가 요구하는 고정관념입니다. 지금은 자본주의 사회가 요구하는 자본주의적 가치관이 그것입니다. 그것들이 우리의 의식과 정체성을 형성하고 우리로 하여금 특정한 행동을 하도록 강요하고 있습니다. 우리는 이런 우물 속에서 우물 속에 이끼가 많이 끼었다고 불평하고 있었던 것은 아닐까요? 우리가 『장자』를 읽으면서 해야 할 일은 이 우물을 깨는 것이라고 생각합니다.

무위자연, 물아일체의 이상적인 삶을 꿈꾸며

지현 : 우리는 각자 자신이 가진 색안경을 쓰고 세상을 바라봐. 나에게 좋은 것이 선이고 나에게 나쁜 것이 곧 악인 것처럼 쉽게 생각해버려.

한결 : 하지만 모든 사람들이 이처럼 주관적인 기준을 갖고 세상을 평가한다면 이 세상에 정의, 평화, 행복이라는 가치는 사라질지도 몰라.

지현 : 맞아. 어쩌면 사람들 사이에 빚어지는 갈등과 마찰은 모두 내가 옳을 것이란 오만한 편견에 빠져 있기 때문에 빚어지는 것은 아닌가 하는 생각이 들어.

한결 : 만약 우리가 장자가 주장한 것처럼 모든 사물과 나를 한 몸으로 인식하고 일체가 되는 제물의 경지에 노닐할 수 있다년, 이 세상에 모든 편견이 없어지는 것이니까 그게 바로 우리가 꿈꾸는 이상사회의 모습이 아닐까?

지현 : 나도 그렇게 생각해. 하지만 장자가 주장한 제물의 경지, 그리고 그 제물의 상태에 도달하기 위해 조용히 앉아서 나를 유혹하는 일체의 것들을 잊어내는 좌망, 마음을 비우고 사물의 흐름에 따라가는 심재, 그 모든 것들이 그냥 관념이 아닐까, 그것들이 과연 우리 삶에 실제로 적용될 수 있을까하는 의문이 들어.

한결 : 음, 내 생각엔, 그 이야기들이 비현실적이고 불가능할 것이란 생각이 먼저 드는 이유는 우리가 치열한 경쟁사회 속에서 살아가기 때문일 거야. 우린 지금 자신의 삶을 조용히 되돌아볼 수 있는 조금의 여유도 갖지 못하고 있으니까.

지현 : 맞아. 학생들은 입시로, 어른은 더 많은 돈을 벌기 위해 혈안이 되어 있지. 모두들 너무 바빠. 어쩌면 경쟁이 핵심인 자본주의 사회에서 여유를 갖는다는 건 애초부터 불가능한 일일지도 몰라.

한결 : 하지만 인간은 사회체제에 순응하며 살아가지만은 않잖아. 삶의 행복을 위해, 내 자유의지대로 살아갈 능력이 충분히 있어.

지현 : 자유의지. 나에게 자유의지가 있다는 걸 오늘에서야 비로소 자각하게 되는 것 같아. 우린 너무 쉽게 자기 생각보다는 그저 주어진 대로 살아가는 데 익숙해져 있으니까. 사회가 경쟁의 장을 조성하면 거기에서 살아남기 위해 온갖 노력을 다하지만 정작 자유의지를 통해 그 속을 빠져나오려고 하는 사람은 드문 것 같아.

한결 : 맞아. 하지만 우리가 그 사실을 깨달았다면 이제부턴 새로운 삶을 살 수 있는 거야. 오늘 노자, 장자를 공부하면서 무엇이 진정으로 행복하고 편안한 삶인지 알 수 있었잖아? 노자의 무위자연의 삶, 장자의 물아일체의 삶은 어쩌면 우리 모두가 꿈꾸는 이상일지도 몰라.

지현 : 무위자연이나 물아일체의 삶을 위해선 인간의 자유의지뿐만 아니라 조화정신도 꼭 필요할 것 같아. 자유의지만 있다면 인간이 이 세상의 주인으로 군림해서 무자비하게 생태계를 파괴하면서까지 자기 꿈을 실현하려고 할지도 모르니까 말야. 내 의지대로 살되, 동시에 주변과의 조화, 화합, 평화까지도 생각하는 것 그게 우리의 이상이지.

한결 : 자유의지와 조화정신. 좋아. 우리에게 소중한 이상이야. 하지만 이건 불가능한 꿈만은 아냐. 매일 자신의 삶을 돌아볼 조금의 여유의 시간을 갖는 것, 모든 것을 주어진 대로 받아들이며 사는 것이 아니라 스스로 먼저 생각해보며 살아가고 주변과의 화합을 도모하는 것. 그것이 무위자연, 물아일체의 삶을 위한 첫걸음이 될 것 같아.

지현 : 우리 곧 무위자연, 물아일체의 경지에 도달할 수 있을 것 같은데?

13

세계와 소통하다

수업시작 5분 전 intro

요즘 나는 많이 거칠어졌다. 이유는 아직 잘 모르겠다. 하지만 전보다 더 감정적이고 민감하고 예민하게 변했다. 나는 나를 잘 안다. 이번에 거칠어진 것은 철없던 때의 그것과는 뭔가 다른 점이 있다. 그것은 사소한 것에 예민해진 것이 아니다. 현실에 대해 예민해졌다는 것이다. 나는 24시간을 현실에서 생활한다. 내가 이런 현실을 인식하게 된 것은 아마 아람샘을 다니게 되고 인문학을 접하고 난 뒤임에 분명하다. 아람샘을 다니는 아이들이 늘 겪는 일이겠지만 일주일 두 시간의 수업 후 나온 현실은 두 시간 전의 현실과 충격적으로 다르다. 이것이 인디고 아이들이 느끼는 허무함이라고 하겠다. 나는 이것 때문에 요즘 들어 더욱 예민해졌다고 생각한다. 인디고 아이들과 하던 이야기들은 그곳에서 끝일 뿐 학교 아이들과는 소통되지 않는다. 그것은 선생님, 심지어 부모님과도 마찬가지이다. 이런 현상은 아마 당연한 일인지도 모른다. 이런 현실이 사람들을 그렇게 만든 것일지도. 중요한 것은 내가 요즘 이런 면에서 더욱 예민해졌다는 것이다. 그리고 진실과 소통을 간절히 원하고 있다는 것이다. 왜냐하면 현실이 우리를 이렇게 만들었다고 해서 가만히 있는 것은 말이 되지 않는다.

그래서 우리는 청소년들의 만남의 장을 만들려고 프로젝트를 계획했는데 그것이 '정세청세'(정의로운 세상을 꿈꾸는 청소년, 세계와 소통하다)이다. 지금은 모두가 소통할 수 없겠지만 조금씩 만들어간다면 반드시 이루어질 것

이다. 아마도 이런 시도와 그 결과가 세상을 바꾸는 아주 작은 한 걸음이 될 것이라고 확신한다.

청소년들이 현실을 되돌아보고 열정과 순수라는 강력한 도구로 현실에 맞서 정의를 찾는다. 정말 멋진 일이다. 여기에는 자격이라는 것이 없다. 자격이 있다면 다만 존재 자체도 자격이 된다. 왜냐하면 이 사회는 우리 모두의 것이고 우리 모두에게 달려 있기 때문이다. **남지훈**

우리가 소통한 책 『지식e』

이 책은 EBS에서 방영하는 〈지식채널e〉를 책으로 펴낸 것입니다. 날마다 마시는 커피에 녹아 있는 에티오피아 농민들의 피땀, 입맛이 당기면 먹는 햄버거 속에 숨겨진 불타는 열대림, 길거리에서 아이들이 발로 차고 다니는 축구공에 가려진 파키스탄 대여섯 살 아이들의 노동. 이 모든 것을 아는 사람은 얼마나 될까요? 눈을 감는다고, 귀를 막는다고 사라지지 않지만 모두들 그저 외면해버리는 진실이, 사실이, 현실이 이 책 속에 담겨 있습니다.

아람쌤과 함께한 일요일 Sunday with Aram

2007년 3월. 우리는『희망의 인문학』을 읽은 뒤 우리가 다 같이 실생활에서 인문학을 실천하기로 하였다. 그 때 한결이가 흥미로운 제안을 했다. EBS의 〈지식채널e〉를 다 함께 보고 그 내용에 대해 토론하면서 인문학을 나누는 그런 행사를 하자는 것이었다. 그 당시엔 한결이의 그런 의견이 먼 훗날의 이야기로 느껴졌었다.

그런데 그 꿈같던 일이 바로 눈앞으로 닥쳐왔다. 바로 4일 뒤 5월 24일 석가탄신일에 부산 시립미술관 강당에서 '정의로운 세상을 꿈꾸는 청소년, 세계와 소통하다' 라는 이름으로 당당히 우리가 직접 그 행사를 진행하게 된 것이다.

본격적으로 수업을 시작하기 전에 슬아 선배가 피터 싱어를 만난 이야기를 해주셨다. 피터 싱어는 우리가 예전에 수업하였던『오늘의 세계적 가치』에서 만났던 인물이었기 때문에 관심이 많았다. 하지만 그곳에서의 만남은 피터 싱어에 대한 상대적인 무관심과 주최 측의 미흡한 진행 등으로 아쉬움이 많이 남았다고 선배께서 우리에게 전해주었다. 그리고 그것을 타산지석으로 삼아 우리 행사는 모두가 관심을 갖고 참여할 수 있는 능동적인 장이 될 수 있도록 노력해라고 조언해주었다.

아람쌤이 오시고 '정세청세(정의로운 세상을 꿈꾸는 청소년, 세계와 소통하다)' 준비는 잘 되어가냐고 물으셨다. 아이들이 '정세청세' 에 참여하는 절

차가 까다로워서 많은 아이들이 신청하기 곤란해한다고 하였다. '정세청세'에 참여하려면 인디고 서원에 이름과 연락처, 참가동기를 적은 메일을 보내야 한다. 그러자 선생님께서는 아이들이 간단한 자기소개를 적는 절차조차도 밟지 않고 우리가 주최하는 이 행사에 참여하는 것은 기본적인 태도를 갖추지 못한 것이라고 말씀하셨다. 그리고 우리 모두는 선생님 말씀에 공감했다.

이어서 본격적인 수업이 시작되었다. '정세청세'에서 다룰 〈지식채널e〉의 '커피 한 잔의 이야기', '축구공 경제학', 'blood phone', '햄버거 커넥션'에 대해서 미리 한 번 이야기해보는 시간을 가졌다.

그런데 이야기를 시작했지만 막상 말을 하려고 하니 모두들 할 말이 없었다. 그래서 사회를 맡은 한결이가 먼저 이야기를 꺼냈다.

"커피나 축구공 같은 우리가 흔히 쓰는 물건들 중에서 우리가 그 숨겨진 뒷이야기들에 대해 모르고 쓰는 것들이 많습니다. 우리는 아무렇지도 않게 쓰고 있지만 그 물건들을 만드는 제3세계 노동자들은 지금도 착취당하고 있

어요."

말문이 트이자 여기저기서 이야기가 쏟아져 나왔다.

"우리가 마시고 있는 커피를 따는 커피 농장의 노동자들은 1달러도 안 되는 임금을 받고 착취당하고 있으니 공정한 거래, 즉 fair trade를 통해서 정당한 임금을 그들에게 지급할 수 있도록 해야 합니다."

그런데 진재가 문제를 제기했다.

"만약 노동자들에게 정당한 임금을 지급하면 그만큼 상품의 가격이 올라가게 됩니다. 그렇게 되도 여러분은 과연 그 물건을 구입하실 건가요? 예를 들어 축구공 만드는 어린이들에게 한 달에 300원의 임금을 지급한다고 하는데, 그 아이들에게 정당한 임금을 지급한다면 축구공 회사는 아이들에게 수백 배, 수천 배에 달하는 임금을 지급해야 합니다. 그렇게 된다면 그 비용은 고스란히 축구공 가격에 포함될 테고 그럼 당연히 축구공 가격 역시 지금에 비해 두 배, 세 배 뛰고 말겠죠."

그 이야기를 듣고 성봉이가 대안을 제시하였다.

"여러분들 TV 같은 매체를 통해 광고 많이들 보실 겁니다. 그 광고에서 베컴이 축구공을 차는 것을 보고 나도 저 축구공을 차면 베컴처럼 프리킥을 찰 수 있겠다는 환상을 갖게 되고 그것이 우리를 축구공을 구입하게 만드는 것이죠. 그런데 베컴같은 광고모델에게 지급되는 수백억, 수천억 원의 돈을 대신 아이들에게 임금으로 지급하는 것이죠."

그러자 진재가 정말 좋은 생각이라면서 말을 이었다.

"수많은 소비자들이 베컴에게 환호하는 대신 어린 노동자들에게 관심을 가진다면 축구공 회사들도 처음에는 별 반응이 없겠지만 그것이 계속된다면 광고료 비싼 모델들을 써가며 광고하는 것이 아니라 어린 노동자들에게 정당한 임금을 지급하면서 그들이 교육도 받을 수 있게 하고 또 '우리 회사는 이렇게 정당한 임금을 지급하고 제품을 생산합니다.' 라고 광고하고 사람들은 그런 회사들의 제품을 구입하여 결국엔 이런 불평등한 구조가 개선될 수도 있겠네."

우리는 윤리적인 소비를 하게 되고, 사회적으로는 불평등 구조가 개선되는 그런 날이 빨리 왔으면 좋겠다. 그리고 뒤이어 아람샘이 한 가지 이야기를 우리에게 들려주셨다.

"얼마 전에 오프라 윈프리 쇼를 봤는데 아프리카의 가나라는 나라 다들 알지? 거기 사람들이 너무 생활이 힘드니깐 아이들이 있으면 엄마가 아이들을 고기잡이배에 팔아넘기는 거야. 그럼 그 아이들은 하루 종일 배에서 배에 들어오는 물을 퍼내거나 바다 속에 잠수해서 고기를 잡고 그물을 치는 거지. 정말 노예생활이 따로 없지. 그래서 오프라 윈프리가 배 주인에게 돈을 주고 그 아이들을 하나씩 구해오는 거야. 그런데 구해오면 엄마들이 돈이 없으니깐 아이들을 또 배 주인한테 팔아넘긴데. 그래서 그 어린 아이들이 엄마를 피하고 무서워한데. 하루는 오프라 윈프리가 《뉴욕타임스》를 봤는데 1면에 일곱 살짜리 그런 아이의 기사가 나왔더래. 그래서 당장 그 기사를 쓴 기자에게 전화를 했더니 그 아이는 벌써 구해졌대. 근데 그 수많은 《뉴욕타임스》 독자들 중 오직 단 한 사람만이 기자에게 전화를 해서 그 아이를 구하는 방법을 물어봤대. 그래서 오프라 윈프리가 그 아이를 구해준 분을 찾았는데, 팸이라고 하는 그 냥 평범한 아줌마였대. 원래 다른 도시에 사는 분인데 부부끼리 뉴욕에 잠깐 왔다가, 팸 아줌마가 호텔에서 쉬는 동안 팸 아줌마 남편이 《뉴욕타임스》를 보고 자기 아내에게 말해줘야 한다고 생각하고 신문을 사서 보여줬대. 그랬더니 팸 아줌마는 당장 신문사에 전화해서 그 기자를 찾아서 아이를 구하는 방법을 물었대. 그리고 가나로 날아갔는데 그 아이를 찾았더니 글쎄 고기잡이배에 그 아이 말고도 아이 형제들이 다 잡혀온 거야. 그래서 그 형제들까지 다 구해 주고 다시 엄마가 팔아넘기지 못하도록 고아원에 아이들을 맡겼대. 아무런 대가를 바라고 한 행동이 아닌 너무나 아름다운 행동이지. 그래서 오프라 윈프리가 팸 아줌마를 무대에 초청했고 이렇게 말했어. '저는 지금까지 이 무대에 수많은 명사들을 모셨지만 단 한 번도 그들에게 기립박수를 보낸 적이 없습니다. 하지만 지금 이 순간 이 분에게 기립박수를 보내고 싶습니다.' 그러자 스튜디오의 모든 사람들이 다 일어서서 팸 아줌마에게 박수를 보냈어. 아름다운 사람들의 너무나 아름다운 행동이지."

우리는 그 이야기를 들으면서 많은 것을 느끼고 우리가 앞으로 해야 할 것들을 생각했다. 아직도 우리 주위에는 감동이 살아 숨쉬고, 따스한 체취가 우리를 감싸고 있음을 느꼈다. 우리는 그런 감동을 느낄 줄 안다. 하지만 그 감동이 내 마음속의 울림으로만 그쳐선 안 된다. 감동이 주는 따스함을 알기에, 그것을 통해 우리 모두가 행복해질 수 있음을 알기에, 내 가슴 속 울림이 사회적 울림이 될 수 있도록 노력할 것이다. **김민규**

커피 한잔과 나의 이야기 **남지훈**

나는 인문학을 배워왔다. 그리고 그 인문학의 소중함을 알게 되었다. 그것이 뭘 자극하고 무엇을 바꿀 수 있는지를 알게 되었다. 그리고 지금 그 인문학을 나누는 프로젝트를 하려고 한다. 대상은 정말로 인문학이 절실한 아이들이라고 아람샘은 말하셨다.

그러나 나는 아이들의 주소를 구하지 못했다. 아니 안 구했다. 내가 이 프로젝트에 동참하는 이유를 그 아이가 잘 이해한다면 몰라도 만약 의도하지 않은 오해로 인해 그 아이가 받게 될 수치심과 배신감을 난 느끼지 못할 것이다. 이미 인문학에 대해 선뜻 잘 이해하지 못하는 아이들을 많이 봐왔기 때문이다. 나도 처음엔 그랬으니까. 그래서 학교 선생님께 부탁했지만 연락이 안 올뿐더러 더 많은 아이들의 주소를 구할 수는 있겠지만 그들의 배신감은 없어지지 않을 것이라고 생각해서 12시, 결국 방법을 찾지 못해서 직접 찾아나서기로 했다. 나는 택시를 타고 어두운 곳을 찾기 위해 무작정 택시를 타고 떠났다. 나는 기사 아저씨와 대화하기 시작했다. "아저씨, 요즘 택시기사일 힘드시죠?" "뭐 그렇지." "저도 요즘 많이 힘들어요. 고2 되니까 해야 할 것도 많고 배울 것도 많아요. 하지만 아저씨 힘내세요. 저도 열심히 하고 있으니까요. 아저씨 열심히 하세요." "그래 고맙다." 대화 내내 눈을 닦으시던 아저씨는 돈 몇 푼 안 되는 힘든 일을 하는 자신을 너무 불쌍하게 느끼신 것 같았다. 나는 택시에 내려 어두운 곳을 찾기 위해 달렸다. 저기 저 길 건너편에 허름한 옷차림에 힘없이 걸어가는 아저씨가 보였다. 나는 달려가서 말을 걸기 시작했다. "아저씨 할 말이 있어요!" 처음엔 이상하게 쳐다보시다가 미소를 지으시면서 "뭐, 힘든 일 있는가 보네." "예, 요즘 이런저런 일 때문에 힘들어요. 아저씨는요?" "난 뭐 노가다 하면서 사니까 힘들 수밖에." "아저씨 자식은 있어요?" "그럼, 벌써 서른한 살이 되어서 사회인이 됐지 뭐. 이 아저씨도 열심히 살고 있는데 너도 힘 좀 내." 그 뒤 나는 우리 잡지 《INDIGO +ing》에 대해 말하고 프로젝트에 대해 말하려는 순간 아저씨는 바쁘다고 하시면서 그냥 가셨다. 아저씨 눈엔 내가 잡지구매를 요구하는 판매원 정도로 보였을까? 아니면 나의 마음이 아저씨에게 잘 전해지지 못했을까?

나는 또다시 걷기 시작했다. 더 어두운 길을 찾아서 .모든 어둠을 안는 존재들이 떠도는 깊은 밤. 거리엔 미처 집에 들어가지 못하고 밖에서 한숨만 쉬며 담배를 물고 있는 한 가정의 가장과 무슨 시름에 빠져 술을 마셨는지 술에 취한 채 길바닥에 앉아 있는 어느 한 여자와 비틀거리며 걸어가는 아저씨와 골목길에서 싸우는 사람들이 있었고 모든 사람들이 어깨엔 저마다의 어둠을 이고 힘겹게 걸어가고 있었다. 나는 그들 중 장애를 이고 가는 사람을 만나게 되었다. 그 아저씬 큰소리로 택시를 부르며 걸어가고 있었다. 마침 저편에 택시가 보이자 나는 달려가서 택시를 붙잡아 그 아저씨를 가리키며 저기 손님이 있다고 하자 택시기사는 고개를 저으며 저런 사람들은 안 태운다며 가버렸다. 나는 그 아저씨에게 달려가서 택시를 붙잡아드릴 테니 여기서 기다리라고 몇 번이고 소리쳤지만 그 아저씨는 내가 도우려고 하는 것을 아는 듯 미소만 지으시며 "나는 귀머거리야. 경찰서, 동사무소에 가야 돼. 택시~."라고 하시면서 떠났다. 나는 그 순간 그 아저씨가 여태껏 받았을지도 모를 주위사람들의 시선과 무관심에 의한 마음의 상처가 생각나기 시작했다. 그 아저씬 방금 저 택시기사 아저씨와 같은 사람을 만나 택시도 못 탔을 것이고 사람들은 아저씨를 이상하게 쳐다보았을 것이고 나도 그랬을 것 같았다.

나는 순간 내가 너무 미웠다. 바보같이 제대로 알지도 못했으면서 누구를 돕는답시고 열심히 한 척하는 모습이 너무 이기적이고 오만해 보였다. 세상엔 아직 내가 모르는 이보다 더 큰 시련과 고통이 있고 그로 인해 고통받는 존재들이 있을 것인데 나는 여태껏 모두 다 아는 척했다. 바보같이…… 난 정말 바보였다. 나는 거만한 눈물을 훔치면서 한숨쉬며 앉아 있는 아저씨 옆 가로등에 기대어 나를 미워하고 있었다. 아저씨도 무슨 일이 많은 듯했다. 나는 나를 미워하면서 나를 비롯한 모든 사람들을 미워했다. 어둠을 인식하지 못하는 사람들, 기금을 내면서 어깨에 힘주면서 존경을 요구할 사람들, 지기만 생각하며 사는 사람들, 모두를 그 자리에서 미워했다. 갑자기 모든 게 싫어졌다. 바보 같은 사람들로 둘러싸인 현실. 거기에 서있는 나 자신. 세상의 더러움을 안 사람들은 그 허무함과 비참함을 잊기 위해 모두 담배와, 술, 마약을 찾는다.

얼마 전 TV프로그램 〈W〉에서 본 것이다. 볼리비아는 마약의 원료인 코카를 많이 생각하는 나라이고 그것이 차지하는 경제력은 상당하다. 하지만 미국에서 일어난 마약금지운동으로 미국이 볼리비아에게 얼마의 지원금을 주면서 코카의 생산을 중단시키자 볼리비아 사람들은 돈을 못 벌게 되었고 사람들은 하루를 살아가기 힘들었다. 그래서 아이들은 버려지고 집을 나와서 생활하수가 흘러나오는 좁은 굴에서 생활했고 거기엔 수많은 아이들이 있었다. 생활은 구걸해서 얻은 돈으로 본드를 사서 본드가 있는 통을 주머니에 넣고 수시로 흡입했다. 그리고 그들의 몸에는 칼로 자해한 흔적들이 많았다. 그들에게 본드는 어떤 존재일까? 어떤 느낌을 주기에 수시로 흡입하는 것일까? 나는 갑자기 궁금해졌다.

나는 갑자기 담배를 찾았다. 지나가는 아저씨에게 부탁했지만 끝내 주지 않았고 택시기사 아저씨도 그랬다. 나는 어린애 취급하듯 담배를 물 수 있는 자격에 미치지 못하다는 듯 나는 대하였다. 나는 담배의 맛을 꼭 알아야 했었다. 모든 고통과 시련에 아파하는 이들은 담배를 찾는데 내가 담배의 맛을 모른다면 어떻게 그들과 진실한 관계를 가질 수 있을까? 그리고 나는 세상의 더러움을 인식하여 담배가 필요했다. 늦은 밤 집에 도착하자마자 나는 담배를 찾았지만 보이지 않았다. 눈에 아빠 차열쇠가 보이자 그것을 들고 차로 향했다. 뒷자석에 담배 한 통이 보였다. 나는 담배 한 개를 들고 어두운 곳으로 향했다. 담배를 든 손이 떨렸다. 나는 담배를 피우지 않겠다고 엄마와 선생님에게 웃으며 약속했고 담배 피는 걸 이해하지 못했다. 그러나 지금은 어느 정도 이해할 것 같다.

더러운 세상이 그들에게 담배를 권했기 때문이다. 그리고 나는 그들과 더 진실된 소통을 위해 담배 한 개를 물었다. 몇 번이고 라이터를 켰다 껐다 하며 망설였지만 결국 불이 붙었다. 처음엔 입을 갖다댄 후 불었지만 연기는 나오지 않았다. 다음엔 몇 번 들이마시는 순간 쓴 것이 내 몸으로 느껴졌다. 그것을 니코틴이라고 하는 것 같다. 그리고 후- 불자 헛된 연기 같은 것이 날아가는 걸 보자 마음이 후련한 것 같기도 했고 한 고통을 뿌리친 것 같기도 했다. 다음엔 더 많이 들이마시고 뱉고를 몇 번이고 하고 바닥에 지졌다. 담배연기를 마시며 생각했다. 고통에 시름하는 이들이 하는 이 담배 어떤 느낌이 들까 하는 동한 무엇을 느낄까? 왜 이게 볼리비아의 버려진 아이들에게 사랑받는 것일까? 나는 담배를 하는 동안 혼란한 머리 속을 한순간 잊을 수 있었다. 그리고 내가 짐작하기에 볼리비아 아이들은 이렇게 느꼈을 것이다. '난 아무 의미 없는 존재다. 누구에게든 의미 없다. 그래서 내가 없어져도 아무도 슬퍼하지 않을 것이다. 그런 나의 몸은 아무 의미가 없다.' 나는 연기를 마시며 볼리비아 아이들이 이런 생각을 했을 것이라고 생각했다.

얼마나 고통스러웠으면, 고통을 잊고 싶었으면 본드에 의지했을까? 무엇이 고통을 주어 사람들을 늦은 밤 술을 먹고 비틀거리는 걸까? 나는 조금씩 그들이 이해되기 시작했다. 그리고 그들을 사랑해주는 것이 나의 운명이기에 나는 더 열심히 살아야 한다. 내가 그들의 고통을 다 헤아리지 못하더라도 나는 그들을 위해 노력할 것이다. 이 체험을 하면서 많은 것을 느끼게 되었다. 실제로 고난과 시련을 겪는 사람은 어떤 모습으로 다니는지 깊은 밤을 통해 알 수 있었다. 하지만 내가 그들에게 말을 걸었을 때 그들은 하나같이 그 맑은 눈을 가지고 나를 웃으며 쳐다봐주었고 괜찮다는 눈빛을 보내주었고 마지막으로 고맙다는 눈인사까지 나누었다. 이런 사람들에게 정작 필요한 것이 바로 이런 것이 아닐까? 자신을 진정으로 이해해주려는 태도와 그 상처를 같이 느끼고 같이 아파해줄 때. 그들은 미소를 지었다. 다시금 생각난다. 유누스가 그렇게 발벗고 나서서 사람들과 같이 아파한 장면이 떠오른다. 그들이 필요한 것은 당장 고통을 덜어주고 치료를 해주는 것이 아니었다. 옆에 같이 있어주는 것, 관심을 가져주는 것이라고 적어도 나는 그렇게 느꼈다.

전 세계 수많은 사람들이 아파하고 있을 것이다. 앞으로 더 아파할지도 모른다. 돈 있는 사람들은 그들의 입에 돈만 갖다 처넣으면 되는 줄 알고 어깨를 으쓱대고 있다. 적어도 나는 그렇게 하지 않을 것이다. 먼저 그들과 소통할 것이다. 그들이 무얼 먹는지 힘든 일이 있는지 필요한건 뭔지 어떻게 입는지 자는지 생활하는지 친구처럼 그렇게 할 것이다. 그게 그들을 미소짓게 할 테니까 말이다.

축구공 경제학 **김유민**

늘 가장 힘들게 일하는 사람들은 가난하고 힘없는 나라의 사람들인데 항상 이익을 챙기는 건 강대국이다. 허리가 굽어가면서 카펫을 짜는 아이들, 커피콩을 수확하는 사람들, 축구공을 만드는 사람들. 힘이 없는 그들에게 고단한 노동의 대가로 돌아오는 것은 고작 몇백 원.

나는 축구공 경제학 편을 보면서 많이 놀랐다. 특히 처음에 나오는, 아직 열 살도 안 될 것 같은 어린 아이가 축구공을 꿰매고 있는 사진을 본 순간 뭘까 가슴이 떨렸다. 축구공이 그렇게 수작업으로 만들어지는지도 몰랐고 더구나 그 작은 아이들의 1,620회의 바느질을 통해 만들어졌다는 사실은 충격적이었다. 파키스탄을 비롯해서 아시아와 여러 못 사는 국가들의 아동들은 하루 12시간 이상씩 일해 축구공 하나를 만들고 하나를 만들 때마다 받는 돈은 100원에서 150원 가량. 축구공은 수만, 수십만 원에 팔리는데 그럼 중간 수익들은 다 거대기업들이 가로챈다는 얘기다. 왜 세계는 이렇게 불평등한 것일까.

이런 불평등을 해소할 수 있는 방법은 없을까. 물론 그렇게 노동착취한 축구공을, 카펫을 사지 않으면 되지 않냐고 생각할 수도 있을 것이다. 하지만 내 생각에 그것이 실질적인 방안이 되지는 않는다고 생각한다. 내가 들은 바로는 일자리를 잃은 그 어린아이들은 더 심한 노동착취를 당하게 되거나 성매매의 수단으로 팔려나가게 되는 경우가 많다고 했다. 그 몇백 원을 받으며 고달픈 노동을 하는 이유도 당장 먹고 살 수 없기 때문인데 그 일을 할 수밖에 없는 아이들의 일자리를 뺏는다면 더 열악한 환경에서 그들을 살아가게 할 수도 있다.

책에도 이런 말이 있다. '여러 세계적인 스포츠기업들이 이미지 제고를 위해 강요되거나 구속된 노동 혹은 아동노동으로 생산된 축구공을 사용하지 않겠다.' 라고. 이렇게 공식선언한 것은 도덕적으로는 정당할지 몰라도 현실적으로는 인본주의에 어긋난다는 지적도 있다. 실제로 나이키가 파키스탄과의 계약을 해지하면서 한 지역에서만 2만여 가구가 경제적 타격을 입는다고 했다. 그것은 우리가 아동을 착취한 제품을 사용하지 않는 것이 진정으로 그들을 도와줄 수 있을지에 대해서 한 번 더 생각할 수 있게 한다. 어쩌면 우리는 다른 대안을 찾아봐야 할 것이다. 내가 생각하는 가장 큰 대안은 국제노동기구와 같은 전 세계적 범위에서 제도나 법을 마련하는 것이다. 앞에서 본 사례와 같이 아예 금지하는 것보다는 그들의 환경을 개선하는 쪽으로. 일정한 조건의 환경과 수당을 정해놓고 중간 거대기업들만의 이윤추구를 막는 것이다.

그리고 우리 개인이 할 수 있는 노력은 우선 더 많이 알리는 것이다. 아직은 먹고 사는 데 별 지장 없는 우리. 그리고 많은 여러 선진국 사람들은 지구 저편에서 일어나는 노동착취에 대해 알지 못한다. 우리가 부모님을 졸라 산 십만 원짜리 나이키 운동화 한 켤레에 얼마나 많은 아이들의 피와 땀이 섞여 있을지 알지 못한다. 우리가 공을 차고 월드컵을 즐기고 있는 동안 지구 한편에서는 어두운 곳에서 그 공을 만들어 몇백 원을 받고 또 하루를 살아가기 위해 손이 닳도록 바느질하고 있을 그런 사람들을 알지 못한다.

인류 평화. 전 세계의 평등을 외치고 있는 21세기에 우리가 진정으로 평화와 평등을 위해 해야 할 것은 무엇인지에 대해 이 책을 보며 느낄 수 있었다. 그런 가슴 속을 울리는 감동과 깨달음이 실천으로 이어질 수 있길. 그래서 나는 우리의 실천과 노력이 모여 더불어 살아가는 지구촌을 만들 수 있기를 바란다.

커피 한잔 속에 담긴 비밀 유진재

우리는 지금 커피의 시대에 살고 있는 지도 모른다. 아침을 커피로 시작하는 사람들도 있으며, 온음료를 다루는 자판기든 냉음료를 다루는 자판기든 무조

건 갖추어진 메뉴 중 하나는 커피이다. 또 길거리를 걷다가 사람들이 많이 지나가는 곳이다 싶으면 어김없이 등장하는, 한 끼 식사보다 비싼 커피를 취급하는 스타벅스. 학생들 역시도 시험기간이나 밤늦게까지 잠을 자지 않을 일이 있을 때는 어김없이 커피를 마시고, 아예 습관적으로 마시는 친구도 있다. 매년 세계는 700만 통의 커피를 생산하고 4천억 잔의 커피를 마신다. 이제 커피는 단순한 소비품이 아닌 하나의 문화를 형성하고 있다. 한 해 커피는 600억 달러어치가 유통되고 있다. 이렇게 따지면 단순 계산만으로도 커피를 생산하는 곳은 돈방석에 앉아야 한다. 그렇지만 현실은 전혀 그렇지 못하다. 우리나라에서 비싼 경우 한 끼 식사 이상의 가격인 커피 한 잔이 현지에서는 겨우 10원에 불과하다. 나머지는 다 어디로 가는 것일까? 바로 미국의 거대커피회사, 소매업자, 중간거래상의 몫이다. 커피를 생산하는 곳에서 일하는 농민들과 어린이들의 상황은 거래가 아닌 착취였다.

그래서 이들에게 공정한 거래를 하기 위해 만들어진 것이 바로 공정무역이다. 공정무역은 선진국의 소비자가 저개발국의 생산자에게 직거래를 통해 정당한 가격을 지급하자는 윤리적 운동이다. 이미 한국에서도 이런 공정무역을 하는 곳이 생겨나고 있다. '두레생협', '작은 대안무역', '아름다운 가게', '여성환경연대' 등이다. 그렇지만 결과적으로 따지고 보면 이런 공정무역의 결과 평소보다 조금 더 비싼 돈을 커피에 투자해야 된다. 말로는 이런 공정무역이 중요하다고 하지만 자신에게 직접적인 영향을 끼칠 때는 발을 빼게 되는 것이 사람 심리이기 때문에 가장 중요한 것은 바로 의식개선이다. 자신이 공정무역에 의한 커피를 마심으로써 커피를 생산하는 농민과 어린이들에게 도움을 준다는 윤리의식이 뒷받침되어서, 그런 돈을 자신의 양심에 지불하는 돈으로 여기게 하는 것이 가장 큰 관점일 것이다.

문화에는 문화로 맞서야 한다. 커피소비문화에는 커피윤리문화를 만들어, 마시는 사람이나 생산하는 사람 모두에게 웃음을 줄 수 있는 사회가 왔으면 하는 바람이다.

Zoom out ground- "유럽에 진출한 아프리카 축구선수들은 운동이 아닌 노동을 하고 있다" 김지현

지난 월드컵의 함성소리를 우리는 아직도 생생히 기억한다. 세계인들의 축제라며 모두들 들뜬 기분으로 즐겁게 경기를 보았다. 하지만 과연 이 월드컵이 세계적인 축제라고 말할 수 있는가에 대해선 심각하게 고민해볼 필요가 있다.

토고 등 아프리카계 축구선수들은 실력에 걸맞은 합당한 보수도 받지 못한 채 운동장을 뛰고 있다. 월드컵과 관련된 문제는 이뿐만이 아니다. 토고축구협회에선 FIFA 지원금의 상당 부분을 착복했으며 축구는 흔히 독재자들이 자신의 권력을 공고히 하고 사회적 불만을 잠재우는 데 이용되고 있는 것이다. 20세기 초까지 식민지를 통해 약소국을 착취하던 유럽의 열강들은 오늘날에도 과거 식민지 값싼 노동력과 경제적 유착관계를 유지하면서 자국경제의 저변을 지탱함에도 불구하고 여전히 인종적, 문화적 편견과 차별을 버리지 않는 이중적인 태도를 보이고 있다. 심지어 월드컵에서 심판의 오심은 축구 약소국들의 운명이라는 말까지도 들리고 있는 것이다.

월드컵은 과연 세계적인 축제일까 아니면 경제적으로 풍요롭고 정치적으로 안정된 나라만이 누릴 수 있는 문화적 혜택, 그들만의 축제일까. 세계적이라는 명분을 앞세워 우리만 즐기는, 또는 우리의 행동을 합리화하는 것들은 없는지 심각하게 고민해볼 필요가 있다.

그들을 돕는다 또는 그들과 함께한다고 말할 때 우리에게 필요한 자세는 멀리서 바라보는 방관자적 자세가 아니다. 적극적으로 그들의 상황에 관심을 갖고 알아보고 그들을 우리와 함께하는 동등한 주체로 인식할 수 있어야 한다. 남보다 상황이 더 낫다고 우월감이나 오만함에 빠져 세상을 바라보면 진정한 어울림은 이루어질 수 없다. Zoom in ground든 zoom out ground든 그 어느 곳에서든 우리가 버려야 할 것은 남보다 우위에 서고자 하는 우월함, 오만함이다. 대신 우리에게 진정으로 필요한 것은 세상에 대한 따뜻한 관심 그리고 애정 어린 시선이다. 이러한 인식이 전제될 때, '세계인들이 참여하는'

이라는 수식어가 따라다니는 모든 행사들이 진정한 의미의 세계적인 행사들
이 될 수 있을 것이다.

타인의 고통 속에서 살아가는 우리

수민: 오늘 수업에 오기 전까지만 해도 굉장히 비관적인 생각을 하고 있었어.

지훈: 정말? 어째서 그런 생각을 했니?

수민: 그냥 언론에서 보도하는 온갖 부정적이고 어두운 소식들과 공부에 지친 친구들 모습 보면서 그런 생각하고 있었거든.

지훈: 그런데 오늘 수업 듣고 생각이 바뀌었어?

수민: 응, 선생님이 해주셨던 팸 아줌마 얘기는 정말 감동적이었어.

지훈: 그래, 나도 그 얘기 듣고 아직 세상은 살 만한 곳이라는 생각을 했었어.

수민: 뉴욕에 사는 팸 아주머니가 가나에 있는 아이를 도왔다는 사실, 어쩌면 주위에 흔한 감동적인 얘기로 들릴지도 몰라. 하지만 사람들은 대부분 자기 나라에서 어려움을 겪고 있는 이들의 소식을 접하게 되도 동정과 연민의 감정은 갖지만 행동으로 실천하는 일은 극히 드물잖아.

지훈: 그렇지. 신문에 실린 기사를 보고 뉴욕에 있는 모든 시민 중 단 한 명, 팸 아주머니만이 행동을 하기 위해 신문사에 연락을 했고 기사에 난 아이를 돕기 위해 가나까지 가셨다는 사실이 정말 인상적이었어.

수민: 만약 내가 팸 아주머니와 같은 상황에 있었다고 해도 나는 그렇게 적극적인 태도로 나서지 못했을 것 같아.

지훈: 나도 마찬가지야. 사실 우리가 수업하면서 많은 책을 읽었고 또 세상에 존재하는 많은 부조리와 모순을 보고 또 그걸 해결하기 위해 행동하는 실천적 지식인들의 많은 사례를 읽었음에도 불구하고 난 그동안 우리가 할

수 있는 일은 없다고 생각했어. 아니 있을 거라고 생각은 했지만 한 번도 진지하게 고민해보고 행동할 생각은 하지 않았던 것 같다.

수민: 내 삶과 직접적인 연관이 없다는 사실이 그들의 삶을 외면할 충분한 변명거리가 될까? 브라질에서, 인도네시아에서 커피콩을 생산하기 위해 어린이 노동착취가 이루어지고 있다는 사실, 파키스탄에서 축구공 하나를 만들기 위해 대여섯 살짜리 어린이들이 13~14시간을 바느질한다는 사실에 왜 우리는 관심을 가지고 실천방안을 고민해야 하는 걸까?

지훈: 우리는 그들의 고통 속에 살고 있거든. 그들의 아픔 위에 우리는 편안함과 즐거움을 누리고 있다는 사실을 알아야만 해. 그리고 역지사지, 우리나라가 저런 모순과 불평등의 구조 속에 있다면, 그리고 다른 나라에서는 모두 그걸 외면하고 있다면 우린 그들의 매정함과 비인간적임을 비난하겠지. 눈 감고 귀를 막는다고 해서 내 눈앞에 벌어지는 일들이 사라지지 않는다는 걸 알아야 해.

수민: 그래, 학생이라는 신분 때문에 우리가 할 수 있는 일에 많은 제약이 있지만 학생이기에 할 수 있는 일도 있을 거라고 생각해. 그러니까 우리가 『지식e』를 가지고 밖으로 나가 많은 친구들과 동영상을 보며 토론하고 생각을 나누는 활동 또한 큰 의미에서는 그들은 돕는 일이 된다고 생각해.

지훈: 세상과 소통하고 더 큰 꿈을 키우고 그 꿈을 실천하는 '일행'이 되도록 노력하자.

14

묵자, 순자 行을 논하다

수업시작 5분 전 intro

톱니바퀴는 쉴 새 없이 돌아간다. 누군가가 기계를 멈추지 않는 한, 이가 빠져 톱니가 엇나가지 않는 한 무의식적으로 계속 돌아간다. 무엇을 위해서, 무엇 때문에 돌아가는지 톱니바퀴 자신도 모른다. 이런 톱니바퀴와 같은 삶을 살아 가는 사람들이 적지 않다. 그냥 누군가가 돌리니까 계속 돌아갈 뿐 자신이 왜 돌아가는지, 왜 공부하는지, 왜 일하는지, 왜 살아가는지 조차 망각한 채 똑같은 일상을 반복한다. 하지만 세상은 기다려주지 않는다. 변화는 시간을 타고 빠르게 흘러가기 때문에 우리가 발걸음을 멈추고 뒤를 돌아보다간 또다시 시간에 걸려 넘어지고 말 것이다. 생각해보면 나는 주체적이고 능동적으로 삶을 살아가지 못했고 안타깝게도 아무도, 어떤 곳에서도 그것을 가르쳐주지는 않았다. 그러나 톱니바퀴의 삶을 살아가는 사람들이 현재에만 있는 것은 아니었나보다. 중국 전국시대에 주류를 이루었던 많은 사상가들 중 묵자와 순자는 인간의 실천적인 노력, 의지 그리고 능동적인 참여를 강조하였다. 비록 이 두 사상가가 주장하였던 학파는 달랐지만 말이다. 과거에 기계가 뒤틀려 있다는 것을 일깨워주고자 한 묵자와 순자, 나 역시 하나의 톱니바퀴로서 그들로부터 무언가 얻어낼 수 있을거란 생각이 든다. 얼 쇼리스와 무하마드 유누스에 이어 실천적 의지를 강조했던 두 사상가들을 만나보자. **윤한결**

우리가 소통한 책 『강의』—〈묵자〉, 〈순자〉 편

현대 대부분의 사람들에게 생소한 묵자의 묵가 사상과 맹자의 성선설에 대하여 성악설을 제창한
순자. 전국시대 때부터 시작해 오늘날의 중국에도 녹아 있는 두 사람의 목소리를 들어본다.

과거는 우리가 걸어온 길이다. 그 길은 좋았던 나빴던 우리에겐 의미있는 시간이다. 그 길이 만족스럽지 못했다면 후회의 눈물을 통해 삶을 반성할 기회를 가지게 되고 그 길이 행복했다면 지난 추억을 떠올리며 웃음 지을 수 있는 여유를 가질 수 있기 때문이다.

세상이 너무나도 치열해지고 각박하게 돌아가는 지금, 우리에겐 숨쉴 공간이 필요하다. 다시 숨을 고를 수 있는 여유가 필요하다. 여유, 안정, 마음의 평화는 그리 멀리서 찾을 필요는 없다. 이미 우리의 가슴 속에 스며 있는 전통적인 정서, 사상들을 회복함으로써 내적인 평화와 안정을 경험할 수 있다. 오늘 수업도 우리가 이미 잊은 지 오래인 전통적인 사상들을 되돌아봄으로써 현실을 반성할 기회를 갖자는 데 큰 의미가 있었다.

오늘 수업할 책은 『강의』. 묵자와 순자에 대해 공부할 차례다. 지현이의 묵자 강독으로 우리의 수업은 시작되었다.

"너희 묵가에 대해 들어봤니? 사실 공자나 맹자에 비하면 묵자는 잘 알려지지 않은 게 사실이야. 그들과 비교하면 비주류 사상이라고 볼 수 있어. 보통 비주류 사상이라고 하면 중요하지 않게 여기기 쉬운데 비주류 사상도 주류 사상 못지않게 중요해. 왜냐하면 주류 사상과 비주류 사상은 당대 사회문제에 접근하는 방법과 방향, 강조점이 다를 뿐이기 때문이야. 묵가 자체로는 잘 알려져 있지 않을지 몰라도 그 정신은 여러 중국 사상에 녹아 있어. 그러니까 관심 갖고 강독을 들어줬으면 해." 뒤이어 진재가 질문을 했다.

"묵가가 비주류 사상이라고 말했는데 왜 비주류 사상이 된 거지?"

"그건 묵가의 사상의 성격과 특징 때문이야. 일단 묵자의 성격과 특징에 대해 알기 위해선 묵자가 무슨 뜻인지에 대해 먼저 말할게. 묵은 墨(먹 묵)인데 당시 죄인의 이마에 표시하는 묵형을 의미했어. 즉 묵은 형벌과 죄인을 의미하는 것이지. 설령 그 의미가 아니라 검은색을 의미한다 해도 검은색은 노역과 노동주의를 상징하므로 묵가가 하층민의 이미지를 담고 있는 말이란 걸 쉽게 알 수 있어. 묵자의 원래 성은 적이라는 설이 있어. 그럼에도 불구하고 이름을 묵적이라고 한 것은 묵형을 받았다는 것을 당당히 드러내고 있는 모습을 보여주는 거야. 즉 형벌을 받았다는 사실을 이름으로 삼아 반체제적 입장, 통치 권력의 정당성에 도전하는 모습을 분명히 하고 있어.

당시 사회는 왕이 통치권력을 장악한 군주제였어. 이때 통치권력에 도전하며 하층민을 옹호한다는 것은 위험한 일이 아닐 수 없어. 동시에 이것이 곧 묵가가 비주류 사상으로 전락하게 된 주요 원인이기도 해." 이때 갑자기 민규가 말했다. "난 저번에 공자와 관련된 유가에 대해 강독을 했었어. 유가랑 묵가 모두 다 춘추전국시대 때의 사상인데 당시에는 유가 못지않게 묵가도 강력한 주류학파였다고 해. 유가와 묵가의 차이는 뭘까?" "같은 시대지만 둘은 매우 달라. 공자는 귀족 중심의 통치질서를 새로운 지식인이 자기 수양과 덕치를 통해 회복하려고 하였지만 묵자는 귀족지배계층의 행동규범과 유가의 덕치이념 대신 생산에 참여하는 모든 인민의 협동적 연대와 경제적 상호이익을 통해 사회를 새롭게 조직하려고 했어.

뿐만 아니라 묵가는 유가와는 달리 숙명론을 배격하고 인간의 실천의지를 강조했어. 이러한 묵가의 개혁성은 당시 민중으로부터 상당한 지지를 받았었지." 성봉이가 말했다. "왜 예전에 〈묵공〉이라는 영화 했었잖아. 한·중·일 합작으로 제작한 영화. 그 영화 보니까 묵자 사상이 얼마나 대단한지 느낄 수 있었어. 모두가 가망성 없는 전쟁이라고 약소국을 돕는 전쟁에 뛰어들길 거부했지만, 묵자 사상을 가장 잘 실천한 혁리 한 사람만은 그래도 민중을 보호해야 한다는 일념 하나로 그 나라로 가서 전쟁을 돕고 결국 그들을 보호히는 모습에서 민중에 대한 따스한 사랑과 감동을 느낄 수 있었어."

"맞아. 묵자 사상의 핵심을 영화에서 잘 그려놓은 듯하네. 묵가에서 가장 중요한 건 겸애와 반전평화야. 겸애는 모든 사람을 차별 없이 사랑하는 것이고 반전평화는 말 그대로 전쟁에 반대하고 평화를 지향한다는 뜻이야. '묵공' 영화에는 묵자에서 온 혁리가 전쟁하는 모습이 나와서 전쟁을 옹호하는 것처럼 느껴질 수도 있지만 더 이상의 전쟁을 막고 평화를 도모하기 위해 약소국의 전쟁을 도왔다는 걸 알 필요가 있어. 보통 사상가들은 사상을 주장하는 데만 그치지만 묵가 사상을 주장하는 사람들은 무엇보다도 실천에 있어서 매우 훌륭한 모범을 보이고 있어. 그들은 실제적으로 기층 민중의 고통에 주목하여 겸애라는 보편적 박애주의를 실천하기 위해 모든 사람의 연대를 도모했어. 또 반전 평화를 위해서는 헌신적으로 방어전쟁에 참여하였고……"

갑자기 제준이가 말했다. "갑자기 궁금한 게 생겼어. 376쪽에 보면 '이웃을 네 몸같이 사랑하라'라는 말이 나오는데 이건 성경 구절이랑 똑같잖아. 어떻게 된 거지?"

"응, 그건 묵자 역시 하느님처럼 보편적 사랑, 겸애를 주장하기 때문이야. 그때 민규가 강독한 유가에서는 별(別)을 주장했잖아. 하지만 묵가는 이 별이야말로 공동체적 구조를 파괴하는 근본적인 해악이라고 말해. 이 때문에 계급과 계급, 지역과 지역, 집단과 집단 간의 투쟁이 생기는 것이라고 주장하지."

뒤이어 민규가 말을 이었다. "하지만 유가의 별은 사람을 차별하는 부정적인 사랑은 아니야. 강의 묵자편에 뒷부분에 보면 묵가는 임금의 사면에도 아랑곳하지 않고 아들이 불의를 저질렀다고 하여 처단하였는데, 유가에서는 그렇지 않아. 유가는 "우리에게 곧은 사람은 그와 다릅니다. 비록 그런 일이 있더라도 아비는 자식을 위해 그리고 자식은 아비를 위해 감추어주어야 합니다. 그리고 그것이 바로 곧음입니다"라고 말해. 그렇게 보면 유가가 좀더 인간적

이라고 볼 수도 있을 것 같아."

　지현이가 말했다. "맞아. 사실 그게 묵가가 비판받는 부분이기도 해. 이제 마지막으로 반전 평화에 대해 살펴보자. 379쪽을 보면 "한 사람을 죽이면 그것을 불의라고 한다. 그러나 지금 크게 나라를 공격하면 그 그릇됨을 알지 못하고 그것을 칭송하면서 의로움이라고 한다. 이러고서도 의와 불의의 분별을 안다고 할 수 있겠는가?"라는 말이 나와. 흔히 우리는 전쟁은 의롭지 못하지만 이익이 된다고 생각하기 쉬워. 하지만 절대 그렇지 않아. 몇 개의 전승국을 바라볼 것이 아니라 수많은 패전국가의 비극과 파괴를 우리는 간과하지 말아야 해. 또 전쟁은 흔히 정의의 실현을 위한 것이라는 명분하에 행해지곤 해. 미국의 이라크 전쟁도 이라크의 민주주의를 위한 것이라는 명분이 있었어. 하지만 묵가에 의하면 그 어떠한 전쟁도 정당화될 수 없어. 전쟁은 수천수만의 사람을 살인하고 수많은 사람의 생업을 빼앗고 불행의 구렁으로 떨어뜨리는 최대의 악일 뿐이기 때문이야." 마지막으로 묵가에 대해 지현이가 생각을 말하기 시작했다.

　"내가 생각하는 묵가 사상의 가치는 이 사상이 기층 민중의 이상을 처음으

로 제시하였다는 점이야. 유가, 도가 등의 사상이 지배계층을 중심으로 향유되었던 반면에 이 사상은 민중의 공감, 참여를 유도해내고 실천적으로 행동하는 모습을 보여주었어. 묵가 사상은 지금에 와서도 우리가 추구해야 할 소중한 가치라고 생각해." 묵가의 겸애사상을 알고 난 후 내가 지금까지 보아왔던 불쌍한 사람들의 모습이 동시에 떠올랐다. 길거리의 많은 노숙자들, 가난한 아이들의 모습들이 나를 가슴 아프게 했던 기억이 있다. 이들은 왜 차별받아야 할까? 모든 사람들이 다 똑같이 소중하고 사랑받을 만한 가치 있는 존재인데. 묵가의 겸애사상을 생활 속에서 실천할 수 있는 깨어 있는 학생이 되어야겠다고 느꼈다.

다음으로는 동원이의 순자 강독이 이어졌다.

"이번에는 묵가에 이어서 순자에 대해 살펴보겠습니다. 순자는 우리에게 성악설로 잘 알려져 있습니다. 먼저 하늘을 바라보는 순자의 관점에 대해서 살펴본 후 순자가 주장한 성악설과 예치에 대해서 살펴보겠습니다."

"순자는 공자, 맹자와 같은 유교학파임에도 불구하고 하늘을 바라보는 관점이 공자나 맹자와 많이 다릅니다. 그의 관점과 공자, 맹자의 관점을 비교하기 위하여 먼저 맹자가 하늘을 바라보는 관점에 대해서 간략히 말하겠습니다. 맹자는 하늘을 도덕의 근원으로 봤습니다. 그는 우리가 하늘로부터 '사단'이라고 하는 '측은지심, 수오지심, 사양지심, 시비지심'을 물려받았다고 말했으며, 이 사단을 선천적으로 물려받은 인간은 당연히 착한 마음씨를 가지고 있다고 말했습니다. 여기에서 '인간은 본래부터 선하다'는 맹자의 '성선설'이 나오게 된 것입니다. 다시 말해 맹자에게 하늘은 인간에게 선함을 부여하는 절대적인 존재입니다."

"이제 순자의 경우를 살펴보겠습니다. 순자는 맹자의 관점과 반대라고 말할 수 있습니다. 순자는 하늘은 하늘일 뿐 인간 세상과 별개의 것이라고 말했습니다. 즉, 그는 인간 세상과 하늘은 아무런 관련이 없다고 말한 것입니다. 맹자에게 하늘이 인간에게 사단을 부여하는 절대적인 존재인데 반하여 순자에게 하늘은 인간에게 선함, 악함 따위를 부여하지 않는 인간세상과 아무 관련이 없는 존재입니다. 흔히 순자를 부를 때 '유가의 이단아' 라는 말이 있습니다. 그 이유는 바로 하늘을 대하는 그의 관점이 유가학파의 관점과 많이 다르기 때문입니다. 따라서 그는 유가학파로부터 배척을 당했고 오늘날 '유가의 이단아' 라고 불리는 것입니다."

"하늘을 바라보는 그의 관점에서 한 가지 더 살펴볼 것이 있습니다. 위에서 말했듯이 그는 인간세상은 인간세상일 뿐이고 하늘은 하늘일 뿐이라고 말했습니다. 그는 인간세상과 하늘의 연결 고리를 끊어버린 셈입니다. 이것은 순자의 '인본주의적 관점' 에 이어집니다. 인본주의란 말은 '인간다움을 존중하는 태도나 세계관' 을 의미합니다. 맹자와 같이 하늘과 인간세상의 관계를 중요시한 사상들은 하늘이 인간의 근본적인 문제를 해결해준다고 생각하면 되겠습니다. 하지만 순자는 하늘과 인간세상의 관계를 끊어버렸고 별개의 것이라고 말했습니다. 따라서 그는 문제의 해결에 있어서 하늘에 대해서는 언급하지 않고 중요한 것은 '인간의 능동적 참여' 라고 주장했습니다. 즉, 운명이란 인간의 실천적 노력으로 극복 가능하다는 것이 그의 사상체계입니다."

"이제 순자의 성악설에 대해 알아보겠습니다. 성악설 또한 그 반대되는 개념을 주장했다고 할 수 있는 맹자의 '성선설' 과 비교하여 이해하는 것이 쉽습니다. 위에서 말했듯이 맹자는 인간은 하늘로부터 사단이라고 하는 선함을 물려받았기 때문에 인간의 본성을 선한다고 하였습니다. 그리고 맹자는 이와 같이 하늘로부터 물려받은 착한 성품을 확충해야 한다고 주장했습니다. 순자의 경우를 보겠습니다. 여러분이 알다시피 순자는 '성악설' 을 주장한 동양 철학자로 널리 알려져 있습니다. 그가 성악설을 주장하게 된 계기는 위에서 애기했던 하늘에 대한 그의 관점과 연결이 됩니다. 순자는 인간 세상은 인간 세상일 뿐이라는 주장을 하여 맹자와 같이 인간이 하늘과 같은 어떤 것으로부터 '선한 것' 과 같은 것을 선천적으로 물려받았다고 말할 수 없었습니다. 그는 대신에 인간에 주목했습니다. 그는 인간이 먹고 싶을 때 먹으려 하고 자고 싶을 때 자려 하는 인간의 생리적 욕구와 이기심에 주목했습니다. 그리고 이러한 생리적 욕구와 이기심을 극복하기 위해 인간은 '적극적 참여(능참)'와 '교육'을 통해 '선'을 획득해야 한다고 주장했습니다. 맹자와 달리 선천적인 것이 아니라 후천적인 노력으로 '선'을 획득해야한다는 것입니다. 즉 그에게 인간은 후천적으로 '선'을 획득하는 존재이므로 인간은 악하므로 후천적 노력으로 선해져야 한다는 '성악설'이 나오게 된 것입니다. 그리고 위의 인간은 악하므로 후천적 노력으로 선해져야 한다는 말은 '화성기위(化性起偽) - 악한 본성을 변화시켜[化性] 인위를 일으킴[起偽]'라고 하는 순자의 사상입니다."

"마지막으로 순자의 '예' 사상에 대해서 알아보겠습니다. 공자가 '인'과 '예'를 주장하였고 맹자가 '인'과 '의'를 강조하였듯이 순자는 '예'를 강조했습니다. '예'란 '인간의 질서 있는 생활을 외적으로 규제하는 도덕규범'이라고 정의하고 있습니다. 순자는 화성기위를 주장했다고 말했습니다. 즉, 인간이 악한 성품을 선하게 변화시키기 위해 인위적인 '예'가 필요하다고 말한 것입니다.

지현이가 질문했다. "아까 순자는 악한 성품을 인간의 후천적인 노력, 능동적인 참여로 선하게 변화시킨다고 말했는데, 그렇다면 방금 말한 인위적인 '예'를 통해 악한 성품을 선하게 변화시킨다는 것은 또 무슨 말인지 이해가 잘 안되는데. 순자는 인간의 '능동적인 노력'과 인위적인 '예' 중에 무엇을 주장한 것이니?"

"단순히 '능동적인 노력'과 '예' 중에 어느 한 가지만을 주장했다고 말할 수 없어. 순자는 확실히 인간의 능동적인 노력을 중요시했으니까. 그리고 그와 더불어 인간의 생활을 외적으로 규제할 수 있는 도덕규범인 '예' 또한 필요하다고 말한 거야. 제자백가 중 한 명인 한비자를 예로 들어서 보충해볼게. 한비자가 순자의 제자 중 한 사람인 것은 모두 다 알지? 그는 순자의 성악설에 큰 영향을 받아 법가 사상을 체계화했어. 법가 사상이란 법치주의를 의미하지. 그는 스승인 순자와는 다르게 오직 '법'(법률)과 '술'(부하는 거느리는 술

수)만을 주장했어. 왜냐하면 그는 인간이란 이기적이므로 오직 상과 벌로써만 조종 가능하다고 생각했기 때문이야. 하지만 순자는 '예'의 필요성도 강조하면서 동시에 인간의 적극적인 참여, 노력도 강조했지. 따라서 순자를 '인본주의적'이라고 말하는 거야. 이것이 순자와 한비자의 차이라고 할 수 있어."

"정리하자면 순자는 하늘과 인간세상을 별개로 보아 '유가의 이단'이라고 불려. 그리고 그는 인간의 노력과 '예'로 선을 획득해야 한다는 그의 이론을 뒷받침하기 위해 '성악설'을 주장하였고, 인간의 노력과 더불어 법과 제도의 합리성과 사회정의를 중요시했어." **하성봉**

묵자의 겸애와 반전 평화 **김지현**

· 묵가사상에 관심을 가져야 하는 이유 묵가는 유가와 함께 당시에는 유명한 학파였다. 나중에는 비주류로 물러났지만 당시에는 강력한 주류학파였다. 보통 비주류 사상이라고 하면 중요하지 않게 여겨지기 쉬운데 비주류 사상도 주류사상 못지않게 중요하다. 왜냐하면 주류 사상과 비주류 사상은 당대 사회 문제에 접근하는 방법과 방향, 강조점이 다를 뿐이기 때문이다. 묵가 자체로는 잘 알려져 있지 않지만 여러 중국 사상에 그 정신이 녹아 있다.

· 묵자 무슨 뜻? 묵자의 의미를 알게 되면 이 사상의 성격에 대해 파악할 수 있다. 묵은 먹 묵 자인데 당시 묵은 죄인의 이마에 표시하는 묵형을 의미했다. 즉 묵은 형벌과 죄인을 의미하는 것이라 할 수 있다. 설령 그 의미가 아니라 검은색을 의미한다 해도 검은색은 노역과 노동주의를 상징하므로 우리는 이로부터 묵가가 하층민의 이미지를 담고 있는 말임을 알 수 있다. 묵자의 원래 성은 적이라는 설이 있다. 그럼에도 불구하고 이름을 묵적이라고 한 것은 묵형을 받았다는 것을 당당히 드러내고 있는 모습을 보여준다. 즉 형벌을 받았다는 사실을 이름으로 삼아 반체제적 입장, 통치 권력의 정당성에 도전하는 모습을 분명히 하고 있다.

· 묵자의 구체적인 모습 맹자에 따르면 묵가는 보편적 사랑을 주장하여 정수리에서 무릎까지 다 닳아없어진다 하더라도 천하를 이롭게 하는 일이라면 그것

을 행동에 옮기는 사람들이라고 표현하고 있다. 묵가 집단은 이처럼 헌신적 실천을 강조하는 사람들로 이루어졌기 때문에 누구나 깡말랐고 살갗 또한 먹빛처럼 검었다. 검소한 실천가의 모습이다.

· 묵자와 유가 비교 묵자는 공자와 같이 춘추전국시대에 활동했는데 당시 시대적 상황을 사회적 위기로 파악하고 새로운 사상을 정립하였다. 하지만 공자와 묵자는 매우 다르다. 공자는 귀족 중심의 통치질서를 새로운 지식인의 자기 수양과 덕치를 통해 회복하려고 하였으나 묵자는 귀족지배계층의 행동규범과 유가의 덕치이념 대신 생산에 참여하는 모든 인민의 협동적 연대와 경제적 상호 이익을 통해 사회를 새롭게 조직하려고 하였다. 뿐만 아니라 유가와는 달리 숙명론을 배격하고 인간의 실천의지를 강조한다. 이러한 묵가의 개혁성과 민중성은 유가사상과 대립하면서 상당한 영향력을 발휘하였다.

· 묵가사상의 특징 묵자 사상의 핵심은 겸애와 반전평화다. 묵자는 사상에 있어서 뿐만 아니라 실천에 있어서도 매우 훌륭한 모범을 보인다. 그는 실제적으로 기층 민중의 고통에 주목하여 겸애라는 보편적 박애주의와 상생의 이론을 실천하기 위해 연대라는 실천적 방식을 추구한다. 묵가는 매우 집단적이고 조직적이며 철저한 규율을 가졌다는 사실이 이를 잘 보여준다. 또 반전 평화를 위해서는 헌신적으로 방어전쟁에 참여하였다.

· 겸애(373쪽) 사회의 혼란의 원인을 서로 사랑하지 않기 때문이라고 말한다. 그리고 이 문제의 해결을 제도적인 관점에서 찾고 있다. 사랑이라고 하면 개인적 차원의 문제, 감정적인 문제로 생각하기 쉽다. 하지만 묵자는 이것을 사회적으로 작동될 수 있는 법, 제도적 관점으로 접근한다. 아쉽게도 사랑의 제도적 장치에 대해서는 구체적인 언급이 없다. 하지만 사랑이 본질적인 해결책임을 아는 만큼 이것을 어떻게 제도화할 수 있을지는 우리들의 과제가 되었다.

· (376쪽) '이웃을 네 몸같이 사랑하라' 라는 말이 나온다. 성경 구절과 똑같다. 신기함. 묵자의 사상 역시 하느님처럼 보편적 사랑, 겸애를 주장하고 있기

때문이다. 유가에서는 별을 주장하였다. 하지만 묵가는 이 별이야말로 공동체적 구조를 파괴하는 근본적인 해악이라고 말한다. 이 때문에 계급과 계급, 지역과 지역, 집단과 집단 간의 투쟁이 생기는 것이라고 말한다.

· 반전평화 지금까지 묵자의 겸애편을 살펴보았다면 지금부터는(378,379~388쪽)는 반전평화에 대한 이야기 비공편을 중심으로 살펴보자. 379쪽을 보면 "한 사람을 죽이면 그것을 불의라고 한다. 그러나 지금 크게 나라를 공격하면 그 그릇됨을 알지 못하고 그것을 칭송하면서 의로움이라고 한다. 이러고서도 의와 불의의 분별을 안다고 할 수 있겠는가?"라는 말이 나온다. 흔히 우리는 전쟁은 의롭지 못하지만 이익이 된다고 생각하기 쉽다. 하지만 절대 그렇지 않다. 몇 개의 전승국을 바라볼 것이 아니라 수많은 패전 국가의 비극과 파괴를 간과하지 말아야 한다. 또 전쟁은 흔히 정의의 실현을 위한 것이라는 명분하에 행해진다. 미국의 이라크 전쟁도 이라크의 민주주의를 위한 것이라는 명분이 있었다. 하지만 묵가에 의하면 그 어떠한 전쟁도 정당화될 수 없다. 전쟁은 수천수만의 사람을 살인하고 수많은 사람의 생업을 빼앗고 불행의 구렁으로 떨어뜨리는 최대의 악일 뿐이다.

· (384쪽) 전쟁을 막기 위한 묵가의 성실한 태도가 공수편에 나타난다. 묵자가 반전 논리로 초나라의 침략을 저지할 수 없게 되어 초나라의 공격이 반드시 실패할 수밖에 없음을 말한다. 일종의 모의전쟁을 벌여 결국 송나라의 침략을 저지하였다. 묵자의 비공편에는 대국이 소국을 공격하면 힘을 함해 구하는 것이 반전 사상의 실천이라고 말한다. 국가들이 서로 교상리(서로 돕는)의 국제관계를 맺어야 전쟁의 가능성을 원천적으로 차단할 수 있다고 말한다.

· 절용·반전론의 대안(389쪽) '쓸데없는 비용을 없애는 것은 성왕의 도이며 천하의 큰 이익이다' 라는 말이 나온다. 묵자는 반전론의 대안으로 과소비를 없애자고 말한다. 밖에서 땅을 빼앗아 나라의 부를 늘리는 대신 쓸데없는 비용을 줄여서 두 배로 늘리자는 것이다. 이처럼 재물사용에 낭비가 없게 함으로써 백성을 수고롭게 하는 일이 없도록 하자는 것임. 과잉생산과 대량 소비로

유지되는 현재의 자본주의 사회를 반성하게 해주는 관점이다.

· 철학적 방법론 마지막으로 묵자 사상의 철학적 방법론에 관한 것, 묵가의 조직과 실천에 관한 것. 삼표-묵가사상의 인식과 판단의 표준이 (392쪽)에 나타나 있다.

　　본- 성왕의 일에 뿌리를 둔다 : 역사적 경험

　　원- 백성들의 현실을 살펴야 한다 : 현실성

　　용- 법과 행정이 시행되어 그것이 백성의 이익에 합치하는가 검토 : 민주
　　　성

묵자의 입장은 기층 민중의 이익이란 것, 그리고 그 이익은 전쟁을 반대하고 서로 사랑을 나누는 것임을 다시 한번 알게 하는 대목이다. 하지만 묵가 사상이 일방적인 사랑이나 희생을 강요하는 것으로 판단해서는 안된다. 오히려 그 반대다. 묵가는 서로가 서로에게 이익이 되는 것이 관계의 본질이며 이를 위해선 겸애와 교리, 반전 평화와 절용을 실천해야 한다고 말하고 있는 것이다.

· 묵가 사상에 대한 비판 하지만 묵가 사상은 유가, 맹자로부터 비판받기도 하였다. 앞에서 말했듯이 묵가 조직은 엄격성과 비타협성을 지닌다. 한 예로 묵가는 임금의 사면에도 아랑곳하지 않고 아들이 불의를 저질렀다고 하여 처단하였다. 반면에 유가는 "우리에게 곧은 사람은 그와 다릅니다. 비록 그런 일이 있더라도 아비는 자식을 위해 그리고 자식은 아비를 위해 감추어주어야 합니다. 그리고 그것이 바로 곧음입니다."라고 말하고 있다.

묵가사상에 대한 나의 평가

· 묵가사상의 새로운 면모-다른 동양사상과 비교되는 점 묵가 사상을 접하면서 놀랐던 점은 이 사상은 다른 동양사상과는 달리 인정마저도 버릴 수 있는 냉철함을 보여주었다는 점이다. 겸애를 위해선 어떠한 별애(심지어 가족에 대한 별애마저도) 허용하지 않는 모습을 보고 동양사상의 새로운 면모를 느낄 수 있

었다.

· 묵가사상의 가치 내가 생각하는 묵가 사상의 가치는 이 사상이 기층 민중의 이상을 처음으로 제시하였다는 점이다. 유가, 도가 등의 사상이 지배계층을 중심으로 향유되었던 반면에 이 사상은 민중의 공감, 참여를 유도해내고 실천적으로 행동하는 모습을 보여주었다는 점이다.

· 묵가사상의 실현 가능성 묵가가 지적한 별애(즉, 차별), 전쟁 등의 문제는 오늘날도 예외가 아니다. 오래전부터 지금까지 계속되는 전쟁, 별애는 우리의 숙명인 것처럼만 여겨진다. 하지만 묵가의 비명사상에 의하면 전쟁과 별애가 우리의 숙명이라 한들 우리는 그 운명과 숙명을 거부할 수 있다. 즉 화복은 인간이 자초하는 것이며 결코 하늘의 뜻이 아니라는 말이다. 이러한 비명사상을 믿고 서로 사랑하고 서로 돕는 것을 실천한다면 묵가가 말하는 모두가 모두를 사랑하고 평화가 넘치는 이상사회도 그리 멀지 않으리라 믿는다.

순자, 유가와 법가 사이 이동원

순자는 중국 전국시대 말기의 사상가로 동양의 다른 사상가들과는 많은 차이점을 가지고 있습니다.

먼저, 순자를 소개할 때는 그가 '하늘을 바라보는 관점'에 대한 설명이 꼭 나와 있습니다. 그 까닭은 하늘에 대한 그의 관점이 다른 사상가들의 관점과 큰 차이를 보이기 때문입니다. (405쪽 아래에서 두 번째 문단 둘째 줄 끝) '순자의 하늘은 그냥 하늘일 뿐입니다. 인간 세상은 하늘과 아무런 관련이 없음을 선사하고 있습니다'라는 말이 있습니다. 이것이 바로 핵심입니다. 순자는 인간세상은 인간세상이고, 하늘은 하늘일 뿐 이것은 별개의 것이라고 말했습니다. 이것이 바로 순자가 하늘을 대하는 관점입니다. (두 번째 문단 첫째 줄) 이런 그의 관점 때문에 순자는 유가학파로부터 배척을 당했습니다. 왜냐하면 당시의 유가학파는 하늘을 의미있는 존재로 보았기 때문입니다. (407쪽 4째 줄) 오늘날 순자가 '유가의 이단'이라고 불리는 이유는 여기 있습니다. (406쪽 밑글)에는 이런 그의 주장이 잘 담겨 있는 글이 있습니다.

하늘에 대한 그의 관점은 단순히 '하늘과 인간세상은 별개'라는 것에서 그치지 않습니다. 순자의 이러한 관점은 순자의 '인본주의적' 관점에 이어집니다. (408쪽) 인본주의란 말 그대로 인간다움을 존중하는 태도나 세계관을 뜻합니다. 맹자와 같이 하늘과 인간세상의 관계를 중요시한 사상가들은 하늘이 인간의 근본적인 문제를 해결해준다고 생각할 수 있었습니다. 하지만 순자는 하늘과 인간세상의 관계를 끊어버렸고 별개라고 말했습니다. 따라서 그는 문제의 해결에 있어서 하늘에 대해서는 언급하지 않고 중요한 것은 '인간의 능동적 참여'라고 주장했습니다. 즉, 운명이란 인간의 실천적 노력으로 극복 가능하다는 것이 그의 사상체계입니다.

두 번째로 순자의 성악설에 대해서 보겠습니다. (412쪽 넷째 줄) 순자의 '성악설'은 기본적으로 상악설과 반대되는 개념을 주장한 맹자의 '성선설'과 비교하여 설명하겠습니다. 먼저 맹자는 성선설을 주장하였습니다. 그는 천명을 전제하였는데, 이 천명에 따라서 인간은 착한 성품을 하늘로부터 물려받았다는 성선설이 나오게 되었습니다. 그리고 맹자는 이런 하늘로부터 물려받은 착한 성품을 확충해야 한다고 주장했습니다. 이제 순자의 경우를 살펴보겠습니다. 여러분이 알다시피 순자는 '성악설'을 주장한 동양 철학자로 널리 알려져 있습니다. 그가 성악설을 주장하게 된 계기는 위에서 얘기했던 하늘에 대한 그의 관점과 또 연결이 됩니다. 순자는 인간세상은 인간세상일 뿐이라는 주장을 하여 맹자와 같이 인간이 하늘과 같은 어떤 것으로부터 '선한 것'을 물려받았다고 말할 수 없었습니다. 따라서 순자는 인간은 '적극적 참여(능참)'과 '교육'을 통해 '선'을 획득해야 한다고 주장했습니다. 여기서 정말 헷갈리는 것이 있는데, 순자의 성악설을 보고 '순자는 인간의 본성은 악하다'라고 주장했다라고 단순히 말하면 안 된다는 것입니다. 성악설이라는 뜻이 인간의 본성은 악하다고 본다는 뜻인데, 무슨 말인지 헷갈리실 것입니다. 설명하자면, 순자는 '선'을 인위적인 것으로 보았습니다. 즉 순자에게 있어 '선'은 선천적으로 구비되는 것이 아니라는 말입니다. 순자의 성악설은 '인성론'이 아니라 순자의 '사회학적 개념'입니다. 앞에서 설명했듯이 그는 하늘을 내세울 수 없었기 때문에 인간의 능동적 참여와 노력을 요구했습니다. 다시말해 성악설은 인간의 능동적 참여와 노력으로 인해 선을 획득해야 한다는 그의 주장을 뒷받침하기 위해 그가 만들어 낸 개념입니다. (414쪽 다섯째 줄에 비교되어 나와 있음)

(415쪽 밑글)셋째로 순자의 '예'에 대해서 말하겠습니다. 공자가 '인'을 중요시한 것과 같이 순자는 '예'를 매우 중요시 했습니다. 방금 성악설을 말할 때, 인간의 노력을 통해 '선'을 획득해야 한다고 말했습니다. 여기서 '인간의 노력'이, 즉 '예'라고 할 수 있습니다. 즉, 순자의 예론은 사회혼란을 방지하기 위한 사회이론을 의미합니다. (419쪽 셋째 줄) 사회혼란을 방지하는 예는 사회의 제도와 규범이라고도 말할 수 있습니다. (421쪽) 그의 예론에서 가장 중요한 것은 예를 '법'과 '제도'의 의미로 발전시켰다는 것입니다. 그는 예를 다음과 같이 말했습니다. (다섯째 줄). '사람의 욕구를 기르고 그 욕구를 충족시키되, 욕망이 반드시 물질적인 것에 한정되거나 물이 욕망을 위해서만 존재하는 일이 없도록 함으로써 양자가 균형있게 발전하도록 해야 한다' 이것에서 우리는 그의 인본주의를 다시 한 번 볼 수 있습니다. 그는 자신의 예론, 즉 법과 제도가 안정적으로 작동하기 위해서는 교육이 결정적 역할을 한다고 했습니다. 여기에서 그의 교육론이 탄생하게 됐습니다.

정리하자면 순자는 하늘과 인간세상은 별개라고 주장하여 '유가의 이단'이라고 불립니다. 그리고 그는 인간의 노력과 교육으로 '선'을 획득한다는 그의 이론을 뒷받침하기 위해 '성악설'을 내세웠습니다. 마지막으로 순자는 예, 즉 법과 제도의 합리성과 사회정의를 중요시하였고 예를 통해 '선'을 획득할 것을 강조하였습니다.

지현 : 묵가는 춘추전국시대 사람이야. 전국시대는 혼란기로 전쟁이 특히 많았
던 시기인데 나는 지금 이 시대도 그때와 다르지 않다고 생각해. 아마 전
쟁이라는 것은 그 모습을 바꾸며 늘 우리 곁에 존재해 왔는지도 모르겠어.

한결 : 그래. 하지만 묵가는 그 전쟁의 가운데서 반전평화와 개인적 사랑만이
아닌 사회적 사랑을 주장했지. 혼란기의 시대에서 그 시대의 지식인이 평
화와 '사랑' 그것도 사회적 사랑을 강조했다는 것은 정말 용기 있는 행동
같아.

지현 : 지금도 많은 사람들이 속으로는 평화를 간절히 바라고 있을 거야. 하지
만 그것을 묵가처럼 실천에 옮기는 네는 역시 용기가 필요한 것 같아.

한결 : 전쟁은 전쟁을 일으키는 사람들의 개인적 이익을 위해서 수많은 사람들
의 행복을 빼앗아 오는 것이라고 생각해. 그렇기 때문에 묵가가 전쟁을 반
대했고 개인적 이익만이 아닌 사회적 사랑을 강조했는지도 몰라. 그런데
수업시간에 네가 발표한 것을 듣고 약간 궁금한 게 생겼어. 너는 묵가가
반전평화와 겸애를 주장했지만 그에 대한 정확한 대책은 내지 않았기 때
문에 그에 대한 제도적 장치가 시급한 문제라고 했잖아. 하지만 우리가 작
년에 읽은 역대 조선 왕들이 그 시대의 문제를 신하에게 물음으로써 조언
을 구하는 문답집을 정리한 『책문』을 봤잖아. 그 책의 중종 편에서는 중종
이 술의 폐해에 대해 이렇게 묻지. 술은 취하면 기분을 좋게 하지만 그 정
도가 지나치면 자신의 일을 방해하여 사회질서를 무너뜨린다. 이에 대해

어떻게 대처할 것인가? 이 문제는 다르게 생각해보면 묵가가 평화와 겸애를 주장할 때의 그 혼란한 사회상황으로 볼 수 있어. 그리고 그 질문에 대해 김구는 문제를 결과만을 보면 문제를 해결할 수 없다고 답했지. 그는 원인은 정신의 폐단에 있고 겉으로 보이는 것은 다만 결과일 뿐이라고, 간단히 말하면 근본적 원인은 정신적인 것에 있는 것이기 때문에 그 문제에 대해서는 결과의 관점, 즉 제도적으로 해결할 수 없다는 것이야. 이처럼 나도 우리가 정말로 필요한 것은 묵가가 말한 사회적 사랑, 즉 인간관계에 대해 의미를 두는 것이라고 생각해. 근본적인 사람의 정신을 놓치고 문제를 먼저 제도적으로만 접근한다면 그 본질을 파악하지 못하고 결코 그 문제를 해결할 순 없어.

지현 : 맞는 말이야. 그리고 우리 주위에도 보이지 않게 그런 사회적 사랑을 실천하고 있는 사람이 많다고 생각해. 그렇게 작은 곳에서부터 사회적 사랑을 실천해 나가면 내가 말한 제도는 저절로 그와 비슷하게 우리 생활에 젖어 들어가겠지.

한결 : 하지만 많은 사람들이 사회적 사랑의 실천을 하기 위해선 사회적인 분위기나 환경이 중요한데 우리 사회는 그게 많이 부족한 것 같아. 우리는 학교에서 다른 사람과 경쟁해서 이기는 방법만 배우고 서로 사랑하는 법은 배우지 못하는 것 같아. 봉사활동제도가 있지만 그것조차도 남과의 경쟁에서 이기기 위한 점수 따기로 여겨지는 현실이 너무 안타까워.

지현 : 만약 학교에서 진심으로 사회적 사랑을 실천하는 법을 가르친다면 정말 좋은 세상이 되지 않을까? 지금은 사회적 사랑이 필요한 때야.

15

네팔에서 온 메시지

GDP 10위 한국. 가난한 나라 15위 네팔. 자본적으로 우위인 우리가 그들을 돕는 건 당연하다고 생각했다. 하지만 과연 누가 더 불쌍한 걸까? '우리가 그들보다 경제적으로는 우위에 있지만 과연 우리가 그들보다 행복할까' 라는 질문이 내 머릿속을 떠나질 않는다. 이제껏 당연하게 생각했던 문제. 항상 그들과는 달리 먹을 걱정 없이 사는 우리의 모습에 안도했고 또 늘 우리의 삶이 더 낫다고 생각했던 것. 하지만 사실 그렇지 않았다. 네팔의 친구들은 자기 사회의 절박한 문제가 무엇인지 알고 그 문제를 해결하기 위해 포럼을 개최하거나 잡지를 발간하는 등 모든 노력을 다한다. 반면에 우리는 우리 사회에 절박한 문제들이 있는데도 불구하고 그 문제를 회피한 채 현실과 타협하며 살아간다. 하지만 그것이 과연 진정한 청소년의 모습일까? 새로운 시대를 만들어가는 청소년은 새로운 꿈을 꿀 수 있고 부당하게 여겨지는 것에 대해 당당하게 자기 주장을 말할 수 있어야 한다. 네팔의 청소년들처럼 우리도 용기를 갖고 자신의 목소리를 낼 수 있도록 해야 할 것이다.김지현

우리가 소통한 책《Today's Youth of Asia》
네팔의 꿈꾸는 청소년과 청년들이 만든 이 잡지는 현재 전 세계 20여 개국으로 뻗어나가고 있으며, 글을 통해 자신의 목소리를 알리고 전 지구인들과 진정한 소통을 하는 아시아의 빛나는 희망이라 할 만하다.

이제껏 수업에 참여하면서 우리 모두가 느끼게 된 점은, 비록 우리가 청소년이라 하더라도 세상을 바꿀 수 있다는 것이었다. 세상을 바꾸기 위해, 토론해 왔고, 특히 이번에는 '정의로운 세상을 꿈꾸는 청소년, 세계와 소통하다(이하 정세청세)' 라는 프로그램을 직접 주최하기도 하면서 차츰 그런 생각이 들었다.

그러나 언제부터였을까? 우리가 이룬 것이 결코 가치 없는 것이라고 할 수 없지만, 그렇다고 아주 대단한 것도 아니었다. 하지만 우리들은 우리들이 무언가 대단한 것을 이루어낸 것 마냥, 자만하기 시작했고 나태해졌다. 적어도 'Today's Youth of Asia' 라는 네팔의 청소년 단체를 알기 전까진 말이다.

제2회 정세청세가 끝난 뒤, 우리들은 들떠 있었다. 우리가 기획하고 진행한 최초의 프로그램을 별탈 없이 끝냈기 때문이었다. 우리들은 서로에게 칭찬의 말을 건네고, 자부심을 가졌다. 하지만 우리들의 밝고, 여유로운 표정과는 달리 아람쌤은 담담하셨다. 활기에 차 있던 우리들도 조용해졌다. 다들 선생님이 무엇을 말하려고 하는지 궁금한 표정들이었다. 얼마간의 정적이 흐르고, 아람쌤이 우리들에게 조용히 물어보았다.

"너희들 'Today' s Youth Asia' 라는 청소년 단체에 대해서 들어본 적이 있니?"

모두들 처음 들어봤다는 표정들이었다. 그리고 조금은 의문스러웠다. 느

닷없이 왜 네팔의 청소년 단체 이야기일까?

"예전에 내가 인디고 6 프로젝트 팀에 대해 말해준 적 있었지? 6개 대륙에서 인디고 서원 최초의 국제행사에 참가할, 인디고 서원과 비슷한 신념과 가치를 내걸고 활동하는 청소년 단체들을 찾는 팀이야. 그 중 아시아를 담당하고 있는 용준 선배가 어제 정말 깜짝 놀랄 만한 청소년 단체를 찾아냈어. 그 단체가 바로 'Today's youth Asia'이야. 구글에서 'Youth(청소년)'과 'Nepal(네팔)', 두 단어만 쳐서 검색했는데 이 단체가 나왔다는 거야. 그리곤 어제 멍한 표정으로 한 뭉치의 인쇄물을 가지고 내게 왔어. '선생님, 우리가 졌습니다.' 하고 말이야."

모두들 말이 없었다. 아람샘은 파일 속에서 문제의 '인쇄물 한 뭉치'를 꺼내면서 다시 이야기를 시작하셨다.

"이게 바로 그 단체가 한 일에 대한 리포트야. 어제 난 밤새도록 이 리포트를 읽었어. 그리곤, 정말 뭐라 할까, 힘이 빠지고 또 모든 게 허무하게 느껴졌고. 인디고잉과 같은 청소년 잡지 발간, 그것도 영문판과 온라인판으로. 전 세계로부터 받는 후원. 너희가 이제 막 시작한 '정세청세' 있지? 그 단체에서도

이와 비슷한 청소년 행사를 해. 'Nepal Youth Forum' 이라는 행사인데, 개막식에 수상과 고위관료들이 왔고, 1,300여 명의 청소년들이 참여했으며, 다양한 프로그램들이 열렸지. 그곳에선 우리가 꿈꾸고 계획하고 있었던 일들이 이미 진행되어왔고, 또 인정받고 있었던 거야."

어제 용준 선배와 아람샘이 그랬었을 것처럼 우리 모두 멍한 표정으로 서로를 쳐다보았다.

"그래도 우리가 지금 준비하고 있는 '인디고 유스 북페어' 같은 행사는 아직 없더라."

선생님께서 씁쓸한 웃음을 지으셨다.

"누구든지 괜찮으니까 내게 말해줘. 내가, 아니 우리가 하던 모든 일들이 헛된 것이 아니었다고 말이야."

선생님께선 우리들에게 무언가 간절히 바라시는 듯했다. 하지만 우리들도 선생님이 원하시는 것이 무엇인지 몰랐고 또, 우리들 자신도 선생님처럼 서로에게 무엇인가를 간절히 원했다. 우리가 한 일들이 헛되지 않았다고, 우리는 가치 있는 일을 하고 있다고 증명해줄 무엇인가를 말이다. 하지만 우린 끝내 그것을 찾지 못했고, 무거운 침묵만이 이어졌다. 그 침묵이 너무 싫었다. 또 두려웠다.

그 침묵을 깬 사람은 아람샘이었다.

"무거운 얘기만 하다가 벌써 시간이 이렇게 됐네. 첫 정세청세 끝나고 들뜬 분위기에 찬물 끼얹은 것일 수도 있었겠지. 하지만 우리 모두 지나간 일들을 되돌아보고, 자극받아야 할 일이기에 꼭 한 번 생각해보자. 우리가 너무 자만했던 것은 아닌지, 나태했던 것은 아닌지. 그리곤 다음 주에 밝은 모습으로 만나도록 하자."

그렇게 오늘의 수업은 끝이 났다.

그날, 아람샘을 비롯해 우리 모두는 충격을 받았었다. 우리들은 여태까지 네팔을 '도와야 할 나라'로 생각해왔지, 결코 우리보다 앞서거나 발전되어 있다고 생각지 못했기 때문이다. 하지만 그날 우리들은 네팔에 대한 우리의 시각이 한참 잘못된 것이었음을 깨달았다. 경제력이나 국력 등은 제쳐두고, 최소한 '청소년'을 기준으로 보았을 때 말이다.

솔직히 말하자면, 그날 난 너무나도 큰 충격을 받은 나머지 선생님이 말하신 것을 믿지 않으려고 했다. 그리곤 '설마 하루하루 살아가기도 힘든, 공부는 커녕 노동으로 하루를 보내고 있는 네팔의 청소년들이 우리들보다 더 낳겠어? 실제로 그렇다 하더라도, 그런 환경에서 이루어진 청소년 공동체가 얼마나 뛰어나겠어?'라는 생각을 했다. 집에 와서 컴퓨터를 켜고, 선생님이 말하신 네팔의 청소년 단체를 찾아봤다. 그리곤 그 단체를 주축으로 한 약 20여 개의 네팔의 청소년 단체가 연합해 2006년 12월 30, 31일에 열었고, 약 1,300명이 참가했다는 "Nepal Youth Social Forum Project(이하 NYSF)"의 내용을 요약한 리포트를 다운받았다. 선생님이 우리들에게 보여준 그 리포트였다. 그것을 본 순간 네팔의 청소년들이 우리들보다 훨씬 앞서 있다는 것을 인정하지 않을 수 없었다.

정세청세와 비슷한 취지의 토론 프로그램은 물론이고, 음악 프로그램, 스트릿 드라마라는 야외 연극 프로그램, 시 낭송회 등 다양한 프로그램들이 있었다. 특히 인상 깊었던 것은 스트릿 드라마라는 프로그램이었는데, 여기선 청소년으로 이루어진 연극팀이 토지문제와 아동교육이란 주제로 한 연극을 하고, 약 500명의 관중들이 보았다고 한다. 순간 나는 내 자신, 아니 우리 반 아이들 모두가 이 글을 보았더라면, 우리 자신에 대해 더더욱 부끄러워하지 않았을까 하고 생각했다.

네팔의 청소년들은 생존의 문제에 직면해 있다. 때에 따라선 우리와 같은 나이지만 공장에서 일하고, 포근한 집에서 잠을 자지 못하고 있을지도 모른다. 하지만 그러한 환경에서도 그들은 세상을 바꾸고 있다. 이미 전 세계 각국의 청소년 단체들과 연계하고 있고, 여러 단체들과 기업에서 후원받고 있다. 물론 단순히 연계나 후원이 무엇이 그래 중요하냐고 반문할 수도 있겠지만, 이는 그들이 그만큼 인정받고 있다는 표시이기도 하다.

네팔의 청소년 단체에 대한 이 리포트를 읽고, 또 많은 것을 반성하게 되었다. 하지만 결코 우리들이 하고 있는 일이 헛되다거나, 하찮은 것이라고 생각하진 않는다. 단지, 아람샘이 말하신 것처럼, 우리들이 이루어놓은 것, 그리고 앞으로 이루게 될 것에 대해 자만하거나 만족하지 말자는 생각이 더 들었다. 좀 상투적인 표현이지만, '세상을 넓고 할 일은 많다'란 말이 있다. 그렇다, 세상은 넓고 우리가 이룰 일도 많다. 마음속에 꿈과 열정, 정의감을 잃지 않는 한, 우리도 네팔 청소년들 못지않게 세상에 변화를 만들어가는 행동하는 청소년이 될 수 있다고 믿는다. 아니 반드시 그렇게 되겠다고 다짐했다.**하성봉**

"아룬, 네가 생각하는 아시아는 무엇이니?"

네팔의 순수한 소년 아룬에게

안녕 아룬! 난 너와 같은 아시아 땅위에 살고 있고, 아시아의 밤하늘을 올려다보고 있는 18세의 한국소년 하성봉이라고 해. 먼저 이렇게나 먼 곳에서 네게 편지를 보내게 된 사연부터 말해야겠다. 네팔에 갔다온 인디고 서원의 형, 누나들을 통해 너에 대해서 알게 되었어. 촬영한 영상을 통해서 너의 목소리를 들을 수 있었고, 사진을 통해서 너의 순수한 모습을 볼 수 있었지. 또박또박 자신의 말을 하고, 순수하게 빛나는 네 눈빛을 보고 난 그만 반해버렸어. 그리곤 생각했지. '이 아이라면, 정말 나랑 국가를 초월한, 인종을 초월한, 편견을 초월한 깊은 대화를 나눌 수 있겠구나' 라고 말이야. 그래서 이렇게 네게 편지를 보내게 되었어.

그러면 우리는 우리의 운명적인 첫만남에서 무엇에 대해 말할까? 물론, 앞으로도 우리들은 여러 분야에서 많은 진지한 대화들을 나눌 것이라고 생각하지만, 그전에 우리가 반드시 알고 넘어가야 할 것이 있어. 그것은 바로 '우리 자신에 대해서 정확히 아는 것' 이야. 우리는 모두 아시아인이지. 그러니까 이번 첫 대화는 '아시아와 아시아인' 이란 주제에 대해서 말해보도록 하자.

아룬은 '아시아' 가 뭐라고 생각해? 단순히 내가 살고 있는 땅, 거대한 대륙 등과 같은 객관적인 것 말구, '아시아' 라는 것이 네 삶에서 어떤 의미이고, 어떤 가치를 가지고 있는지 말이야. 내게 '아시아' 의 존재는 연결을 의미해. 내가 '아시아인' 이라는 사실은 어쩌면 너무나도 당연한 것일지도 모르겠지만,

그 당연한 사실 덕분에 난 30억의 다른 아시아인들과 연결될 수 있고, 소통할 수 있으며, 친구가 될 수 있어. 서로가 지닌 모습이나 가치관이 조금씩은 다를 수 있지만, 같은 아시아인이기에 사소한 차이를 넘어서 친구가 될 수 있어. 너와 나와의 만남과 소통이 이를 증명해주고 있잖아. 그렇지?

동시에 아시아는 내게 '다름'을 의미하기도 해. 하지만 그 '다름'은 단절이 아닌 소통을 위한 것이라는 점에서 대단히 긍정적인 가치야. 사실 아시아만큼이나 다양하고 색다른 문화들과 사람들이 있는 대륙은 없잖아. 그 다양함이 있기에, 그 색다름이 있기에, 우리들은 역설적이게도 서로에게 더 많은 관심을 가지게 되고, 서로를 더 잘 알려고 하는 것이 아닐까? 또 아시아 안의 다름들은 아시아의 성장동력이기도 해. 지금은 퓨전과 컨버전스의 시대야. 서로 다른 것들을 융합해 만든 새로운 것들이 발전을 이끌어내는 사회지. 지금 경제, 산업, 문화 등 전반적인 분야에서 세계를 주름잡고 있는 미국도, 미국 내 여러 문화들의 퓨전과 컨버전스를 잘 이루어냈기에, 이만큼 발전할 수 있었던 거야. 그런데, 아시아엔 미국보다 훨씬 더 많은 다름들이 존재하고 있잖아. 이는 아시아의 잠재성이 그만큼 크다는 것을 의미하는 것 같아.

여기까지가 아시아인으로서 내가 아시아의 의미와 가치로 생각한 바야. 같은 아시아인으로서 너의 생각을 정말 듣고 싶어. 그 생각이 나와 다를지도 모르겠지만, 앞에서도 말했듯이 다름은 긍정적인 가치라고 했잖아. 설사 나와 네가 아시아를 바라보는 시각이 다르더라도, 나와 넌 이를 통해 더 가까워질 수 있고, 발전할 것이라고 생각해.

그럼, 너의 멋진 답장을 기다릴게~!

2007년 7월 25일

너와 가까워지고 싶은 18세 한국소년 성봉이가

추신. 계속해서 편지를 통해 서로의 생각을 교환할 수 있으면 좋겠다. 답장에 네가 말하고 싶은 주제의 글을 연결해서 쓰면 우리들의 대화가 계속 이어질 수 있겠지?

Kathmandu, Nepal

4th August 07

Dear friend Sung-Bong Ha,

I am very glad that you sent me a letter going beyond nation, boundaries and races. Your letter filled with your and only your views upon Asia, what it meant to you and what value Asia embraced upon your life where worthily but worthier than your views was the priceless flower of friendship that you presented me.

As far as i know, Asia is the most beautiful place on earth. It has the whitish shine of the himalayas, the greenish life of tropical forest, the encouraging spirit of Gautam Buddha, Mohammad and Jesus Christ but above all is the strong history related to the bravery, and honesty of Asian people so Asia is beautiful not only from the objective facts and figures but also naturally, spiritually and historically beautiful. 'But what does Asia really means?' If I were to give one word synonymous to Asia, that would be light. Actually Asia shows torch to this whole world. This world lives under the light emitted by Asia with it's torch of mysticism. Every breath that earth takes is the gift of Asian Tropical forest and Asia is the only reason why this world leaps a step forward in life.

For me the land of mysticism means 'pride'. Being an Asian gives me the opportunity to see the first rays of the sun first everyday. I can identify myself as brave just because i belong to the land of Rajputs, gorkhas and sumaries who fought with all they had got to

save their and their countries pride from invaders. The fact that i am an Asian also keeps me at the top of the world. Being an Asian also gives me an opportunity to face the challenges in my life that the people of evolved countries as Britain don't have to face. The truth of being an Asian also makes me feel different than others and gives me a whole lot of pride.

In the other hand i see Asia as a bird for it flies free in it's area of mysticism far away from the trouble and technology of west. It not only teaches the west the value of lies but also makes the west aware of their problems which their scientific eyes with lens upon them are not able see and what the fastidious west says, 'the east is far more behind than we are'. They expect Thar desert to be as luxurious as Liverpool. People in west see development only as luxury but I see it as possibilities and efficiency. The pride of Asia soars high in field of technology with Japan and Korea but it soars higher in mysticism with Nepal and India. A little help from each country to each other can make each country soar high in each fields making Asia economic technical and mystical power-house of the world.

Every thought I've written all these I cannot deny the fact that we are not as well evolved as the west are. The fact that we got the same sky, the same sun, the same tree and the same land as that west got makes me feel ashamed that we couldn't do as good as the west did. We got the same number of hands and the same weight of brains as the western people. If they can do better then why can't we develop better than them. But, I also believe that we can develop our country or our world in another way which is different from the West. It is not following the way that the west already has passed, it is the way which will discover by us. We don't want any western guy coming to Asia flying miles away from his home just to do what we Asian should have done. We can do it ourself and we can do better than they did. Now lets promise that we will do what we have to do to make Asia a better place without the involvement of the west for we have to go far more ahead than the west and the west will lead us no-where except the distance they have covered so far.

Hope to hear from you soon.

Your friend

Arun Upreti

You can fly 비둘기

한결: 지현아! 너 닭둘기가 뭔지 아니?

지현: 닭둘기? 그게 뭔데? 닭도 아니고 비둘기도 아니고.

한결: 닭둘기는 정확히 말하자면 비둘기는 비둘긴데 닭 같은 비둘기야. 요즘 거리나 공원에 비둘기들을 보면 사람들이 주거나 버리는 먹이에 익숙해져서 사람이 가까이 가도 날지도 않고 마치 닭처럼 살만 뒤룩뒤룩 쪄서 걸어 다니잖아? 그래서 닭둘기라는 별명이 붙게 된 거지.

지현: 아~ 나도 그런 비둘기들 많이 봤어. 정말 답답하더라. 이대로 가다가는 정말 비둘기들도 닭처럼 나는 법을 잊어버릴 것 같아. 그런데 갑자기 닭둘기 이야기는 왜?

한결: 사실 이번 수업시간에 네팔 아이들을 보면서 우리도 닭둘기처럼 되어 가고 있는 게 아닌가 하는 생각이 들었거든. 우리에겐 네팔 아이들이 가지고 있는 절박함이 없다고 할까? 그저 학교에서 시키는 공부만 열심히 해서 좋은 대학에 가서 좋은 직장을 가지려는 생각밖에 못하는 우리나라 고등학생들이 정말 중요한 걸 놓치고 있는 것 같아.

지현: 그래. 나도 항상 학교에서 대학이 우리 인생을 결정한다는 소리를 많이 들어. 하지만 그렇게 좋은 대학에 가서 사회에 나가 좋은 직장을 얻고 남들이 살듯이 부족한 것 없이 살면 정말 행복할까라는 생각이 많이 들어.

한결: 그러니까! 나는 학교가 우리들을 사료에 길들여진 닭둘기로 만들고 있는 것 같아. 비둘기는 원래 충분히 멋지게 날아다닐 수 있는데……. 우리 몇

달 전 수업시간에 알바트로스 얘기할 때 생각나? 새의 운명은 하늘을 나는 것이고 우리의 운명은 꿈꾸는 것이라고 했었잖아. 닭둘기가 자기 운명을 잊어버렸듯이 우리도 우리 운명을 잊어버린 건 아닐까?

지현: 나는 네팔의 우리 또래 청소년들이 이미 전 세계적인 국제연대를 이루고 있고, 끊임없이 시대의 문제에 대해 고민하고, 함께 사유한다는 이야기를 들었을 때 뭔가 한 대 맞은 느낌이었어. 잘못된 현실과 맞서 싸우면서 시대적 가치를 찾아내는 네팔의 친구들이 대단해 보였고 심지어 부럽기도 했어. 왜 우리에겐 저런 치열한 삶에 대한 열정이 없는 걸까. 우리에게 바뀌어야할 잘못된 현실이 없는 것도 아닐 텐데. 왜 우리는 닭둘기처럼 남이 주는 모이만 받아먹으려 하고 진정한 삶의 기쁨을 찾기 위해 날아오르려고 하지 않을까?

한결: 선생님이 말씀하신 것처럼 오히려 우리에게 그런 치열함이나 시대정신에 대한 열정이 없는 것이 정말 절박한 문제가 될 수 있다고 생각해. 나는 우리들이 편한 현실에 안주해서 날기를 멈춘 닭둘기 무리 중에서 처음으로 다시 날기를 시도하는 비둘기가 되었으면 좋겠어.

지현: 그래! 그러면 다른 비둘기들도 모두 다시 날기를 시작할 수 있을 거야!

16

내 삶의 혁명가

우리 모두 각자의 꿈을 꾼다. 하늘을 날고 싶다는 꿈, 훌륭한 지도자가 되고 싶다는 꿈, 넓은 세상을 여행하고 싶다는 꿈, 우리가 사는 이 세상을 이상사회로 만들겠다는 꿈. 우리가 꾸는 꿈은 모두 다양하다. 하지만 아무리 사소한 것이라도 가치 없는 꿈이 있을까? 우리가 꿈을 꾸기에 이 세상은 더욱 아름다워질 수 있다. 우리가 꿈을 꾸기에 이 세상은 더 나은 곳으로 변할 수 있는 충분한 가능성을 갖게 되는 것이다. 우리 모두가 그 꿈을 이루고자 하는, 각자의 삶의 혁명가가 될 수 있다면, 우리가 사는 곳도 에코토피아와 같은 아름다운 곳이 될 것이다.

지난 6개월 동안 우리는 내면적으로 성숙하고 또 새로운 존재가 되어감을 느꼈다. 새로운 프로젝트를 준비하고, 꾸중을 들으면서 우리 자신을 되돌아보며, '정세청세'를 통해 우리가 배우고 알게 된 것들을, 행동을 통해 실천한 것들을 영화의 크레디트가 올라가는 듯 하나하나 떠올린다.

하지만 중요한 것은 우리들이 만든 영화의 크레디트는 끝이 나지 않을 것이라는 사실이다. 열정과 신념이 있는 한. 세상에는 젊은 날의 순수했던 열정과 신념들을 죽을 때까지 품고 간 사람들이 많다. 우리들은 그들을 진정한 혁명가라고 부른다. 그리고 우리들은 감히 우리들이 지난 6개월 동안 평범한 학생에서 열정과 신념을 품고 살아가는 혁명가가 되었노라고 말하겠다. 비록 붉은 베레모도 총도 없지만, 우리들은 그 열정과 신념이라는 무기가 있기에 그

어느 혁명가들보다 크게 세상을 바꿀 수 있을 것이다. **하성봉**

우리가 소통한 책『체 게바라 자서전』

20세기 가장 완전한 인간의 삶을 산 사람, 체 게바라의 글들을 엮어서 낸 책이다. 자신이 추구하는 신념과 이상을 위해 목숨도 내던지고, 멈춰서지 않고 끊임없이 굴러가기를 선택한 그의 진솔한 삶의 자세를 볼 수 있었다. 또한 혁명가 체 게바라의 모습뿐만 아니라 인간 체 게바라의 모습도 볼 수 있어서 우리들에게 진정한 혁명가란 무엇인가에 대해 생각해보게 했다.

『에코토피아 뉴스』

윌리엄 모리스가 쓴 공상소설. 과학기술로 발전한 미래사회를 다루고 있는 일반적인 공상소설과는 달리 환경친화적이고 인간중심적인 미래사회를 다루고 있다. 이러한 면에서 인간이 물질화되고 자연파괴적인 현대사회와 현대인의 모습을 다시 반성할 수 있었다. 또한 예술적이고 창조적으로 세상을 변화시키는 에코토피아인들을 통해서 혁명의 의미에 대해 여러 가지 생각을 할 수 있었다.

오늘의 사회는 진재가 맡았다.

"오늘은 뭐부터 할까?"

"체 게바라부터 하자."

"그래, 그럼 체 게바라부터. 체게바라 발표 준비해온 분?"

"저요."

"그래, 성봉이."

성봉이는 『체 게바라 자서전』에 사진이 많아서 그의 인생을 파노라마처럼 보여주는 것 같아 좋다고 했다. 성봉이가 체 게바라를 안 것은 영화 〈모터사이클 다이어리〉와 티셔츠에 그려진 그의 얼굴들, 그리고 성봉이가 좋아하는 한 정치적인 성향의 록밴드를 통해서였다고 했다. 성봉이는 자서전을 보기 전에 그의 연대기를 보고 흥미를 느꼈다고 했다. 특히 성봉이는 그의 두 가지 삶의 기록, 즉 앞날이 창창한 의대생의 길을 포기하고 혁명가가 된 것과 쿠바 혁명에 성공하고 국가 2인자로 있었음에도, 모든 것을 버리고 볼리비아 혁명에 투신한 기록에서 무엇이 그로 하여금 이런 선택을 하게 해서 그의 삶이 20세기 가장 완전한 인간의 삶이라고 평가받게 했는지를 궁금해했다.

자서전을 읽고 난 후에야 성봉이는 그 힘이 바로 앎을 실천으로 옮기는 체 게바라의 순수한 혁명정신과 그 신념을 끝까지 지키려는 열정에 있었다는 것을 알게 되었다.

"그렇다면 저는 얼마나 제 신념에 충실한 삶을 살아왔을까요? 저는 지난 6 개월 동안 아람샘 수업을 들으면서 그러한 신념이 제 안에서 혁명처럼 자리 잡았다고 생각합니다. 세상은 여전히 혼란스럽고 그래서 저 또한 혁명가가 되기로 했습니다. 하지만 저는 총을 들고 베레모를 쓴 혁명가를 꿈꾸는 것이 아닙니다. 제가 생각하는 혁명가는 진솔한 삶의 자세를 가지고 그것을 지켜나가는 사람이라고 생각합니다. 체와 비슷한 혁명가의 삶을 살고 있는 멕시코의 한 혁명가에게 이 메일을 보내고 소통하는 것이 제 혁명의 첫 발걸음입니다."

이어서 아람샘이 말씀하셨다.

"저기 책 뒤쪽에 보면 체가 훌륭한 이유가 나와 있지? 그 첫째가 자연에 대한 순수한 감수성이야. 내가 키우던 나무가 있는데 그게 다 죽어서 뿌리만 남기고 톱으로 잘라내버렸어. 그리고 버리진 않고 습관적으로 다른 나무 물 줄 때 4개월 동안 같이 물을 줬는데 글쎄 거기서 새잎이 나네? 너희 여기 있는 라임오렌지 나무 보이지. 이 나무는 이렇게도 잎이 많은데 일주일 동안 밑둥치에 또 새로운 잎이 났어. 너희들도 다르지 않아. 어떻게 나이테가 모두 같겠니. 어떻게 사람이 성장하는 것이 같을 수 있겠니. 하지만 매순간 잊지 않고 물을 주면 자라난다는 것을 알았어."

두 번째는 '진실을 드러내는 솔직한 태도'였다. 이건 아마 아람샘의 가장 큰 장점일 것이다. 세 번째는 동지들에 대한 끈끈한 사랑이었고 책에서 가장 중요하다는 네 번째는 '불가능하다고 보이기까지 하는 꿈을 이루기 위해 열정적으로 살았던 것'이었다. 정말 아람샘을 두고 하는 말 같았다.

그 다음은 지현이가 발표했다. 지현이는 혁명가란 선택받은 특별한 사람이 되는 것이 아니라 평범한 영웅, 즉 인간적인 감수성과 열정을 가지고 한번뿐인 삶에서 자신에게 주어진 시간의 소중함을 알며 다른 사람의 고통을 느낄 수 있고 자신의 신념을 실천으로 옮길 수 있는 모든 사람이라고 했다.

"지금 제 안에서는 두 명의 '나'가 싸우고 있어요. 적당히 나 혼자 편하게 살자는 나와 역사적 소명의식을 가진 나. 근데 아마 후자가 이길 것 같아요."

다음으로 지훈이가 말했다.

"저는 체가 열정적인 삶을 살 수 있었던 이유는 운명을 받아들였기 때문이라고 생각해요. 나무는 푸르고 별은 빛나고 새들은 날듯이 우리 인간에게도 그런 운명이 있는 것 같아요. 하지만 동시에 우리 인간은 스스로 그 운명을 선택할 수 있죠. 체 게바라도 태어나서부터 혁명가였던 것이 아니에요. 미국 제국주의가 라틴아메리카를 침범했던 그때 라틴아메리카에서 태어난 것이 운명처럼 그를 혁명가로 만들었죠. 하지만 그 운명은 그가 스스로 선택한 것이에요. 아무리 그런 곳에서 태어났다고 해도 모두 혁명가가 되는 건 아니잖아요. 그런데 궁금한 것이 있는데, 아람샘은 선생님의 운명을 어떻게 선택하셨어요?"

"내 운명? 사실 난 잘 모르겠어. 너희들은 내가 항상 확신에 차 있고 무엇인가 운명적으로 큰 혁명을 목표로 한 사람 같지? 하지만 나는 운명을 믿지 않아. 다만 내가 할 수 있는 것은 항상 진실한 자세로 거짓된 것, 불의한 것을 보면 참지 않는 것이야. 매순간 삶의 순간에 거짓이 없게 진실하게, 남을 속이지 않고 특히 적당히 합리화하는 것, 나를 속이는 것을 용납 못해. 이런 삶의 신념을 지킨 것이 나를 여기까지 흘러오게 한 거야. 내가 전에 너희랑 수업시간에 알바트로스 얘기한 적 있지? 새의 운명은 하늘을 나는 것이라고 했잖아. 거기에 대해 지금 덧붙이자면 인간은 시간 속에서 존재하며 그 존재의 매순간을 진실하게 만나고자 하는 것이 내 신념이야. 그리고 나는 주위의 아름다운 사람을 사랑하는 것이 중요하다고 생각해. 아름다운 사람들이 함께 모여 빚어내는 삶의 모습, 그게 바로 혁명이야."

진재가 말했다.

"체를 20세기 가장 완벽한 인간이라고 평가하는데, 완전한 인간이란 무엇일까? 이런 생각 중에 윤리와 사상 교과서에서 카뮈가 한 말이 문득 생각났어. '이데올로기에 구애받지 않고 잘못된 것은 잘못됐다고 말하는 것' 잘못에 대해서 철저했던 그, 그가 바로 체가 아닐까? 자 그럼 다음으로『에코토피아 뉴스』발표할 사람?"

먼저 유민이가 발표했다.

유민이 말에 의하면 『에코토피아 뉴스』는 작가 윌리엄 모리스가 산 19세기 후반으로부터 250년 뒤의 미래를 상상하여 생태적 이상향을 그린 소설이라고 한다. 우리는 250년 뒤의 미래를 상상하면 사이버시대, 우주시대 등을 연상하지만 윌리엄 모리스가 상상한 250년 뒤의 모습은 중세사회의 이상적인 모습 그것이었다. 사람들은 자연과 더불어 매순간 창조적이고 예술적인 삶을 산다. 사람들은 일하는 것에서 즐거움을 느끼고 어린이 교육은 인위적으로 행해지는 것이 아니라 세상을 직접 경험할 수 있는 여러 활동들을 통해, 또 어른들이 사는 모습에서 저절로 배움으로써 이루어진다. 국가라는 개념이 따로 없고 모두가 배려하며 그 속에서도 창조적 열정으로 살아간다.

"윌리엄 모리스는 100년도 더 전에 살았던 사람인데 지금도 여전히 우리가 꿈꾸는 에코토피아를 그때 이렇게 글로 잘 표현했다는 것이 놀라워요."

유민이는 이상사회(유토피아)라는 말이 결코 이루어질 수 없는 세상이라는 뜻도 내포하기 때문에 이런 사회가 현실적으로 이루어지기 힘들지 모르지만, 우리의 마음속으로는 항상 자신만의 이상사회(에코토피아)를 꿈꾸고 있어야 한다고 했다.

마지막으로 내가 발표했다.

"아까 성봉이가 혁명가가 되겠다고 했고 지현이도 역사적 소명의식을 가진 평범한 영웅이 되고자 했고 지훈이도 스스로 운명을 선택하는 사람이 되고자 했지. 나도 혁명가가 되고 싶어. 그리고 그렇게 되기 위해서는 선생님 말씀처럼 자신이 있는 곳에서 매순간 자신의 신념을 지키며 살아가는 것이 무엇보다 중요하다고 생각해. 하지만 우리는 과연 무엇을 혁명해야 하는 걸까? 우리 세대에 주어진 역사적 소명은 무엇일까? 나는 『에코토피아 뉴스』를 읽으면서 이런 물음이 필요하다고 생각했어.

며칠 전 〈지식채널e〉에서 '부끄러운 기록'이라는 제목의 영상을 본 적이 있어. 여기서 말하는 '부끄러운 기록'이 뭐냐면, 조세희 선생님 소설 『난장이가 쏘아올린 작은 공』, 다들 읽어봤지? 교과서에도 많이 나오는 유명한 소설이야. 그런데 이 소설이 70년대에 처음 나왔는데 지금까지도 계속 잘 팔려서 200쇄나 기록했다는 거야. 그래서 조세희 선생님은 "억압된 시대를 기록한 이 소설이 아직도 이 땅에서 읽히는 것은 역설적이게도 30여 년 전의 불행이 끝나지 않았음을 증명합니다." 라고 하시며 200쇄 출간을 부끄러워 하셨대.

나는 『에코토피아 뉴스』를 시험 끝나고 읽었어. 시험 공부한다고 답답했던 마음에 또 오랜만에 보는 소설책이라 단숨에 읽었어. 이 책을 읽고 처음에는 삶의 모든 순간을 창조적으로, 예술적으로 보내는 그곳 사람들이 부러웠고 또 무엇보다 그런 삶의 자세를 당연시 하는 그 사회의 분위기가 부러웠어. 100년도 더 전에 그려진 이런 행복한 사회상은 아까 유민이가 말했듯이 나에게 신선한 충격으로 다가왔어. 하지만 곧 그것은 부끄러움으로 바뀌었어. 모리스가 비판했던 기계에 의한 인간소외, 생산성을 최고의 가치로 여기는 사람들의 가치관은 그때에 비해 지금 더 굳어졌으면 굳어졌지 나아지지 않았다고 생각해. 이게 바로 우리에게 남겨진 역사적 소명의식 또는 운명이 아닐까?

윌리엄 모리스나 마르크스나 부처나 장자나 모든 사상가들이 추구하는 것은 모두 사람들이 좋은 삶을 살 수 있는 세상이라고 생각해. 좋은 삶이란 주관적인 문제이기 때문에 내가 함부로 단정지을 수 없지만 각자가 찾은 '좋은 삶'에는 다른 모든 존재에 대한 배려가 대전제가 되어야 한다고 생각해. 그리고 좋은 사회란 그렇게 찾은 각자의 좋은 삶을 살 수 있는 기회가 누구에게나 평등하게 주어지는 사회가 아닐까? 그렇다면 어떻게 이런 사회를 만들 수 있을까? 이를 위해 우리가 할 수 있는 일은 우리 먼저 그런 사람으로 사는 것이고 그러면 분명 주위 사람에게도 큰 영향을 줄 수 있을 거야. 아람샘처럼." **윤한결**

내 삶의 혁명가를 꿈꾸며·『체 게바라 자서전』 김지현

위대한, 무모하리만치 열정적이었던 영웅, 체 게바라는 잃어버린 내 삶의 열정을 회복할 수 있게 하였다. 무모한 전쟁을 끈끈한 동지애를 통해 승리로 이끌기도 하고, 경제적 궁핍에는 아랑곳하지 않고 정신력과 의지력으로 나아갈 길을 재촉하는 체 게바라의 모습은 나에게 주어진 단 한 번뿐인 이 삶의 시간이 얼마나 소중한 것인가를 알게 하였다.

하지만 한편으론 자유를 위한 험난한 여정을 떠나는 그가 의사로서의 편안한 삶을 포기하고 왜 이토록 사서 고생을 하는 것인지, 무엇이 과연 그를 이끄는 것인지 의문을 품지 않을 수가 없었다. 그를 이끈 것은 바로 정의감과 사명감, 역사적 자아의 인식이었다. 그를 통해 난 올바름에 대한 신념이 무수한 육체적 고통까지도 극복해 낼만큼 위대한 것임을 깨닫게 되었다.

우리는 흔히 '체 게바라' 하면 좌파적 성향의 급진적인 혁명가로 생각하기 쉽다. 하지만 그가 혁명을 위한 도구로 사용한 공산주의라는 이념이 전체를 위해 개인이란 존재를 무시하는 부정적인 것이 아님을 알게 되었다. 자본주의 체제하에 끝날 줄 모르는 배고픔에 대한 저항이 공산주의라는 생소한 사상에 대한 사랑으로 전환된 것이다. 공산주의 전체를 옹호하지는 않지만 그 사상을 추구했던 이들의 인간적인 태도, 민중을 위하는 따뜻한 박애정신은 분명히 우리가 회복해야 할 소중한 가치들이다.

　"위대한 일에는 열정이 필요하며 그리고 대담성도 상당한 정도로 필요합니다. 이 진실은 인간으로서 우리가 일반적으로 가지고 있습니다." 나는 체게바라의 이 말을 통해 어쩌면 우리 모두가 삶의 혁명가가 될 수 있다고 느꼈다. 혁명은 선택받은 자들만이 밟는 역사의 길이 아니다. 정의를 향한 신념과 실천적 행동 그리고 인간적이고 예술적인 감수성만 있다면 우리는 누구나 혁명가가 될 수 있다. '우리에게 필요한 것은 눈과 귀를 열고 자신의 감수성이 가슴 왼편에서 맥박치게 하며 전 세계로 퍼져나갈 수 있는 사랑을 간직하는 것입니다'라는 말을 통해 이를 알 수 있고, 이것이 체게바라를 통해 내가 알게 된 우리의 가능성이고 희망이다.

　나에게는 내 속에서 싸우는 두 명의 '나'가 있다. 적당히 편안한 삶을 살고자 하는 개인주의가 이기고자 할 때면 어느새 나도 모르게 윤리의식, 사명감, 역사적 자아로서의 나를 인식하게 되었다. 이 싸움은 아주 오랫동안 계속될지도 모른다. 하지만 체 게바라와 같은 인물을 통해 정의라는 신념을 추구하는 개인의 삶이 얼마나 위대하고 멋진가라는 사실을 더욱 확실하게 인식할 수 있게 되었다.

나에게 닥쳐온 운명-『체 게바라 자서전』 **남지훈**

"내 눈은 특별한 것들을 보기 위해 만들어졌다. 나의 타자기는 그것들을 말하기 위해 만들어졌다. 이것이 전부다."(『체 게바라 자서전』, 208쪽)

이것은 체 게바라 자서전에 있는 글이고 어느 혁명가의 말이다. 그는 자신이 특별한 눈을 가졌다 했다. 자신이 그것을 판단할 수 있을 만큼 그것은 아주 특별한 모양이다. 그리고 그가 스페인 내전에 참전하기 위해 떠나면서 남긴 말이라는 것을 볼 때 우리는 그 특별한 눈을 짐작할 수 있다. 그것은 혁명가의 눈이다.

그 혁명가의 눈을 신이 부여하는 것일까? 특별한 자만이 가질 수 있을까? 그것은 운명일까. 사람들은 체를 보고 '험난한 운명을 마다하지 않고 꿋꿋이 걸은 혁명가'라고 말한다. 사람들은 혁명의 피는 어느 극소수의 것의 운명이라고 생각할 수도 있겠다. 하지만 나는 그렇게 생각하지 않는다. 그것은 자신이 만드는 것이라고 생각한다.

나는 이전에 '운명'이라는 것을 자연적인 것과 비슷하게 생각해왔다. 나무는 푸르고, 밤하늘의 별빛은 빛나고 새들은 날갯짓을 하는 것처럼 말이다. 나는 여기에 다른 인식이 들어오기 시작했다. (누구는 운명론적 사고관을 가진 사람으로 나를 분류할 수도 있겠지만 나는 거기에 연연하지 않는다.) 적어도 인간은 자신의 운명을 결정지을 수 있다고 말이다.

태어나서부터 혁명가의 피가 흐르기는 쉽지 않을 것이다. 그렇지 않은 혁명가는 그를 둘러싼 환경이 그를 운명지을 것이며 거기에도 물론 개인적 성향도 영향을 미칠 듯싶다. 아마 체도 그런 환경 속에서 현실을 이해하기 시작하면서 혁명의 피를 흘렸는지도 모르겠다.

그는 내가 본 사람 중 가장 열정적인 사람이다. 옷차림에 신경 쓰지 않고 아내와 파경에 이름과 가족과 고향의 거대한 향수를 눈물로 품으로 끝까지 싸운 그를 보면 말이다. 그는 자신을 위해 자신의 육체를 헌신했다. 그래서 사람들은 그를 '위대한 세계시민'이라고 하는 것 같다.

그는 죽어서도 세상을 바꾼다고 이 책표지 뒷면에서 읽은 것 같다. 이 책을 읽으면서 그 말의 진실을 조금씩 느끼기 시작했다. 어느 순간 나도 동요되고 있다는 느낌까지도 말이다. 나는 아직 혁명의 피가 두렵고 무서운데 말이다. 하지만 그의 온화함과 부드러움은 나를 매혹시킨다. 이 책에 실린 편지를 통해서 그가 일생 동안 잃지 않았던 온화함에 대해 많이 보았다. 그의 삶은 상상할 수 없을 만큼 험난했다. 쿠바의 혁명전쟁을 사랑하는 가족과 떨어져 이끌면서 미국이라는 거대한 제국과 맞서는 그 자체는 끝없는 질주다. 나는 이해가 되질 않는다. 그가 왜 그렇게 온화함과 부드러움을 추구했는지. 나는 요즘 현실에 화가 나고 조금씩 거칠어지고 있는데 말이다. 가만히 생각해봐야겠다. 나의 예민함과 거침에 대해 그리고 체의 온화함에 대해서.

나는 요즘 현실에 대한 인식의 폭을 넓혀가고 있다고 생각한다. 나도 체가 말한 것처럼 앉아서 손이나 움직이는 일은 하기 싫다. 혁명은 아마 앉아서 할 수 없는가 보다. 세상은 혁명을 원하고 있다는 것을 나는 깨닫게 되었다. 나는 개인을 둘러싼 환경이 그를 운명지을 것이라고 생각하게 되었다고 말했다. 그렇다면 나의 그러한 인식이 그 환경이 아닐까? 나는 내가 하기 싫은 일은 하지 않으며 그 누구도 그것을 막을 수 없음을 나는 18년간 세상에 보여왔다고 생각한다. 그리고 내가 하는 일은 적어도 내가 하기 싫은 일은 아닐 것이며 내가 좋아하는 일과 해야 하는 일이 있으면 그것을 즐거움으로 받아들일 준비가 되어있다. 어떤 사람들은 이런 말들을 보고 의미 없는 말을 던질 수 있을지 모르겠다. 하지만 나는 진실만을 말하고 내가 쓰는 글은 마음의 충격 없이는 써내려갈 수 없다고 나는 당당히 말할 수 있다.

하지만 나는 좀더 신중해야 되겠다. 이제 막 현실의 눈을 뜬 어린 나에게는 늘 현실이 새롭게 보이기 때문이다. 하지만 분명한 것은 적어도 앉아 있지는 않는다는 것이다.

나는 얼마 전 거대한 사람을 만났다. 그 이름은 체 게바라. 사진에는 그의 혁명적인 인상과 웃음과 카리스마가 넘쳐흘렀다. 아마도 이 사람과 이 책은 나의 생에 큰 변화를 줄 것만 같다. 그리고 나는 매시간 그를 떠올릴 것만 같다.

에코토피아를 꿈꾸며 -『에코토피아 뉴스』 조유정

공업화 시대의 문제점들을 적나라하게 비판하며 그 속에서 행복을 추구하는 사람들의 노력을 보여주는 영화 〈모던 타임즈(Modern times)〉의 첫 장면에서는 대형시계와 함께 빠르게 움직이는 소떼를 출근하는 사람들의 모습으로 비유하면서 기계의 부품처럼 여겨지는 사람들이 등장한다. 팔을 긁는 시간, 머리 위의 파리를 쫓는 시간조차 없이 일정한 박자로, 기계적으로 일하는 사람들의 모습, 또 〈모던 타임즈〉의 주제를 그대로 보여주는 장면, 즉 찰리 채플린이 기계 속으로 빨려들어가 함께 돌아가는 장면과 더불어 '에코토피아 뉴스'는 19세기 산업 자본주의 사회의 피폐된 모습을 보여주고 있다.

특히『에코토피아 뉴스』는 기계문명의 자동화된 차가운 금속성의 세상 대신, 최소한의 필수적인 기계문명을 제외한 모든 인위적인 것이 사라진 세상을 그려내고 있다. 지배계급이나 피지배계급의 존재조차 사라지고 물건은 직접 손으로 만들어서 사용한다. 에코토피아의 사람들은 보수 없이 노동을 한다. 그들에게 보수는 '창조'이다. 그래서인지 그들의 모습은 살아 숨쉬고 있다는 것을 느낄 수 있다. 그들은 이웃이 사용할 물건을 마치 자기 자신을 위한 것인 양 정성 들여 만든다. 자신은 전혀 알지도 못하고 자신의 손이 미치지도 않는 정체불명의 시장을 위해 생산하지 않는다. 그런 그들이 두려워하는 것은 오직 하나, "더 이상 할 일이 없어지는 날이 오면 어쩌나" 하는 것이다.

19세기 당대 사람들뿐만 아니라 현대인들의 모습까지도 『에코토피아 뉴스』의 비판의 대상이 된다. 높은 보수와 안정감 있는 직업만을 추구하는 사람들이 비판의 이유가 된다. 실제로 현대인들의 직업선택의 이유를 보면 과연 자아실현을 가능하게 한다는 직업의 의미가 불투명함을 느끼게 된다. 이러는 가운데 과연 자신만의 일에 헌신적이고 창조적이고 의지적일 수 있는 사람이 과연 몇이나 될까? 어쩔 수 없이 임금, 곧 생계를 위함이라는 직업의 한계 앞에서 사람들은 이 한계점을 무시하기는 힘들다. 모든 일에 있어서 인간의 창의적인 열정을 스스로가 한정짓고 억눌러야 하는 사회적, 혹은 개인적인 요소들이 따를 수밖에 없다. 그래서 사람들은 과거 산업자본주의의 바람이 불기 시작한 때부터 정착에 이르려는 지금까지 기계의 부품처럼 살아갈 수밖에 없다. 더러는 열정을 표출해낼 수 있는 기회가 몰아치듯 와도 거기에 익숙하지 못해 두려워하기도 한다. 나조차도 아직 고등학생이라는 신분아래서 내가 추구하고자 하는 많은 것, 그것이 설령 사소한 것일지라도 포기해야하는 것이 너무나 많다. 그리고 스스로를 그 한계 아래 가두기도 한다.

그러나 우리는 우리만의 열정을 포기해서는 안 될 것이다. 포기해서도 안 된다. 그 열정이라는 것은 각자에게 있어서 스스로의 행복을 만들어 나갈 수 있도록 도와주는 존재이기 때문이다. 과거의 자신보다 더 낳은 내일의 자신의 모습을 만들어 나가기 위해서는 그 또한 없어서는 안 될 중요한 친구이자 안내자 일 수 있다는 것을 믿고 있다. 에코토피아의 사람들처럼, 창조를 노동에 대한 보수로 여기고, '할 일이 없는 것'에 대한 두려움을 가지고 살아가면서, 수동적인 기계일 수밖에 없었던 과거와 현재보다 발전된 나와 인사하기를 기대한다.

부끄러운 'NEWS' -『에코토피아뉴스』 윤한결

며칠 전 〈지식채널e〉에서 '부끄러운 기록'이라는 제목의 영상을 본 적이 있다. 여기서 말하는 '부끄러운 기록' 이란 몇십 년 전에 나온 조세희 선생님 소설 『난쟁이가 쏘아올린 작은 공』이 스테디셀러가 되어 지금까지도 계속 잘 팔려 200쇄나 나간 것이다. 난쟁이가 쏘아올린 작은 공이 지금도 잘 팔린다는 사실은 지금도 예전에 비해 현실이 나아지지 않았다는 것을 말한다. 아직도 우리 사회는 소외된 계층이 제대로 된 삶을 살 수 없는 사회라는 것을 말한다고, 조세희 선생님은 부끄러워 하셨다.

나는 『에코토피아 뉴스』를 시험이 끝나자마자 읽었다. 오랜만에 보는 소설책이라서 그런지 불타는 사막에서 오아시스를 발견한 목탄 사람처럼 책을 벌컥벌컥 들이켰다. 삶의 모든 순간을 예술적으로, 창조적으로 보내는 그 곳의 사람들이 부러웠고 무엇보다 그런 삶을 당연시 여기는 그 사회의 분위기가 부러웠다. 이 행복한 사회상은 나에게 신선한 충격으로 다가왔다. 하지만 곧 이 모든 것은 부끄러움으로 바뀌었다.

『에코토피아 뉴스』는 지금으로부터 100년도 더 전에 윌리엄 모리스가 당시의 산업화 사회를 비판하고 더 좋은 사회를 향한 비전을 제시하고자 쓴 소설이다. 그런데 이 소설이 100년이 더 지난 지금 내게 신선하게 다가와 여전히 'NEWS' 가 되는 것은 또 하나의 부끄러운 사실이 아닐까?

모리스가 비판했던 기계에 의한 인간소외, 생산성을 최고의 가치로 여기는 사람들의 가치관은 지금 와서 오히려 더 굳어지고 있다. 별 필요도 없는데 오로지 팔기 위해 생산된 많은 물건들이 지구의 쓰레기가 되어 하나뿐인 우리들의 집을 허물어 가고 있다. 사람의 가치가 자본에 의해 결정되는 지금 사회에서 나는 여전히 새로운 에코토피아를 꿈꿔야 한다. 윌리엄 모리스나 마르크스나 부처나 장자나 모든 사상가들이 추구하는 것은 모두 사람들이 더 좋은 삶을 살 수 있는 세상이다. 그렇다면 좋은 삶이란 무엇인가. 이것은 주관적인 문제이기 때문에 내가 함부로 단정지을 수 없지만 좋은 세상, 좋은 사회란 개인이 생각하는 '좋은 삶' 을 살 수 있는 기회가 누구에게나 평등하게 주어지는 사회라고 생각한다. 그리고 개개인이 생각하는 좋은 삶은 다른 누군가가 정해

주거나 찾아주는 것이 아니라 바로 자신이 찾는 것이 되어야 하고 이는 다른 모든 존재에 대한 배려라는 대전제 안에서 정해져야 한다. 일단 많은 사람들이 이런 자세를 가지면 세상은 바뀔 것이다. 내가 할 수 있는 일은 항상 그런 사회를 꿈꾸는 것, 그리고 나 먼저 그런 사람이 되는 것. 그러면 나는 내 주위 사람들에게 영향을 줄 수 있을 것이다.

수업후기

나로부터의 혁명

지현: 오늘로써 6개월 동안의 수업이 끝났네. 지난 6개월은 '나'를 만든 것 같아. 마치 지금 내 안에 흐르는 따뜻한 피와 숨결은 지난 6개월 동안 만들어진 것 같아. 지금 돌이켜보니 정말 소중한 시간들이었던 것 같아. 한때는 나약하고 꿈을 잃었던 적도 있었지만 그런 순간에도 끊임없이 성장했기에 지금 이 순간 이렇게 여기 '나'로서 존재하고 있는 거겠지. 사실 지난 6개월이 '나'를 만들었다 했지만 지금의 '나'는 과거, 현재, 미래를 구분짓지 않는, 내 삶의 모든 순간에 존재하는 '나'인 것 같아.

한결: 오늘은 『체 게바라 자서전』과 『에코토피아 뉴스』로 수업을 했어. 내가 읽은 체 게바라는 나에게 혁명적인 충격을 주었어. 왜냐면 그의 삶이 너무 혁명적이었기 때문이야. 내가 그와 같은 운명을 타고났어도 그렇게 살 수 있었을까? 그의 삶이 혁명적인 것은 그가 그런 운명을 가지고 태어났기 때문이 아니라 그런 운명 속에서 자신이 옳다고 생각하는 신념을 잃지 않고 정직하게 살아간 용기 때문이라고 생각해.

지현: 그래. 그럼 우리 아람샘도 멋진 혁명가이신 게 분명하네. 오늘 아람샘이 운명을 믿지 않는다고 하셨잖아. 그저 매순간 열정과 진실함으로 삶을 사는 것이 선생님이 할 수 있는 것이라고. 체 게바라와 아람샘은 얼핏 보면 많이 다른 것 같지만 그런 점에서는 많이 닮은 것 같아.

한결: 사실 나는 정말 친구들과 들판을 힘차게 달려보고 싶고, 농구도 마음껏 해보고 싶고, 해뜨는 것과 해지는 것을 매일매일 보고 싶어. 낮엔 춤도 추

고 저녁엔 음악을 연주하고 밤엔 별이 빛나는 하늘을 보면서 잠이 들고 싶기도 해. 그런데 나는 왜 이렇게 살지 못하고 있는 걸까? 무엇이 나를 자유롭지 못하게 억압하고 있는 걸까? 무엇인진 모르겠지만 그런 것들로부터 자유로워지는 것이 나는 혁명이라고 생각해.

지현: 나도 사실 그 동안 많이 고민해왔어. 세상엔 옳지 않은 일들이 많잖아? 불행한 사람들도 많고. 그런 것들을 바로 잡고 모두가 즐겁게 살 수 있는 행복한 세상이 왔으면 좋겠다고 생각하고 있었는데 그것을 위해 내가 무얼 해야 할지 몰랐었어. 그런데 선생님과 체게바라를 보고는 조금은 알 것 같아. 혁명은 커다란 데서 일어나는 것이 아니라 내 삶의 작은 혁명으로부터 시작된다는 것을 말이야.

한결: 그래! 나는 지난 6개월 동안 그걸 배운 것 같아. 내 삶을 혁명하는 법. 내가 원하는 삶을 살아갈 수 있는 용기. 아람샘이나 체 게바라처럼 그렇게 자신의 삶의 신념을 꿋꿋이 지켜나가면 언젠간 내 주위에 있는 사람들이 바뀌고 또 언젠간 세상이 바뀔 수도 있지 않을까?

지현: 맞아. 빨리 그런 세상이 왔으면 좋겠다. 그러기 위해서 나도 오늘부터 행복해지기로 했어!

가만 가만 부르는 노래
다시, 가만 가만 우리들이 부르는 노래
아직 끝나지 않은 우리들의 노래

'일행'의 한 여정이 끝났습니다. 그동안 해왔던 것과 다름없는 수업이었지만 책을 쓴다는 책임감이 아무래도 많이 무거웠나봅니다. 가보지 않았던 길을 간다는 것에 대해 막연한 두려움도 있었지만 우리가 하는 일에 대한 확고한 신념과 혼자가 아닌 함께라는 사실이 세상을 향한 목소리에 힘을 실어주었습니다. 여기서 멈추는 것이 아니라 앞으로도 식지 않는 열정으로 더욱 활기차게 진실을 얘기하고 아름답게 소통할 것입니다.

책에 싣는 마지막 수업을 끝내고 다시 돌아온 일요일 6시. 한결 얇고 가벼워진 책과 함께 새롭고 홀가분한 마음으로 한 자리에 모였습니다. 수업교재는 한강 선생님의 『가만 가만 부르는 노래』. 그동안 바깥세상에만 관심을 쏟았던 우리는 이 책을 읽고 따뜻해진 가슴에서 우러난 이야기들을 나눌 행복한 고민을 하며 수업을 시작했습니다. 수업 전부터 스피커와 천 곡이 넘는 음악파일을 준비한, 음악을 사랑하는 성봉이는 오늘의 DJ를 맡았습니다. "이 로맨틱한 밤을 누가 먼저 시작해줄까요?" 다들 오랜만에 풍부해진 감수성을 보여주는 게 부끄러웠던 걸까. 다들 먼저 하길 주저했고 약간은 어색한 분위기 가운데 용감하게 나선 한결이의 이야기는 존 레논의 〈imagine〉을 배경음악으로 시작되었습니다.

어린 시절 들었던 음악을, 성장한 뒤 다시 접하게 되면 그때의 나 지금의 내가 다르듯이 우리는 그때와는 또 다른 생각을 하게 되고 다른 느낌을 받게 됩니다. 중학생 한결이에게 다가왔던 〈imagine〉이라는 음악의 세계는 한결이가 사는 세상과는 달랐습니다. 그때는 존 레논이 노래하는 세계에 자신이 동참하게 될 일이 없을 거라고 생각했습니다. 하지만 한결이는 중학교 영어시간에 들었던 존 레논의 간절함이 담긴 목소리에 이끌려 지금의 자신이 되었다고 했습니다. 우리를 억압하는 부당한 힘들을 줄이기 위해 우리의 간절함으로, 절박함으로 노래해야 한다고 말했고, 다시 한번 〈imagine〉을 들으며 발표를 마쳤습니다.

그리고 뒤이어 DJ 성봉이는 프랭크 시나트라가 부른 〈My Way〉를 틀고 자기 얘기를 풀어놓기 시작했습니다. 음악을 통해 그 사람을 알 수 있다는 성봉이는 가슴 따뜻한 어머니의 이야기를 우리에게 해주었습니다. 성봉이가 즐겨 듣던 록을 소음으로만 생각하시던 어머니, 그리고 그런 어머니를 이해하지 못 하던 성봉이었지만 이제는 이해할 수 있다고 했습니다. 자식들을 위해 에너지를 소진하셔서 본 조비나 너바나의 격렬한 음악보다는 비틀즈나 프랭크 시나트라의 잔잔한 음악에만 머무르시는 거라고 했습니다. 〈My Way〉는 시나트라의 마지막 곡이었지만 지금까지도 사랑받는 그의 최대 히트곡이기도 합니다. 어머니가 잃어버리셨던 젊음과 에너지를 돌려드리고 싶던 성봉이는 어머니가 당신의 길을 당당하게 걷길 바란다고 말했습니다.

우리의 가슴을 뭉클하게 만드는 성봉이의 발표가 끝나고 진재가 수줍게 손을 들어 임재범의 〈비상〉이라는 곡으로 이야기를 시작했습니다. 누구나 살아가면서 한번쯤은 너무 우울하고 세상의 모든 것이 미워질 때가 있습니다. 그런 시기를 겪고 있었던 진재에게 〈비상〉이라는 곡은 주변 사람들이 건네는 어떤 말보다도 마음의 위안이 되었고 자기를 잘 이해한다고 생각했습니다.

그리고 〈Let it be〉의 태도를 비판했던 연주의 이야기가 이어졌습니다. 수

학여행에서 봤던, 자기 일이 아니면 무심한 일본인들의 태도와 그리고 그런 모습으로 변하고 있는 우리들의 모습. 2년 후뿐만 아니라 지금도 우리는 세상 속에서 살아가고 있음을 잊어선 안 된다고, 이젠 〈Let it be〉보다는 let's do it 으로 바뀌어야 한다고 이야기했습니다.

지현이는 머라이어 캐리의 〈Hero〉를 틀고 자기에게 힘이 되어주는 것들에 대한 이야기를 했습니다. 우리는 이 힘든 현실을 미래에 대한 희망으로 살아 간다고 생각합니다. 대부분 부, 명예, 권력에 대한 막연한 기대와 희망을 가지 고 말입니다. 하지만 정말로 우리의 삶을 지탱해주는 것은 주위 사람들과의 관계 속에서 생겨나는 믿음과 사랑입니다. 지현이에게 만약 사랑, 믿음, 따스 함이 없다면 인생은 단 한순간도 지속될 수 없을 것이라고 말했습니다.

왠지 오늘은 저도 꼭 이야기가 하고 싶어서 손을 번쩍 들고는 마이 앤트 메 리(My aunt mary)의 〈with〉를 소개했습니다. 열여덟 살이 되고 시간은 너무 나 빠르게 흘러가고 해야만 하는 일들이 몇 배로 늘어나 우왕좌왕하며 어느 것도 제대로 하고 있지 못하는 제 자신을 발견하고는 자괴감과 자책감에서 벗 어나지 못했습니다. 하지만 한 친구가 건네준 격려의 말이 큰 도움을 줬습니 다. 〈with〉의 가사 중 '우리가 서로 나눌 수 없었던 그 무언가 있을테지만 너 와 함께면 난 멋진 사람이 된 것만 같아 너와 함께라면' 이라는 부분이 있습니 다. 제겐 함께 있다는 사실만으로도 힘이 되어줄 수 있는 사람들이 있기에, 음 악과 소통할 수 있는 마음을 갖고 있기에 멋진 사람이 된 것만 같습니다.

그리고 마이 앤트 메리가 음반을 내기 전의 공연을 보셨던 얘기를 해주시 던 아람쌤은 오늘 참 좋아 보이셨습니다. 입가에는 수줍은 미소를 띠고 서글 서글하지만 여전히 빛나는 눈빛으로 소녀같이 이야기하시던 선생님은 내일이 면 또다시 진실되고 아름다운 세상을 향해 힘겨운 길을 걸어가는 아람쌤이겠 지만, 다시 우리가 가만 가만 부르는 노래를 들으며 많이 행복하셨던 것 같습 니다.

우리의 이 예쁜 수업을 아름다운 물적 증거로 남기기로 했습니다. CD에

수록될 16곡, 그리고 한강 선생님의 『가만 가만 부르는 노래』보다도 더 예쁜 노래 이야기를 만들 것입니다.

8월, 우리는 윤후명 선생님의 『돈황의 사랑』과 『새의 말을 듣다』를 읽을 것입니다. 그리고 새로 이사 갈 '초록 지붕의 집- 바람의 길, 우주를 담은 집'에서 소설 낭독의 밤을 하며 지샐 것입니다. 그리고 박노자 선생님의 『우리가 몰랐던 동아시아』, 당대비평에서 낸 『더 작은 민주주의를 상상한다』로 열띤 토론을 펼칠 것이며, 마르틴 부버의 『인간의 문제』를 철학적으로 탐구할 것입니다. 그래서 우리들의 아름다운 수업은 끝나지 않을 것입니다.

윤수민

우리들의 흔적

길고 긴 토토와 모리의 여정이 끝났다.
토토는 수업을 통해 많은 걸 느끼고 배웠고, 많이 성장했다.
모리는 토토와 함께 꿈을 말하고 세상에 희망을 말할 수 있어서 행복했다.
마지막으로 토토들이 그 여정의 감동을 이야기하려 한다.

 우리 '일행' 친구들을 처음 만나서 어색했던 게 엊그제 같은데 벌써 1년이 다 되어가는구나. 책 만드는 동안 많이 함께하지 못한 것 같아 정말 미안해. 함께 책 만들면서 정말 즐거웠고 앞으로도 계속 서로 함께 갈 수 있는 '일행'이 되었으면 좋겠어. **김민규**

 '일행'이라는 이름으로 모인 우리가 함께 수업을 하고 글을 쓴 지도 벌써 6개월이 지났네. 사실 전까진 아무 느낌이 안 들었는데, 이렇게 교정을 보고 의논을 하다 보니 진짜 우리가 소통한 것들이 책으로 나오는구나 하고 실감이 나. 아, 떨린다. 우리가 6개월 동안 했던 소통은 작은 것이지만 우리는 이제 이것을 바탕으로 좀더 큰 실천을 하고 좀더 많이 나눌 수 있을 것 같아. 함께해서 너무너무 좋았고 앞으로도 쭉 함께하자! 우리는 일행이니까. **김유민**

세상에 청소년의 목소리를 전하겠다는 의지와 열정으로 시작한 우리의 책. 한 학기 동안 때론 부드러움을, 때론 날카로운 비판적 시선을 던지며, 세상에 대한 우리의 시각을 토론으로만 끝나는 것이 아니라, 이 땅의 많은 친구들과 함께 나누고자 하는 간절한 목표 아래 우리의 책은 이렇게 끝을 맺게 되었어. 세상의 모든 큰 정의들은 세상을 바꾸고자 노력하는, 우리의 간절하고 조그마한 소망에서 비롯된다고 생각해. 우리의 책도 세상을 그런 곳으로 만들어가는 데 큰 기여를 하는 좋은 책이 될 수 있을 거야. 우리 모두 정말 다 수고했고, 책 만들면서 정말 보람차고 즐거웠어. 이젠 이 책을 다른 친구들과 함께 읽으면서 더욱 멋진 이야기들을 나눌 시간만 남았네. 우리의 책은 끝났지만 청소년의 목소리는 그친 게 아니야. 책 속의 목소리를 우린 조금씩, 현실로 끌어와서 결국 세상에 꿈을 말하고, 사회의 정의를 실현하는 주체가 될 거니까. **김지현**

6개월이라는 시간 동안 마라톤을 하면서 이제 골인 지점이 눈앞에 보이네. 쉴틈없이 우리 '일행'의 모든 것을 표현하면서 달려온 이 프로젝트. 정작 피부로는 느끼지 못했던 실감이 다 끝난 지금에서야 슬금슬금 올라오네! 우리는 우리의 삶에 혁명을 일으키고, 어두운 세계를 우리의 꿈으로 밝히고, 세상을 바꾸기 위한 계획을 짰어. 하지만 모든 계획이라는 것이 그렇듯 실천하지 못하면 아무 의미가 없어지는 것! 우리 일행은, 그리고 이 책을 보시는 모든 청소년들은 이 인생의 지도를 보면서 언제까지나 세상을 비추는 등대가 되었으면 좋겠어! **김홍영**

6개월간의 수업이 끝이 났네. 그 시간은 나에게 길고도 짧은 시간이었어. 그 시간 동안 정말 많은 걸 배우고 느낀 것 같고 새로운 나를 만든 것 같아. 아직 내 모습이 완전하다고 볼 수 없지만 말이야. 그러는 동안 다른 친구들도 마찬가지겠지만 많은 어려움을 겪었고 지금도 그래. 하지만 그러면서 그 어려움들을 이겨내는 것도 배운 것 같아. 이 수업은 단지 나에게 현실을 가르쳐준 것만이 아니라 그 과정에서 나온 용기와 끈기를 준 것 같아. 또 진실과 그것을 느낄 수 있는 힘을 가지게 되었어. 우리의 결실이 책으로 나왔고 이 책을 통해 우리가 나눈 이야기들을 더 많은 친구들과 공유하면서 진실을 알고 용기를 가질 수 있는 힘을 모두가 갖게 되는 세상을 기대해.**남지훈**

진짜 아직도 실감이 안 나. 우리가 쓴 글이 책으로 나온다니! 내 손으로 직접 책을 만져봤을 때에야 그 느낌을 알까? 정말 한 학기 동안 너무 멋진 토론, 이야기, 그리고 같이 실천한 것들, 그리고 같이한 시간들. 잊지 못할거야. 이야기 한 시간도, 반성하던 시간도, 같이 놀 때의 시간도, 그리고 마지막 편집할 때의 시간도. 그 시간의 우리의 진지성. 그 마음을 계속 간직하고 나아가는 거야. 정말 책 쓰면서 너무너무나 수고 많았어! 특히 지현아, 너무 수고 많았어. 모두들 내게 이런 시간을 줘서 너무 고맙고, 그리고 아람샘 정말 고마워요. **박제준**

두 반이었던 아이들이, '일행'이라는 반으로 합친 지 얼마 된 것 같지 않은데, 벌써 올해 수업의 절반을 달려왔구나. 새로운 아이들을 만나서 친구가 되고, 익숙한 아이들을 떠나보내면서도 거침없이 진행되었던 우리들의 수업이 이제 이렇게 한 권의 책으로 나온다는 생각을 하니까 설레기도 하면서 은근히 기대되는구나.

맹렬한 학업 속에서도 무지할 수 밖에 없었던 대한민국의 평범한 고등학생인 내가 아람샘과 함께한 수업으로 자유롭게 생각하고 올바르게 행동할 수 있는 법을 배울 수 있었던 것 같아. 세상이 나에게 끊임없이 강요해왔던 수업이 아닌, 처음으로 내가 하고 싶어서 하게 된 아람샘과 너희들과의 인문학 수업. 앞으로 남은 내 인생의 수많은 장벽들을 뚫고 나가기에 충분한 힘이 되어줄 거라 확신해.

지난 6개월 동안 수고 많았던 친구들. 그리고 특히 끝까지 이끌어오느라

수고했던 지현이. 항상 저희에게 조언을 아끼지 않으시는 아람샘. 모두 감사합니다. **서민정**

우와, 드디어 끝이구나.

마지막까지도 조금 흐지부지하게 끝을 맞이하는 나도 참 너무 미안하다. 지난 6개월 동안 별로 한 것도 없는 것 같은데 우리의 너무나 소중한 소통은 너무나도 오래 기억에 남을 것 같다. 문득 드는 생각이 있는데 우리가 아람샘에서 배우는 이러한 것들이 학교에서 배우는 것보다 훨씬 가치있는 것 같아.

시간이 지날수록 현실의 거대한 벽에 가로막혀 좌절감이 들기도 했지만 그때마다 주위 친구들과 아람샘이 있었기 때문에 능동적으로 맞설 수 있었던 것 같아. 우리 일행! 너무 수고 많았어 화이팅! **송홍석**

아람샘과 만난 지 벌써 2년이 다 되어간다. 그동안 만났던 사람들, 함께한 시간들 하나하나가 내게는 너무도 소중하고, 우리가 사유한 장소는 이미 푸른색 호수로 그 깊음을 더해가고 있었다.

처음 페이퍼를 들고 입을 열었을 때 염소처럼 떨리던 목소리가 아직도 기억난다. 하지만 아무도 웃지 않았고, 오히려 눈을 마주쳐주었다. 마치 모두 '괜찮아' 라고 텔레파시를 보내고 있는 것만 같았다. 다른 것은 잘 모르겠다. 그저 함께 있다는 것이 너무 좋았다. 아직도 일어설 때면 목소리가 떨린다. 염소 목소리면 어때, 지금은 행복하니까. **오경**

휴우…… 이제 다 했네. 처음 우리들의 이야기를 책으로 엮는 것을 결정한 후, 느꼈던 가슴의 떨림이 아직도 생생한데 벌써 마무리라니 믿겨지지가 않아. 끊임없는 웃음으로 보냈던 6개월이지만 간간히 울기도 했었고, 꿈과 희망과 이상을 이야기하면서 실천까지 이어지기도 했지. 우리 일행반, 처음에는 약간 어색해서 친숙하지 못한 부분도 있었지만 우리가 함께한 6개월은 가까워질 수 밖에 없었고 돌이켜보면 너무나도 소중했던 시간들이었어. 그리고 아람샘. 나의 영원한 모리. 당신을 알게 되어서 난 행복했습니다. '사랑이 아니면 인생은 아무것도 아니야'라는 말처럼 살기 위해 노력하겠습니다.

이제 끝이 아니라 다시 시작인 거 알지? 함께 공부했던 그리고 꿈꿨던, 꿈과 이상을 향해, 현실의 간절함과 치열함을 향해, 창조적 열정과 꿋꿋한 실천을 향해, '일행'이라는 이름처럼 일행이 되어 일상의 행복을 향해, 자 계속 달리자. 작은 혁명가들이여. **유진재**

한 학기 동안 정말 정신없이 달려왔지. 열여덟 살 인생, 6개월 정도가 더 남았고 앞으로 더 높은 산들이 나를 기다리고 있다는 걸 알기에 하나의 산을 넘었다고 안도하며 쉬지 않고 다시 힘차게 새로운 시작을 해야 한다고 생각해. 그동안 정말 숨막힐 듯 힘겨운 순간도 있었고 세상을 다 얻은 듯 마냥 행복한 순간도 있었어. 모든 순간들을 혼자가 아니라 함께했기에 여기까지 올 수 있었다고 믿어. 우리가 아람샘이라는 작은 공간에서 나누었던 가슴 떨리는 순간들을 이 책을 통해 많은 이들과 함께 하고 싶어서 쉽지 않은 길을 걸어왔지만 그만큼 뿌듯함과 보람을 느끼기에 앞으로도 더 생산적이고 창조적인 일들을 함께 하고 싶다. **윤수민**

쉴 새 없이 끓어오르던, 하지만 누구도 가르쳐주지 않았고 또 감히 물어볼 수도 없었던 가슴 속 질문들. 그 끓어오름에 마음이 증발하듯 이유도 없는 외로움 속에서 숨막혔던, 답답했던 나는 이곳에 와서 지난 6개월 동안 그런 답이 없는 질문들을 같이 묻고, 고민하고 나누면서 나만의 답을 내릴 수 있었어. 너무 행복했다. 고마워. **윤한결**

우리 '일행'은 책을 쓰는 대담한 도전을 하기로 했다. 책을 써본 사람들이 툭툭 내뱉는 말 '다신 책 쓰나 봐라'. 한 권의 책이 독자들의 손에 들어오기까지는 막대한 책임감과 지속적인 노력이 절실하다. 우리가 책을 쓰기로 결심하였을 때 우리에게, 나에게는 막대한 책임감이 주어졌다. 나는 우리가 책을 쓸 수 있다는 사실에 들떴다. 하지만 그것도 잠시, 흥분된 열기는 몇 주 뒤 식어버렸고 점점 책임감을 떠맡기려고만 하였다. 고백하건대 제대로 만족할 만한 숙제를 한 적이 없는 것 같다. 시험기간 핑계를 대고 숙제를 안 하기 일쑤였고 책을 쓰면서 맡은 역할을 제대로 하지 않은 때가 너무 많다. 일행 친구들에게 진심으로 감사한다. 나같이 참여율이 저조한 학생이 있음에도 불구하고 알찬 수업이 가능하고 오늘의 책이 나올 수 있었던 것은 친구들의 성실함과 노력 덕분이다.

벌써 책 프로젝트를 시작한 지 6개월이 지났고 나에게는 긍정적인 변화가 나타났다. 나는 부당한 것과 불의를 느끼게 되었다. 이전에는 아무 느낌 없이 지나치던 것들을 느끼게 되었고 생각하게 되었다. 부당한 것에 대해 부당하다고 말할 수 있는 용기 또한 조금이나마 생겨나게 되었다. 또한 주체적인 것에 대해 고민하게 되었고 주체적이기 위해 노력했다. 그 결과 최근 들어서는 학교생활을 할 때 주체적으로 생활한다는 느낌을 받을 정도가 되었다. 이렇게 되기까지 아람샘의 긍정적인 영향이 크다고 생각한다. 항상 좋은 말씀을 해주시는 선생님께 감사드린다. 지속적으로 끊임없이 노력하는 일행반이 되었으면 좋겠다. 이번 책 프로젝트를 계기로 우리는 더 많은 훌륭한 일들을 함께 해낼 수 있을 것이다. **이동원**

먼저 한 주에 한 번씩 이처럼 아름답고 깊은 생각을 할 수 있게 해준 일행반 친구들에게 고맙다는 말을 하고 싶어. 가끔은 뜨거운 열정으로 토론을 하고, 가끔 힘들 때는 큰 의지가 되어준 친구들의 모습을 아직도 생생히 기억해. 아람샘뿐만 아니라 나와 함께하는 일행반 아이들 모두가 선생님이라고 했던 어머니의 말씀이 떠올라. 이렇게 좋은 선생님들과 함께 어디에서도 들을 수 없었던 좋은 수업을 하고 책까지 만드는 행복한 추억을 만든 기회를 가진 것에 대해 정말 감사하게 생각해.**이은혜**

시간 참 빠르다. 벌써 고2도 반이 지나가고 내가 너희들을 만난 지도 벌써 6개월이나 됐네. 첫 수업이라 설레고 긴장했던 게 엊그제 같은데, 우리의 수업을 책으로 펴내고 이렇게 후기를 쓰고 있으니까 참 감회가 새롭다. 18년 동안 살아오면서 처음으로 일방적으로 받아들이는 수업이 아닌 서로 주고받는 수업을 해보고, 또 그 수업을 책으로 내고……. 내 자신에 대해, 나를 둘러싼 주변환경에 대해 많은 생각들을 하게 된 6개월이었던 것 같아. 다시 시작하는 2학기에도 우리 '일행' 반, 변함없이 일상 속에서 행복을 찾는 아이들이 됐으면 해. 책은 나왔지만 우리의 수업은 언제나 진행형이잖아. 책 쓰느라 정말 수고했어. **정연주**

아람샘에 와서 참 좁고 답답했던 나만의 세상을 벗어나 새로운 세상과 접할 수 있었다는 점에 아람샘께 매우 감사하다고 전하고 싶네요. 그리고 소중한 '일행' 반 친구들아, 정말 고맙다. 선생님과 일행이 아니었다면 제가 무언가를 해낼 수 있다는 기쁨을 누리지 못했을 거예요. 그리고 제가 좀더 깊이있게 생각할 수 있는 능력을 주신 것 같아 고맙다는 말 수천 번 해도 모자라요. 수업을 마치고 집으로 돌아가면 그 어떤 귀중한 선물을 받는 것보다도 좋은 내용을 토론하였다는 그 기쁨이 커요. 지금 우리가 책을 만들어내는 것도 믿기지는 않지만 내가 주체가 되어 무슨 일이든 할 수 있다는 자신감도 생겼구요. 일행반 친구들. 우리 열심히 노력해서 서로가 원하는 모습으로 만나길 바래. 그리고 다음 수업도 열정적이고 멋지게 이끌어 가보자. 솔직히 나는 수업참여에는 그다지 적극적이지 못했던 거 같아. 그런 점 깊이 반성하고 있어, 우리 서로 모두 노력하자. 일행 화이팅!

조유정

그러게……내가 아람샘 수업 들은 지가 벌써 6개월이 지났네. 내가 비록 어리지만 나이가 들수록 사회에 적응하는 데 시간이 오래 걸리는 것 같아. 중학교 때는 어디를 가든지 잘 참여했는데, 고2가 되어서 아람샘 수업에 적응하는 데 굉장히 시간이 오래 걸리더라고. 6개월 동안 책 쓴다고 다들 수고 많았어. 특히 편집장인 지현이한테 기립박수 쳐줘야 할 것 같아.

우리가 책쓰는 동안 다들 많이 변했지? 나는 내가 6개월 전보다 훨씬 성숙해졌다고 생각해. 그 이유를 이야기해볼게. 어제 내가 '주제와 변주' 행사를 마치고 가는 길에 버스를 타려고 기다리면서 딸과 어머니로 보이는 할머니와 아주머니를 봤어. 저 멀리서 허리가 구부정한 할머니와 한 아주머니가 약 2m쯤 떨어져서 걷고 있었어. 아주머니는 걸음이 느린 할머니를 계속 빨리오라고 재촉하는거야. 할머니는 몇 번이나 쉬려고 서서 아주머니를 쳐다보았지만 아주머니는 야속하게 걷기만 했어. 예전에는 이런 걸 보면 그냥 그러려니 하고 넘어갔지만, 어제는 당장이라도 달려가서 할머니를 도와주고 싶었고, 아주머니에게 왜 그러시냐고 한번쯤 물어보고 싶었기 때문이야. **최영재**

다들 6개월 전의 자신의 모습이 기억나니? 기억력이 안 좋은 나지만, 6개월 전의 내 모습이 기억나. 그런데 6개월 전의 나에 비해 지금의 나는 정말 많이 성숙해졌더라. 맡은 일에 좀더 책임감이 많아지고, 생각도 깊어지고, 치열하게 또 절실하게 세상을 살아갈 줄 알게 되고……하지만 다른 것보다도 난 6개월 동안 진실되고 허물 없는 소통을 해서 정말 기분이 좋았어. 사실 여태까지 난 무엇이든지 잘 해야 하고, 실수하면 안 된다는 강박관념 때문에 진실하게 마음을 터놓고 말하지 못한 것 같아. 가장 가까운 친구나 가족처럼 내 주위의 소중한 사람들과도 말이야. 그러나 6개월의 시간을 보낸 이제, 그 누구와도 마음을 열고 소통할 수 있어. 그래서 지금 내 기분 어떤지 아니? 하늘로 날아갈 만큼 기쁘다! **하성봉**

토토, 모리를 만나다

1판 1쇄 펴냄 2007년 9월 10일
1판 4쇄 펴냄 2011년 5월 20일

지은이 인디고 아이들

편집주간 김현숙
편집 변효현, 김주희
디자인 이현정, 전미혜
영업 백국현, 도진호
관리 김옥연

펴낸곳 궁리출판
펴낸이 이갑수

등록 1999. 3. 29. 제300-2004-162호
주소 110-043 서울특별시 종로구 통인동 31-4 우남빌딩 2층
전화 02-734-6591~3
팩스 02-734-6554
E-mail kungree@kungree.com
홈페이지 www.kungree.com

ⓒ 인디고 아이들, 2007. Printed in Seoul, Korea.

ISBN 978-89-5820-106-9   03300

값 12,000원

* 이 책은 2007년도 학술진흥재단 인문주간 예산을 일부 지원받아 출판되었습니다.
* 이 책의 인세는 네팔 타나후 지역의 학교 건립 및 학교 내 인디고 도서관 건립기금으로 쓰입니다.